Perdu en Afrique

Du même auteur

Un rêve pour la vie, Montréal, Libre Expression, 1997.

L'Amérique centrale : genèse d'une révolution, Montréal, Carrefour international, 1983.

MICHEL ARSENEAULT

Perdu en Afrique

Stanké
Une compagnie de Quebecor Media

Catalogage avant publication de Bibliothèque et Archives nationales du Québec et Bibliothèque et Archives Canada

Arseneault, Michel, 1958-

Perdu en Afrique

ISBN 978-2-7604-1061-9

1. Arseneault, Michel, 1958- - Voyages - Afrique. 2. Afrique - Descriptions et voyages. 3. Afrique - Conditions économiques - 1960- . 4. Afrique - Conditions sociales - 1960- . I. Titre.

DT12.25.A77 2009 916.04'328 C2009-940149-5

Direction littéraire : Martin Bélanger
Révision linguistique : Annie Goulet
Correction d'épreuves : Céline Bouchard
Couverture : Chantal Boyer
Adaptation de la grille graphique intérieure : Chantal Boyer
Mise en pages : Hamid Aittouares
Photos de couverture : Giacomo Pirozzi

Remerciements
Les Éditions internationales Alain Stanké reconnaissent l'aide financière du gouvernement du Canada par l'entremise du Programme d'aide au développement de l'industrie de l'édition (PADIÉ) pour ses activités d'édition. Nous remercions le Conseil des Arts du Canada et la Société de développement des entreprises culturelles du Québec (SODEC) du soutien accordé à notre programme de publication. Gouvernement du Québec – Programme de crédit d'impôt pour l'édition de livres – gestion SODEC.

Les Éditions internationales Alain Stanké
Groupe Librex inc.
Une compagnie de Quebecor Media
La Tourelle
1055, boul. René-Lévesque Est
Bureau 800
Montréal (Québec) H2L 4S5
Tél. : 514 849-5259
Téléc. : 514 849-1388

Dépôt légal – Bibliothèque et Archives nationales du Québec et Bibliothèque et Archives Canada, 2009

ISBN 978-2-7604-1061-9

Distribution au Canada
Messageries ADP
2315, rue de la Province
Longueuil (Québec) J4G 1G4
Téléphone : 450 640-1234
Sans frais : 1 800 771-3022

Diffusion hors Canada
Interforum

À la mémoire de Michael Burns

(1940-1987)

Du miel dans l'oreille

AVANT-PROPOS

Je suis né à Montréal à une époque où les garçons devaient apprendre à se battre avant d'apprendre à patiner. Pour les plus petits, la glace était même un vrai coupe-gorge : une simple poussée provoquait la chute. Peu porté sur la bagarre, j'ai longtemps boudé la patinoire. Jusqu'au jour où, à seize ans, enfin assez grand pour ne plus me faire bousculer, assez vieux aussi pour accepter qu'on rie de moi, je décidai de me lancer. Le grand échalas que j'étais titubait et tombait comme un girafon. Un petit patineur, un enfant médusé de voir qu'une si grande personne, un Québécois quand même, pouvait être aussi maladroite, commença à dansoter autour de moi. « Mais tu viens d'où ? finit-il par lâcher, incrédule. De l'Afrique ? »

Si j'avais été doté de prescience, j'aurais dû répondre : « Non, mais j'y vais ! » Car, de 1984 à 2009, j'allais visiter vingt-six des cinquante-quatre pays de l'Afrique, un continent que j'allais sillonner du Caire au Cap, de Dakar à Djibouti, comme disaient jadis les Britanniques et les Français en parlant de leurs empires respectifs. J'y poserais un regard de journaliste étranger, moins spécialiste que généraliste, plus Monsieur Candide que Monsieur Sait-Tout. Je persiste à croire que la candeur, si elle est synonyme d'ouverture d'esprit et non pas de paresse intellectuelle, permet d'interroger et de faire un bon bout de chemin vers la compréhension. Elle porte aussi le beau nom de modestie.

Je dois beaucoup à une Africaine croisée un jour par hasard qui, apprenant que j'avais visité autant de pays, s'exclama : « Quelle chance ! » Ce jour-là, je compris que je tenais peut-être finalement un livre. C'est un peu grâce à elle, donc, que je l'ai écrit, mais ce n'est pas *pour* elle. Car cet ouvrage n'est pas destiné aux Africains, qui n'y apprendraient peut-être pas grand-chose, mais à des étrangers qui connaissent l'Afrique encore moins que moi.

Journaliste « à la pige », j'ai rédigé la plupart de ces reportages pour des journaux et magazines québécois, plus rarement français et suisses. Je les ai ici étoffés, le recul m'ayant permis de comprendre certaines choses, et j'ai ajouté des textes inédits. Je dois d'emblée remercier l'Unicef, le Fonds des Nations unies pour l'enfance, de m'avoir ouvert beaucoup de portes. Je dois aussi remercier Jean-Luc Martineau, Alexandra Brangeon, Billie O'Kadameri, Dominique Corti, Mamoudou Gazibo et Glynnis Crook.

Ces récits de voyage prennent souvent la forme de portraits, car il est souvent question de rencontres, de personnes qui m'ont marqué. La rencontre du Dr Lucille Teasdale en 1992, notamment, a été déterminante. Lorsque je suis allé retrouver cette chirurgienne québécoise en Ouganda, je ne savais pas que je commencerais à m'intéresser plus sérieusement au continent africain. Ce territoire lointain avait été jusque-là, à mes yeux, un royaume imaginaire où régnaient des dieux cruels appelés Dictature, Guerre et Épidémie. Il devenait soudain un pays réel. Avec son odeur de bois brûlé et ses lampes à l'huile, ses élégantes – vêtues de robes qui auraient pu, à Montréal, servir de tenues de soirée –, ses chiens endormis en plein soleil et ses marabouts guettant, tels des vautours, le moindre détritus. Un pays réel avec, surtout, des passants qui traversaient les rues de Kampala, la capitale, pour me saluer et me décocher des sourires qui disaient le soulagement de pouvoir enfin souhaiter la bienvenue à un étranger après tant d'années de guerre. Le journaliste qui prenait alors la peine de tendre l'oreille entendait des alléluias.

Ce livre évoquera pourtant plus souvent des cris de détresse que d'allégresse. L'Afrique n'a pas souvent de bonnes raisons de se réjouir, une réalité que je n'ai pas voulu passer sous silence. Je n'ai pas besoin de préciser que je me tiendrai à l'écart de toute flagornerie. Pour faire taire le flatteur, les Ougandais disent : « Cesse de me verser du miel dans l'oreille ! » Je n'ai voulu verser de miel dans le canal auditif de personne. Je n'ai pas voulu non plus y verser ma bile. J'ai fait l'effort de rester lucide, sans oublier de chercher à voir l'individu dans la foule, la lueur dans l'obscurité.

Roue de secours

PROLOGUE

Quand les premières huttes, des maisons carrées en terre argileuse, firent leur apparition, je compris que Kampala, la capitale de l'Ouganda, était loin derrière. Elle n'était qu'à quelques kilomètres, bien sûr, mais j'avais franchi le mur – ou devrais-je dire le gouffre – qui sépare la ville de la campagne. La saison des pluies venait de se terminer, et la savane, encore toute verdoyante, prenait ses aises. Un jacaranda par-ci, un flamboyant par-là ponctuaient la ligne d'horizon comme des points d'exclamation. Les hameaux, de plus en plus distants les uns des autres, se faisaient de plus en plus modestes.

Mes camarades et moi avions aperçu quelques carcasses de véhicules blindés sur le bas-côté. Leurs ossatures rouillées et calcinées traînaient là, trônaient là, comme des monuments aux morts. Il était évident que cette route n'avait pas été le théâtre d'affrontements armés depuis des années. L'armée ougandaise faisait encore la guerre à l'Armée de résistance du Seigneur, dans le nord, mais ces rebelles s'aventuraient rarement jusqu'ici. Seule la désolation, le sentiment d'être seuls sous ce soleil impérieux, pouvait nous inspirer l'inquiétude. Il y avait quelques heures déjà que nous n'avions croisé ni véhicule ni marcheur. Nous zigzaguions donc tout doucement entre les trous et les termitières, la route – il y avait tellement de nids de poule que je devrais plutôt parler de piste – ne permettant jamais de dépasser les cinquante kilomètres heure.

Notre Land Rover, louée à Kampala, était chargée comme une mule ne le serait jamais. Le capot et le toit, couverts de caisses et de valises, supportaient la charge sans rouspéter, ce qui n'était pas notre cas, à nous, qui avions des bagages *sur* et *sous* les genoux. Sur la banquette avant avaient pris place le chauffeur, un accompagnateur (que nous avait imposé le ministère de l'Information) et moi, le reporter. Derrière, il y avait un réalisateur, un caméraman et un ingénieur de son. Tout le monde, heureusement, était de bonne humeur, sauf ce dernier, un peu bougon après un exténuant vol Toronto-Londres-Nairobi-Kampala.

En quelques heures, nous serions à destination, la ville de Gulu, à trois cents kilomètres au nord de la capitale. Nous devions y tourner un reportage sur l'hôpital fondé par le Dr Teasdale et son mari, le Dr Piero Corti, un pédiatre italien. Ils nous avaient conseillé d'arriver à destination avant dix-huit heures. Car c'est à la nuit tombée, nous avaient-ils prévenus, que rôdent les rebelles de l'Armée de résistance du Seigneur. Aucun couvre-feu n'était en vigueur, mais les militaires qui patrouillaient cette route n'avaient pas très envie d'y croiser de véhicules. Cela tombait bien : nous n'avions pas très envie de croiser des militaires. Ils auraient pu être tentés de faire main basse sur notre équipement. La valeur de la seule caméra aurait permis de nourrir un régiment pendant des mois.

Et soudain *floc, floc, floc*… Pas d'erreur. C'était une crevaison. Ma première réaction fut un quasi-soulagement. J'aurais enfin l'occasion de me dégourdir les jambes. Malheureusement, il fallait vider le véhicule pour dégager la roue de secours, coincée dans un compartiment du coffre arrière, plein à craquer. Nous n'avions pas sitôt terminé de le vider que quelques enfants firent leur apparition. Leurs regards amusés me portaient à croire qu'ils nous trouvaient rigolos, pour ne pas dire risibles. Ces gamins avaient sûrement vu toutes sortes de véhicules sur cette route peu fréquentée, et ils étaient moins étonnés par notre présence que nous par la leur. Ma surprise était celle de Saint-Exupéry croisant, en plein désert, un célèbre enquiquineur. Mais d'où venaient donc ces petits princes-là ?

Le dernier village que nous avions croisé était à des kilomètres, et je ne voyais rien à l'horizon. Il devait pourtant y avoir des habitations, puisque nous avions été vite repérés. De toute évidence, ces garçonnets et ces fillettes, fils et filles de paysans, travaillaient dans les champs environnants. Ils profitaient de notre panne pour faire une pause. À leurs yeux, nous devions être de drôles de zèbres. Surtout lorsqu'ils s'aperçurent que nous nous démenions pour dégager une roue de secours… crevée ! Nous avions un véhicule tout-terrain, un matériel télé dernier cri, des bagages à ne plus savoir qu'en faire, un conducteur, un accompagnateur envoyé exprès par le gouvernement, et nous étions tout bonnement, tout bêtement, bloqués. Nous ne savions pas où nous étions, ni comment nous repartirions et, surtout, nous ignorions si nous allions trouver un lit avant la tombée de la nuit. Ça, n'importe quel enfant pouvait le comprendre : nous étions perdus.

>>>

En Afrique, j'ai souvent eu le sentiment de me fourvoyer. J'ai eu la chance de visiter de nombreux pays, mais j'ai souvent eu le sentiment de ne pas comprendre grand-chose à ce continent, tout compte fait. À la fin des années 1970, à l'époque où j'étudiais la science politique à l'Université de Montréal, je croyais en savoir long sur l'Afrique, et tout particulièrement sur les causes de sa pauvreté. Cela tenait, m'avait-on appris, à ce que les économistes appelaient « la détérioration des termes de l'échange » : l'Afrique vend des matières premières, dont les prix ne cessent de baisser, alors qu'elle achète des produits manufacturés de plus en plus chers. Résultat :

de nombreux pays sont plus pauvres aujourd'hui qu'à l'époque des indépendances, qui se sont échelonnées de 1922 (pour l'Égypte) à 1980 (pour le Zimbabwe). Pourtant, le cours de certaines matières premières, à commencer par le pétrole, que de nombreux pays africains produisent, a parfois grimpé de façon vertigineuse. Pourquoi les habitants d'un pays comme la Guinée-Équatoriale, qui bénéficie d'une manne pétrolière inouïe depuis les années 1990, sont-ils alors si démunis? La détérioration des termes de l'échange n'explique pas tout. Les causes du sous-développement sont multiples et complexes, et je laisserai à d'autres le soin de les analyser. Je ne suis plus étudiant, et je me contenterai, en tant que reporter, de raconter comment les Africains « font avec ».

>>>

Je pourrais dire que, d'une certaine façon, mon premier contact avec l'Afrique a eu lieu l'été de mes dix-huit ans, en 1976. Je n'ai pas eu besoin, moi qui habitais Montréal, d'aller très loin. Un ami m'a tout simplement demandé de l'accompagner à Atlantic City, au New Jersey. Son beau-frère, un Américain prénommé Nolan, le mari de sa sœur aînée, lui avait proposé de lui prêter son appartement, non loin de la plage. Cette station balnéaire, populaire auprès des personnes âgées, était sur le déclin depuis belle lurette, mais j'étais étudiant, sans le sou et donc ravi d'accepter l'invitation. Mon compagnon de route venait d'acheter une Volkswagen, une Coccinelle bleue. En une dizaine d'heures, nous serions au New Jersey: mon premier séjour à l'étranger.

Je logerais donc, moi qui suis blanc, chez Nolan, qui ne l'est pas. J'étais un peu craintif, un sentiment que j'ai confié à mon journal de voyage. Son quartier, peuplé majoritairement de Noirs, ressemblait aux quartiers populaires de Montréal: de petits « blocs appartements » bordés de modestes pelouses. Mais des détails m'ont tout de suite frappé : on pouvait voir par endroits les points d'impact de balles. Je n'en avais jamais vu à Montréal. Un soir, des amis de Nolan sont passés pour dire qu'un de leurs proches venait de se faire poignarder, apparemment sans raison. Pas très rassurant. Mais des inconnus nous saluaient dans la rue et l'accueil était partout chaleureux.

Le soir, nous allions écouter du blues au Club Harlem et au Wondergarden Night Club. Comment oublier B. B. King, ce bluesman déjà célèbre à l'époque ? Un soir, Kalyma, un groupe d'un genre que je ne connaissais pas, monta sur scène. Ses membres, bien qu'américains, s'habillaient à la mode africaine, portant des vêtements aux couleurs vives où l'orange prédominait. C'est bien plus tard que j'ai appris qu'il s'agissait de tissus ashanti, qu'on porte encore aujourd'hui au Ghana, du moins pour les grandes occasions. Pour ces jeunes gens, qu'on n'appelait pas encore des Afro-Américains, le lien entre les deux continents était bien réel. Je mettrais, moi, beaucoup plus de temps à le comprendre.

Le jour, nous allions à la plage. Nous y croisions des Américaines, des Blanches de notre âge. Elles nous disaient souvent que la ville avait dépéri depuis que les Noirs s'y étaient installés. C'était un discours que mon ami et moi n'étions pas prêts à entendre. Nous finissions par leur avouer que nous habitions un quartier noir, que tout se passait bien. Nous ne manquions pas d'ajouter que nous avions même oublié, un soir, de fermer la fenêtre de la Volkswagen et qu'aucune de nos cassettes n'avait été volée. Elles disaient qu'elles n'y mettraient jamais les pieds, surtout pas au Club Harlem, parce qu'il y avait, encore là, trop de Noirs. Il est vrai que, quand nous y étions passés, nous étions les seuls Blancs. Cela n'avait pourtant posé aucune espèce de problème. Inutile de dire que nous n'avions aucune chance avec les filles.

Un soir que je traînais à l'appartement, je trouvai, dans une pile de magazines, une lettre datée de 1948. Elle consistait en un texte autobiographique que Nolan avait dû rédiger pour appuyer sa demande d'admission dans une université du Tennessee. Il y racontait comment il avait voulu laisser l'école à douze ans, mais que sa mère l'en avait dissuadé. Ayant décroché son diplôme de *high school* et ayant combattu pendant la Seconde Guerre mondiale, il demandait à être autorisé à faire des études commerciales. Il insistait surtout sur l'importance pour un *Negro* de s'instruire. Cette lettre me renversa. Ce plaidoyer en faveur de l'éducation me semblait bouleversant, même si l'exercice avait quelque chose d'humiliant : des Blancs qui souhaitaient poursuivre leurs études n'avaient pas à se justifier ainsi. J'avais, en même temps, très honte d'avoir lu une lettre qui ne m'était pas adressée.

Les Afro-Américains ne sont pas des Africains, bien sûr. Mais ce séjour à Atlantic City m'a ouvert, ou du moins entrouvert les yeux sur le monde noir. Je n'ai pas eu de révélation, je ne me suis pas juré d'aller un jour en Afrique, et je n'ai rien appris sur les liens réels qui unissent les États-Unis et l'Afrique. J'étais loin de soupçonner, par exemple, que les Noirs américains ont longtemps conservé dans leur parler des *milliers* de mots d'origine africaine, principalement de la langue mandingue parlée en Afrique de l'Ouest. Des spécialistes ont même pu retrouver le village de Sierra Leone d'où était originaire une chanson que des Afro-Américains avaient, de génération en génération, d'abord chantée, puis chantonnée et enfin ânonnée, après en avoir oublié les paroles. Les liens entre les deux continents étaient donc tangibles, ce que ce séjour à Atlantic City ne m'avait pas permis d'appréhender. Mais il m'avait appris autre chose qui était peut-être plus fondamental encore. J'étais parti de chez moi un peu craintif, mais mes craintes s'étaient vite évaporées. De quoi avais-je eu peur ? De la différence ? Je ne le sais plus très bien. Surtout, j'ai compris que faire face à ses appréhensions ou à ses préjugés est la meilleure façon de les surmonter et, avec un peu de chance, d'en rire.

>>>

Ces histoires de race embrouillent trop souvent les étrangers qui s'intéressent à l'Afrique, comme si la première caractéristique du continent tenait à la couleur de ses habitants, du moins ceux qui vivent au sud du Sahara. Pourtant, l'idée que l'espèce humaine est divisée en races, c'est-à-dire en groupes dont les caractéristiques physiques et même psychiques sont héréditaires, est relativement récente, puisqu'elle n'apparaît qu'au XIXe siècle. Auparavant, le mot « race » désignait la race humaine dans son ensemble. Les voyageurs européens ne pensaient pas non plus à la génétique lorsqu'ils cherchaient à expliquer pourquoi les « Nègres », comme ils disaient alors, étaient différents d'eux. Ils croyaient même que des Blancs qui s'installeraient sous ces latitudes finiraient, tôt ou tard, par ressembler aux Africains.

À la Bibliothèque Mazarine, à Paris, je suis déjà tombé sur un récit de voyage publié à Amsterdam, en 1733 : le *Voyage du chevalier Des Marchais en Guinée, isles voisines et à Cayenne*. La traversée dudit chevalier n'avait rien de philanthropique, puisqu'il s'agissait de transporter des hommes, femmes et enfants réduits à l'esclavage. L'auteur, le père Jean-Baptiste Labat, même s'il fait une description peu flatteuse des Africains, avance uniquement des explications qui tiennent à leur environnement : « On attribue avec raison ces nez écachés et ces grosses lèvres (monstrueuses) aux coups que les petites créatures se donnent contre le dos de leur mère pendant qu'ils sont attachés derrière elle. » Malgré le jugement de valeur (les lèvres « monstrueuses »), le texte suppose donc que rien de fondamental ne distingue les Africains des Européens. L'auteur ajoute même une précision intéressante : les Portugais qui sillonnaient eux aussi la côte de Guinée, explique-t-il, « ne [faisaient] pas de difficultés de s'allier avec les Nègres ». De ces relations naissaient des « Portugais de trois couleurs », c'est-à-dire blancs, noirs et mulâtres. On pouvait donc être portugais et noir ? Voilà une idée qui nous semble d'actualité, même si elle fut combattue, au XIXe siècle, par une pseudoscience qui chercha à prouver l'existence des races et leur inégalité, et qui déboucha, au siècle suivant, sur la barbarie.

>>>

Ce que j'ai vu en Afrique, si je devais schématiser, ce sont des pauvres qui essaient de joindre les deux bouts. Ils se débrouillent seuls, sans pouvoir compter sur l'État, trop faible ou trop corrompu. Ils vivent souvent loin des villes. Ces cultivateurs ou éleveurs sont guidés par des croyances anciennes, tantôt avisées, tantôt néfastes. Leurs stratégies de survie sont parfois mal inspirées : demander à des enfants de travailler pour subvenir aux besoins de la famille n'est pas une solution. La place des petits, en Afrique comme ailleurs, est à l'école. Mais, dans les campagnes, où habite encore la majorité de la population, beaucoup de parents lui font peu confiance, d'autant plus que l'école, théoriquement gratuite, coûte cher.

J'ai rencontré des penseurs africains qui soutiennent que la pauvreté, la dictature et la corruption ont détruit ce que l'Afrique avait de plus précieux, c'est-à-dire ses valeurs. « La logique de survie enferme les gens dans un certain nombre d'antivaleurs ; ils se croient tout permis parce qu'il faut survivre », m'a dit l'abbé Appolinaire Malumalu, président de la Commission électorale indépendante de la République démocratique du Congo, à Kinshasa. « La pauvreté transforme les vices en vertus », m'a expliqué Emmanuel Gaima, un professeur de science politique à Freetown, capitale de la Sierra Leone. « On a fait du vol, de la corruption, de l'enrichissement illicite, de la peur et de la lâcheté des valeurs "officielles", m'a soutenu l'écrivain marocain Abdelhak Serhane, rencontré à Rabat. Pour réussir dans la vie, il faut être sans dignité, corrompu et corrupteur, voleur et trafiquant. On a fait de la société marocaine une société avec des valeurs contraires à la morale. »

Mais j'ai aussi rencontré des Africains qui, malgré des difficultés de tout ordre, s'inspiraient, au contraire, des valeurs les plus nobles. À commencer par l'hospitalité. J'ai souvent bénéficié, en tant qu'étranger, d'un accueil remarquable. On m'a rarement fait des cadeaux – on m'a toutefois déjà offert quelques poules et pintades –, mais on a toujours pris le temps de m'écouter, de me parler, de me raconter. Je ne suis pas persuadé que les Africains bénéficient, dans mon pays, d'un accueil aussi empressé.

On a essayé de m'expliquer beaucoup de choses, mais j'ai souvent eu du mal à comprendre. Les rapports humains m'ont semblé plus complexes que chez moi. En Afrique, la vie n'est pas une discipline individuelle mais un sport d'équipe. Pour beaucoup de gens, la balance penche en faveur du collectif (qu'il s'agisse de l'appartenance ethnique, de la religion ou de la caste). En Zambie, par exemple, j'ai entendu un fonctionnaire rappeler à un subalterne que la tribu de ce dernier avait jadis été réduite à l'esclavage par la sienne. C'était fait avec humour, mais ce rappel historique tenait du rappel à l'ordre : le descendant du maître jouissait encore d'une position sociale enviable. (Un Québécois se vanterait-il aujourd'hui, même sur le ton de la plaisanterie, d'avoir eu pour ancêtre un propriétaire d'esclaves noirs ou amérindiens ?) De même, au Mali, j'ai vu une personne empêchée de prendre place à la table d'un collègue de travail parce qu'elle était membre de la caste des griots, des musiciens, chanteurs et conteurs traditionnels. Même si je l'avais spontanément invitée à se joindre à nous, elle était restée à l'écart. L'appartenance au groupe primait sur ses qualités en tant qu'individu. Il était difficile d'imaginer, dans mon propre pays, où le « je » pèse plus que le « nous », une situation semblable.

Je voudrais prendre un exemple plus simple encore pour expliquer la difficulté pour un étranger de saisir la réalité africaine : la faim. Pour moi qui ai toujours eu à manger, elle est difficile à comprendre vraiment. Même si je choisissais de me priver, je sais que je pourrais toujours m'alimenter. Je ne puis donc qu'imaginer la faim. Mais cela ne veut pas dire que je ne peux pas faire l'effort de le faire. Ne pas savoir est une chose ; ne pas vouloir savoir en est une autre. Ce refus, en tant que journaliste et humain, m'a toujours semblé un peu détestable.

Pour l'amateur d'exotisme, le continent africain recèle de nombreux mystères, bien sûr. Pourquoi l'enfant soldat doit-il marcher sur un œuf pour se « purifier » avant de retourner dans son village (dans le nord de l'Ouganda) ? Pourquoi les mères font-elles subir à leurs filles les mutilations génitales dont elles ont elles-mêmes souffert (dans de nombreux pays, musulmans et non musulmans) ? Pourquoi la naissance de jumeaux est-elle considérée comme une bénédiction (dans le sud du Bénin) ? En quoi est-elle un malheur (au nord) ? Pourquoi autant d'enfants sont-ils accusés de sorcellerie (en République démocratique du Congo) ? Mais je m'en voudrais de ne pas insister sur ce qui est, pour moi, la plus grande énigme. Il s'agit d'un phénomène fort peu exotique, que j'ai pu constater, comme tous les étrangers qui mettent les pieds en Afrique pour la première fois : pourquoi tant de gens – et tout particulièrement les femmes – travaillent-ils si fort ? On s'habitue si vite à voir des femmes et des enfants qui ploient sous leur charge qu'après quelques jours on ne les remarque même plus. Ils travaillent sans relâche pour quelques pièces, malgré une chaleur qui les affecte aussi peu que le froid incommode les Inuits.

Ils triment dur et ont toujours trimé dur. Des mots comme « tradition » viennent à l'esprit. Mais les coutumes dites « ancestrales » ont bon dos. Tantôt, on les invoque pour justifier l'injustifiable : au Nigeria, par exemple, il arrive que des enfants soient victimes de crimes rituels destinés à récupérer leurs organes ou leur peau. Tantôt, les chefs « traditionnels » jouent, au contraire, un rôle de premier plan lorsqu'il s'agit d'amener les populations à accepter des changements. C'est le cas au Niger, où ils sont sur la ligne de front dans la lutte contre le mariage des filles à un très jeune âge.

Évidemment, les Africains travaillent comme ils le font parce qu'ils n'en ont pas le choix. Ce sont, pour utiliser un mot un peu galvaudé, des survivants. Ce livre est donc constitué de récits de voyages, de reportages, de rencontres, de lettres qui parlent de survie, c'est-à-dire de la vie de beaucoup de gens. L'Afrique a connu plusieurs conflits armés au cours des dernières années, et il sera beaucoup question de l'un des plus sanglants d'entre eux, la guerre en République démocratique du Congo, le géant de l'Afrique centrale, qui aurait fait plus de quatre millions de morts.

Au fil de ces pages apparaîtront donc des Africains qui m'ont tenu la main, au sens propre comme au sens figuré. Ils m'ont aidé à trouver mon chemin, à essayer de comprendre. J'ai pris le parti de donner la parole à des personnes dont les grands médias parlent peu, ni chez elles ni chez moi. Peu de personnages connus ou de « grands noms » sont cités, mais il sera souvent question de garçons et de filles car, pour comprendre comment vit et meurt l'Afrique, il faut savoir comment vivent et meurent ses enfants.

>>>

Sur la route de Gulu, nous fûmes vite entourés de gamins dont les parents finirent par émerger des champs environnants. Une heure après notre crevaison, nous avions provoqué un véritable attroupement. De toute évidence, les gens discutaient dans leur langue des solutions possibles. Nous ne pouvions en être certains puisqu'ils ne parlaient ni le français ni l'anglais. Le groupe désigna un jeune homme à la carrure athlétique. Il fut décidé – on nous consulta vaguement – qu'il prendrait la roue de secours pour l'amener à la station-service la plus proche. Elle était, nous fit-on comprendre par des gestes, par là… Le jeune homme s'empara de la roue et la fit rouler sur la chaussée, comme un garçonnet s'amusant avec une roue de bicyclette. Il partit au pas de course dans cette plate plaine avant de disparaître à l'horizon. Que nous avons supplié du regard. Comme si, à force de le fixer, nous ferions apparaître notre sauveteur. Deux heures plus tard, un des paysans restés pour nous tenir compagnie nous indiqua un point noir à l'horizon. C'était bien lui, notre bienfaiteur, qui fut acclamé à l'arrivée. Il nous rendit la roue, parfaitement bien réparée, et nous repartîmes.

Victimes et héroïnes

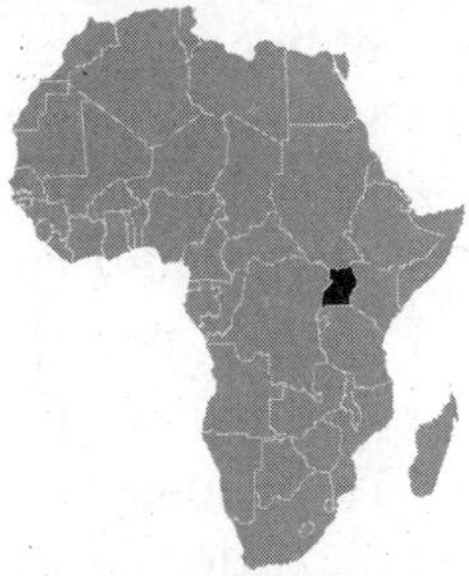

OUGANDA

Il était deux heures lorsque le bruit et la lumière des lampes de poche réveillèrent tout le dortoir. Les collégiennes comprirent tout de suite qu'elles avaient été encerclées par ceux qu'elles redoutaient par-dessus tout : les rebelles. Armés de fusils d'assaut, ils commencèrent à marteler les portes blindées à coups de crosse. Paniquées, les jeunes filles tentèrent en vain de se cacher. Puisqu'on ne leur ouvrait pas, les insurgés menacèrent de dégoupiller une grenade. Craignant le pire, une élève les laissa entrer. Soudain, dans le plus parfait silence, sans pleurs ni gémissements, plus de cent trente adolescentes défilèrent devant leurs ravisseurs, leurs nouveaux maîtres. La veille, le 9 octobre 1996, anniversaire de l'indépendance de l'Ouganda, elles étaient encore de fières élèves arborant l'uniforme de leur collège catholique, le Saint Mary's College d'Aboke. La veille encore, ces jeunes filles de « classe moyenne », souvent issues de familles modestes qui faisaient de gros sacrifices pour envoyer leurs enfants à l'école privée, lisaient Shakespeare à l'ombre des bougainvillées en fleurs. Elles rêvaient à leurs futures études dans la capitale, Kampala. Mais dans cette nuit sans lune, attachées les unes aux autres avec leurs propres vêtements par groupes de huit, elles se surent réduites au rang d'esclaves.

Les enseignantes, des religieuses italiennes, s'étaient cachées dans les hautes herbes et prièrent jusqu'à l'aube pour que les portes tinssent bon. Elles étaient persuadées que les rebelles étaient repartis bredouilles et que les filles étaient saines et sauves. Après tout, elles n'avaient rien entendu. Vers cinq heures, toutefois, tandis qu'une pâle lueur blanchissait le ciel, elles gagnèrent le dortoir et comprirent leur erreur: au milieu des vêtements éparpillés, les plus petites, abandonnées parce que trop faibles, pleuraient. Horrifiée, la sœur Rachele Fassera, la professeure de biologie, se promit de retrouver les captives.

Elle passa des habits propres – la plus simple des robes blanches – et prit l'argent du collège, des centaines de milliers de shillings ougandais, une somme importante mais non colossale, de grosses liasses de billets qu'elle enfouit dans un havresac où elle glissa aussi un crucifix. Elle partit en compagnie de John Bosco Ocen, le professeur de géographie. En les apercevant, les paysans se dirigèrent vers eux. Oui, bien sûr, ils avaient vu le groupe de rebelles avec leurs prisonnières. Ils étaient passés par là… Glanant des renseignements à gauche et à droite, la sœur Rachele finit par trouver une chaussure de jeune fille. Elle se pencha pour la ramasser et, en se relevant, vit les collégiennes marchant avec peine sur les hauteurs d'une colline non loin de là. Les insurgés braquaient déjà leurs fusils AK-47 sur elle. Il n'était pourtant pas question pour elle de rebrousser chemin. Les mains en l'air, transie de peur, urinant bien malgré elle, la sœur Rachele alla à leur rencontre.

Le groupe était composé de plus de deux cents insurgés, certains âgés d'à peine douze ans, quelques-uns arborant des colliers faits de douilles de cartouches. Leur chef se présenta: il s'appelait Mariano Ocaya Lagira. Sœur Rachele lui demanda, d'une voix tantôt suppliante tantôt pressante, de libérer les prisonnières. Elle lui proposa de l'argent, que Lagira refusa.

Une jeune rebelle tendit un bol d'eau à la sœur Rachele pour lui permettre de se rafraîchir. Elle s'éloigna quelque peu, fit un brin de toilette et revint, constatant que les insurgés avaient divisé leurs otages en deux groupes. Elle recommença à parlementer avec Lagira, qui lui demanda si elle avait une image de la Vierge Marie. Elle n'en avait pas mais lui tendit le crucifix qu'elle portait au cou. Il lui proposa alors un marché. Il rendrait la liberté à cent neuf jeunes filles –, il prit la peine d'inscrire le chiffre sur le sol avec un bout de bois – mais en garderait trente autres pour Joseph Kony, son chef, le leader de l'Armée de résistance du Seigneur (LRA, Lord's Resistance Army).

>>>

Depuis longtemps, Kony, un guerrier messianique soi-disant possédé par le Saint-Esprit, soumet ses recrues à un rite initiatique élaboré. Elles sont enduites d'une mixtion d'eau et de beurre de karité leur assurant une protection spirituelle. Kony s'affuble alors d'une tunique blanche et, muni d'un chapelet, cherche à recevoir les instructions des esprits avec lesquels il se dit en relation. Sur des braseros dont le feu est entretenu jour et nuit, il pose parfois de menus objets représentant armes et véhicules ennemis. Dans l'espoir de les saboter, il les asperge d'eau. Il apprend toutefois à ses combattants qu'ils ne doivent pas s'en prendre aux bêtes sauvages, les abeilles et les serpents étant même des alliés dans leur lutte contre l'armée.

Ce mouvement remonte à l'arrivée au pouvoir de Yoweri Museveni, le chef rebelle qui renversa le président Milton Obote en 1986. À l'époque, une cousine de Kony, une jeune femme appelée Alice Auma, prit le nom de Lakwena, qui signifie « messager » en langue acholie. Elle prétendait être l'envoyée du Saint-Esprit. Elle leva une armée d'ex-militaires et elle remporta une série de batailles avant de s'exiler au Kenya.

Je n'ai jamais rencontré ni Kony ni Alice, mais j'ai pu voir le père d'Alice, Severino Lukoya, l'instigateur de ce mouvement mi-spirituel, mi-politique. Cet homme très âgé est un *ajwaka*, un mot qu'on peut traduire par « sorcier », « médium » ou « guérisseur ». Il habite l'un des quartiers les plus misérables de Gulu et possède une modeste maison, vide, blanche et propre comme un temple. Aimable et accueillant, Lukoya m'a tenu un discours religieux que j'avais de la difficulté à suivre mais où les allusions aux esprits cachaient mal l'agacement que semblait lui inspirer Kony.

>>>

Face aux rebelles, la sœur Rachele comprit que les ravisseurs avaient déjà décidé du sort de leurs prisonnières : certaines regagneraient le collège et d'autres, plus grandes, plus belles, seraient amenées à Kony, au Soudan. La religieuse imagina ses trente élèves à jamais captives. « Je ne peux pas exprimer ce que j'ai ressenti à ce moment-là, me dit-elle. Je me suis agenouillée devant Mariano, je lui ai posé une main sur le cœur et je l'ai supplié : "Libère-les toutes. Prends-moi à leur place." »

Lagira se mit alors en colère, criant qu'il ne lui rendrait aucune des jeunes filles si elle ne repartait pas immédiatement avec celles qu'il lui avait cédées. L'une après l'autre, les trente prisonnières firent donc leurs adieux à leur professeure. « Ma sœur, demanda l'une d'elles, serons-nous toutes violées ce soir ? » L'enseignante, qui avait si souvent répondu aux questions de ses élèves, ne savait que dire, même si elle devinait, hélas, la réponse.

Les otages commencèrent à pleurer. Lagira donna l'ordre de les faire taire. Ses soldats arrachèrent des branches à des arbres et les fouettèrent. L'une des adolescentes tomba et fut rouée de coups de pied. La sœur Rachele supplia les rebelles de l'épargner et donna aux jeunes filles la consigne de ne plus pleurer. Elles se turent. Dans un geste ultime, certes symbolique, l'enseignante confia le groupe aux bons soins de Judith, dix-sept ans, la présidente de l'association des élèves. Puis, avec celles qui venaient d'être libérées, la religieuse fit demi-tour.

Elle se sentait coupable. Non seulement elle avait abandonné une trentaine d'élèves, mais elle n'avait rien pu faire, non plus, pour la multitude de rebelles, des enfants pour la plupart. Un des jeunes « insurgés » s'était même approché d'elle pour lui demander de le prendre avec elle. Il était séminariste, avait-il expliqué. Elle était donc intervenue en sa faveur auprès de Mariano. « Nous sommes tous des séminaristes, ici ! » avait-il rigolé en lui signifiant son refus.

Les parents des jeunes filles furent d'abord bouleversés, puis, au fil des mois, l'accablement s'installa. Certaines mères continuèrent de laver et de repasser les uniformes des disparues dans l'espoir qu'elles reviennent. Ben et Mary Pere, un homme d'affaires et une enseignante, perdirent deux filles dans ce rapt : Susan, quatorze ans, et Jacqueline, quinze ans. « Le plus dur, c'est d'entendre leurs petits frères nous demander : où sont nos sœurs ? » me confia Ben Pere. Le père de Judith, George Otim-Nape, un agronome spécialiste des maladies du maïs, ne comprenait pas pourquoi le Soudan ne faisait pas l'objet de véritables sanctions internationales, ni pourquoi Kony n'était pas déjà accusé de crimes contre l'humanité. « Il ne cesse de commettre des atrocités et le monde se tourne les pouces ! »

>>>

Une poignée de jeunes collégiennes allaient toutefois réussir à s'enfuir. À Aboke, j'ai rencontré Joyce, l'une des trente jeunes filles que Lagira destinait à son chef. Elle avait réussi à s'échapper après plusieurs mois de captivité. « Après le départ de la sœur Rachele, la première chose qu'ils nous ont dit, c'est que celles qui essaieraient de s'enfuir seraient immédiatement tuées. » Une de ses camarades a quand même tenté sa chance, se cachant dans une hutte. Les rebelles ont eu tôt fait de la rattraper. Ils ont tué l'homme et la femme enceinte qui l'avaient cachée mais ont refusé de sévir eux-mêmes contre la jeune fille. « Les rebelles nous ont alors donné à chacune un gourdin, rapporta Joyce. L'une après l'autre, nous avons dû la frapper jusqu'à ce qu'elle meure. Nous avons été obligées de la tuer. Ils nous ont dit que quiconque refuserait mourrait aussi. »

Pour survivre, Joyce dut obéir aux ordres : elle participa à des attaques, amputa elle aussi des jambes et des pieds à coups de machette. Pour se nourrir, elle pilla et vola. Malgré la cruauté dont elle était victime, et celle dont elle a dû faire preuve elle-même, Joyce gardait les idées claires : elle voulait se sauver. Lors d'un affrontement avec l'armée ougandaise, elle profita du chaos pour s'enfuir. Après plusieurs jours de marche, traversant des zones minées et des cours d'eau, affaiblie par la faim et la syphilis, elle retrouva enfin sa famille. Ses parents proposèrent de l'envoyer dans un autre pensionnat, mais Joyce ne voulut pas en entendre parler. Sa place était au Saint Mary's College. Aujourd'hui, l'air frondeur, elle n'a plus peur. Elle se sait plus forte, au moins aussi forte que les rebelles.

Je voudrais ajouter ici que Joyce, tout incroyable que paraisse son histoire, ressemble à tant d'autres adolescentes. Elle a repris ses études. Elle s'intéresse à la littérature. Quand elle m'a abordé, elle m'a demandé ce que j'avais lu de Shakespeare ; elle était elle-même en train de lire *Roméo et Juliette*, la célèbre tragédie tribale de Vérone. Je n'avais pas du tout l'impression d'être aux confins de la civilisation humaine, d'être plongé « au cœur des ténèbres », mais de rencontrer une pensionnaire d'un petit internat anglais. Joyce fait partie des deux compagnies de danse du collège : l'une fait de la danse contemporaine sur des airs américains enregistrés à la radio – leurs cassettes tournent malaisément dans un *ghetto-blaster* enroué –, l'autre fait de la danse traditionnelle sur de toniques percussions acholies. Et il est facile alors d'oublier que ces filles dont le rire couvre le bruit des tambours qui tonnent ne sont pas tout à fait comme les autres.

La sœur Rachele, elle, est moins confiante. Elle a longtemps œuvré pour la libération des collégiennes, se rendant au Soudan, rencontrant Jean-Paul II et le secrétaire général des Nations unies, mais ses démarches ne réussirent jamais à lui ramener ni ses élèves ni sa tranquillité d'esprit. « Je me sens coupable, me dit-elle. Je ne sais pas si j'ai fait tout ce qu'il fallait. »

>>>

Dans le nord de l'Ouganda, plusieurs centaines d'enfants ont réussi à échapper à leurs geôliers. En règle générale, ils s'enfuient pendant des combats et sont recueillis par la quatrième division de l'armée ougandaise, basée à Gulu. C'est de là, plusieurs fois par semaine, que décolle l'un des rares hélicoptères militaires que compte l'Ouganda. Il transporte à son bord des soldats qui portent l'uniforme de l'ex-Allemagne de l'Est, un don du gouvernement allemand. En survolant avec eux la savane à basse altitude, j'ai constaté les ravages causés par cette guerre. Les champs de manioc ou de millet sont à l'abandon. De nombreuses huttes n'ont plus que leurs murs de terre argileuse, les toits d'herbe séchée ayant été incendiés. Les populations se sont enfuies. L'armée a parqué des dizaines de milliers de personnes dans des camps, où leur survie dépend de l'aide de la communauté internationale. Leurs villages sont désormais habités par des spectres.

Quand l'hélicoptère s'est posé près d'une palissade, aux abords d'un campement militaire, la bataille venait de se terminer. Lance-grenades à l'épaule, un soldat déambulait dans les tranchées. Personne ne faisait attention aux deux prisonniers, des garçons de onze et quinze ans, assis au pied d'un arbre rachitique. Le plus jeune était en haillons, son t-shirt souillé de sueur et de sang séché. Il m'expliqua qu'il avait été enlevé par les rebelles et contraint de se battre. Je me demandai comment un garçonnet aux yeux si rêveurs avait pu apprendre à obéir aux ordres. Comme des centaines d'autres ex-rebelles, il fut confié à l'une des deux organisations non gouvernementales de Gulu, la World Vision américaine et la Gusco ougandaise, qui les envoient se faire examiner à l'hôpital de Lacor.

Physiquement, m'expliqua le médecin, ce jeune patient allait plutôt bien. Mais comme la plupart de ses camarades, il souffrait d'un état traumatique caractérisé par des cauchemars et un manque d'appétit. Leurs dessins, où apparaissaient cadavres et machettes sanglantes, mettaient en évidence les combats ou les pillages auxquels ces enfants avaient été mêlés. Leurs récits faisaient presque toujours état de sorcellerie et d'exécutions sommaires, de leur peur des représailles et de leur espoir d'aller à l'école. Hébergé dans un centre d'accueil, le garçon que j'avais vu serait dirigé vers un « psychologue » – on ne trouve aucun vrai psychologue dans le district de Gulu – avant de retourner dans sa famille. Sa réintégration, pourtant, ne serait pas facile, le retour à la maison provoquant parfois des drames. Son village tout entier craignait désormais de faire l'objet de représailles de la part des rebelles. Et il subsistait une sourde inquiétude : et si le gamin était vraiment devenu un meurtrier ? Pour conjurer le mal, les villages de rescapés organisent des cérémonies dites « de purification » : des aînés demandent avec solennité à l'enfant soldat qui rentre chez lui de marcher sur un œuf. Si on lui sacrifie un œuf, le mal, espère-t-on, passera son chemin.

>>>

Le gouvernement du Soudan a longtemps hébergé les bases de la LRA sur son territoire parce que ces rebelles lui étaient utiles : en plus de déstabiliser le gouvernement ougandais, ils appuyaient l'armée régulière soudanaise dans sa propre guerre civile, celle que le régime de Khartoum menait contre les insurgés de l'Armée populaire de libération du Soudan (SPLA, Sudan People's Liberation Army). Cette dernière, dirigée par John Garang, bénéficiait du soutien de l'Ouganda. En 1999, le président soudanais, Omar el-Beshir, et son homologue ougandais, Yoweri Museveni, entérinèrent des accords où ils s'engageaient à renouer leurs relations diplomatiques et à venir en aide aux victimes de cette guerre cruelle. Le Parlement ougandais adopta une amnistie pour les combattants qui renonceraient à la violence. Mais une initiative visant à entamer des négociations de paix entre le gouvernement et la rébellion échoua, et le conflit, avec son lot d'enlèvements d'enfants, recommença.

La situation connut un déblocage en 2005 lorsque le gouvernement soudanais et la SPLA signèrent l'Accord global de paix. Cette entente historique mit fin, au Soudan, à une guerre civile qui avait fait deux millions de morts depuis les années 1980. En prenant le contrôle du sud du Soudan, le SPLA était désormais en position d'établir son autorité à la frontière ougandaise. Affaibli par des attaques de l'armée régulière ougandaise, abandonné par le gouvernement de Khartoum, privé des bases arrière dont il avait longtemps bénéficié, Kony s'est installé dans un autre pays de la région, la République démocratique du Congo. Il a fait savoir qu'il était disposé à négocier avec le gouvernement de Kampala, mais les pourparlers ont piétiné. Pour Kony, c'était encore la meilleure façon d'éviter la Cour pénale internationale, qui l'a accusé de crimes de guerre. Négocier lui permet de poursuivre sa guerre d'usure, c'est-à-dire de continuer à enlever des enfants et à leur apprendre à tuer.

Mauvaises consciences

RWANDA

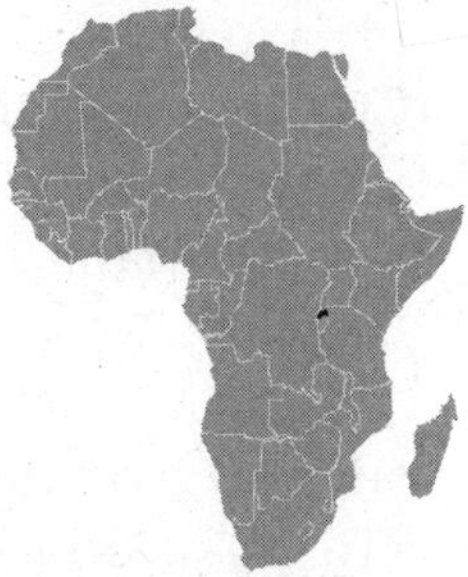

Seul et pieds nus, l'enfant errait dans la longue colonne de réfugiés hutus qui rentraient au Rwanda après deux années d'exil en Tanzanie. Sur son t-shirt, il y avait la Terre et un message : *Take care of it*. Mais personne, semble-t-il, ne prenait soin de ce gamin de deux ans, trois peut-être. Ses pieds étaient enflés. Sous une épaisse couche de crasse, on voyait que des chiques (des puces qui pénètrent sous la peau pour y pondre leurs œufs) avaient provoqué des abcès entre ses orteils. Impossible de savoir comment ce garçonnet, emporté par la marée humaine, avait pu arriver ici, à Kibungo, à soixante kilomètres de la frontière qui sépare la Tanzanie du Rwanda.

Il semblait toutefois bien nourri – ses bras étaient même plutôt potelés – et il baragouinait quelques mots de kinyarwanda, la langue du Rwanda. Il ne s'agissait donc pas d'un enfant abandonné mais bien d'un enfant perdu. Ses parents ne devaient pas être loin. Mais comment les retrouver parmi les centaines de milliers de réfugiés qui rentraient chaque jour de Tanzanie dans un exode aux proportions quasi bibliques ?

>>>

Quand les réfugiés avaient fui le Rwanda, en 1994, les médias avaient parlé du plus grand exode de l'Histoire. En quelques semaines, près de deux millions de personnes – le quart de la population rwandaise ! –, des Hutus pour la plupart, avaient envahi les pays limitrophes, principalement le Zaïre, à l'ouest, et la Tanzanie, à l'est. Certains réfugiés étaient partis parce qu'ils avaient participé au génocide qui avait suivi le mystérieux attentat dans lequel avait péri le président Juvénal Habyarimana, le 6 avril 1994, à Kigali, la capitale. Son avion avait-il été abattu par des extrémistes hutus hostiles au partage du pouvoir avec les rebelles tutsis du Front patriotique rwandais de Paul Kagame ? Ou avait-il été attaqué par le FPR lui-même ? D'autres avaient fui parce qu'ils avaient refusé de prendre part à la folie meurtrière. (On entendait souvent dire que ceux qui ne tuaient pas étaient tués.) D'autres encore étaient les otages des extrémistes hutus, les *Interahamwe*, qui espéraient les transformer en réfugiés-guerriers, lesquels, dans l'histoire rwandaise, accompagnaient le *mwami* (roi) dans ses guerres de conquête.

En 1994, près de huit cent mille Rwandais ont été tués, souvent à coups de machette. Comme la plupart des victimes étaient issues de la minorité tutsie, les Nations unies parlent de génocide. Mais des assassins hutus avaient également tué des intellectuels (professeurs, journalistes, prêtres, avocats, etc.) de leur propre ethnie pour s'être opposés au général Habyarimana. Le génocide, point culminant d'une guerre civile qui durait depuis 1990, pouvait donner l'impression d'être le fruit d'un conflit ethnique : le pouvoir hutu, menacé par une rébellion tutsie, a sciemment organisé l'extermination de cette minorité. Il est vrai que les rapports entre les uns et les autres étaient mauvais, les Tutsis se sentant écartés du pouvoir que les Belges, avant l'indépendance, en 1961, leur avaient, dans une certaine mesure, confié. Mais il est faux de parler de haines ancestrales, puisque Tutsis et Hutus avaient longtemps cohabité pacifiquement, avant l'arrivée des forces belges en 1916.

Ces « ethnies » étaient aussi, et peut-être surtout, des classes sociales. C'est ainsi qu'un Hutu pouvait, en grimpant dans l'échelle sociale, devenir un Tutsi (comme les bourgeois pouvaient, dans la France de l'Ancien Régime, acquérir un titre de noblesse). On signale le cas de familles rwandaises dont les frères étaient classés selon leur richesse : plus de dix vaches, Tutsi ; moins de six, Hutu !

En 1996, à peine deux ans après le génocide, l'heure du retour avait sonné. Le Zaïre et la Tanzanie ne voulaient plus de réfugiés hutus sur leur territoire. Ces étrangers devaient rentrer au Rwanda. La Tanzanie avait même fixé une date limite, le 31 décembre 1996, et les Hutus commencèrent à rentrer chez eux par centaines de milliers.

>>>

Mais comment pouvait-on égarer un bébé ? Rien de plus facile. Il suffisait de le confier à sa sœur, en général une fillette à peine plus vieille que lui, chargée de le porter sur son dos. Une bousculade, et hop ! la famille était illico dispersée. Les enfants marcheraient longtemps avant de demander de l'aide. Sur les cinq cent trente mille réfugiés qui devaient être évacués des camps de Tanzanie, les Nations unies prévoyaient que jusqu'à un pour cent seraient des « mineurs non accompagnés », c'est-à-dire des enfants perdus. Une armée de volontaires devait donc être prête à nourrir, laver, habiller, photographier, identifier et raccompagner chez eux jusqu'à cinq mille trois cents gamins !

Le garçonnet dont le t-shirt proclamait *Take care of it* fut amené à la Maison de la joie, un orphelinat des missionnaires de la Charité, la communauté de mère Teresa. Celles-ci étaient chargées d'accueillir les enfants de moins de cinq ans qui s'égaraient dans ce vaste déplacement de population. Depuis quelques jours, l'établissement qui accueillait normalement quatre-vingt-dix orphelins hébergeait trois fois plus de pensionnaires.

Dans certains berceaux, plutôt grands, il est vrai, on avait déposé cinq bébés.

Contrairement à ce que je craignais, la confusion qui régnait dans l'orphelinat était plutôt joyeuse. Les fillettes chantaient, alors que les garçons improvisaient des jeux avec des morceaux de plastique ou des bouts de bois. Toutefois, l'un d'eux, de toute évidence traumatisé par les massacres de 1994, ne cessait de hurler le nom de l'ancien bourgmestre (maire) de son village : « Il a tué tout le monde ! Il va tuer tout le monde ! Il va venir vous tuer ! »

À la Maison de la joie, la religieuse indienne donna à *Take care of it* un bracelet en plastique indiquant son matricule et son nom : INCONNU. Qui était-il ? D'où était-il originaire ? Combien de kilomètres avait-il marché ? Impossible de le savoir. Mais la religieuse tenait à lui donner un prénom. Elle se tourna vers moi, arrivé en même temps que lui, et me demanda comment je m'appelais. Voilà. C'était tout trouvé. Celui-ci s'appellerait Michel.

J'ai souri pour cacher que je n'avais pas du tout envie de sourire. Depuis quelques jours, j'avais vu des dizaines de milliers de réfugiés en haillons se traîner en silence, de l'aube à la tombée de la nuit, dans un interminable défilé des damnés. La plupart allaient pieds nus. Quelques-uns ne portaient qu'une sandale, qu'ils passaient tantôt à gauche, tantôt à droite. Certains n'avaient qu'un pied. Je me sentais concerné par un tel cortège, mais pour être tout à fait franc, peu touché. J'étais là pour travailler avec ma tête, pas avec mon cœur et, devant tant de misère, je devais, comme on dit, me faire une raison. Les réfugiés étaient trop différents de moi, trop misérables et, surtout, trop nombreux. Comment reconnaître l'individu dans cette masse ? Comment distinguer la vague à la surface du fleuve ? À la Maison de la joie, une religieuse indienne venait, sans le savoir, de perforer ma carapace. Les rapatriés avaient désormais un visage et l'un d'eux avait même un prénom, le mien.

J'ai vite découvert, toutefois, les limites de ma compassion. À la Maison de la joie, un enfant handicapé mental, couvert de ses propres excréments, s'est approché de moi, souhaitant que je le prenne. Peut-être s'était-il perdu comme les autres, peut-être avait-il été abandonné par des parents qui espéraient que d'autres sauraient mieux s'occuper de lui. Mais enlacer cet enfant était au-delà de mes forces. Se sentant rejeté, il commença à pleurer. Une religieuse le prit dans ses bras pour le consoler.

\>>>

Ce n'était pas la première fois que j'allais au Rwanda. J'y étais allé en 1985. Le pays m'avait frappé par sa beauté, la verdeur insolente de ses plantations de thé. Sa faune était d'une abondance inimaginable. Dans les parcs nationaux, on voyait des animaux en très grand nombre. Ils ont aujourd'hui disparu, ayant été abattus pour être mangés ou vendus, même si c'est interdit; les cornes de rhinocéros et les défenses d'éléphant sont particulièrement recherchées.

À l'époque, le Rwanda avait la réputation d'être un pays où la corruption n'avait pas prise. Lorsqu'à l'aéroport de Kigali, à la fin de mon premier séjour, un policier m'avait demandé un « pourboire » pour avoir estampillé mon passeport, j'avais pu me permettre de refuser en feignant d'être offusqué. Il est vrai que les Rwandais m'avaient donné une impression d'intégrité ou, du moins, de *fair play*. Après quelques jours dans le nord-est du pays, j'étais rentré à Kigali en « taxi brousse », une camionnette surchargée. Pendant que je tendais les bras pour descendre mon sac du toit du minibus, un pickpocket avait tenté de me subtiliser quelques billets. Je m'en étais aperçu et l'avais pris la main non pas dans le sac mais carrément dans ma poche. Je lui avais alors dit qu'il n'avait pas été assez rapide et qu'il devait donc me rendre le billet qu'il venait de prendre. Ce qu'il fit. À ma grande surprise. Témoins de l'échange et de la fuite du petit voleur, les passagers avaient commencé à m'applaudir! J'ignorais alors le sort qu'on réserve trop souvent, encore aujourd'hui, aux voleurs: ils sont lynchés. Peut-être les passagers étaient-ils soulagés de ne pas devoir jouer les « justiciers ».

J'avais, à cette occasion, rencontré un cadre rwandais qui dirigeait un projet de « développement rural intégré » dans le Mutara, une vallée inondable qu'on cherchait à transformer en terres cultivables. Ce projet cumulait les difficultés. Les terres irriguées devaient être allouées aux cultures vivrières (haricots, sorgho, maïs). Mais le sol renfermait trop d'argile pour la culture des aliments de base. On pouvait toujours le transformer en rizière, mais il eût fallu apporter une grande quantité d'eau. Cela avait obligé les concepteurs du projet à revoir la superficie cultivable à la baisse. De nombreuses familles, pleines d'espoir, avaient quitté les hauts plateaux pour s'installer dans cette vallée encore insalubre, et elles se trouvaient bien mal en point. Les retards dans les travaux de drainage – les hippopotames détruisaient, à la faveur de la nuit, ce qui était fait le jour –, le manque d'eau potable, la maladie et l'absence d'écoles avaient poussé la moitié d'entre elles à faire demi-tour.

J'avais interviewé le directeur du projet, Augustin Bizimana, dont la rencontre ne m'a pas marqué. Mon souvenir de lui reste flou. Je me le rappelle sous les traits d'une personne circonspecte et sérieuse. En 1994, il allait devenir ministre de la Défense. Accusé de génocide et de crimes contre l'humanité par le Tribunal pénal international pour le Rwanda, il est toujours en fuite au moment où j'écris ces lignes.

>>>

Un drapeau des Nations unies flottait mollement devant le centre de transit de Birenga, aux abords de Kibungo. C'est là qu'étaient amenés les enfants de plus de cinq ans : jusqu'à neuf cents mineurs y étaient hébergés dans plus de quatre-vingts tentes. On leur donnait d'abord des biscuits protéinés (un peu secs, mais pas mauvais au goût) et une bouillie de maïs, de soja et de sucre. Après quarante-huit heures, les petits avaient droit aux aliments qui sont à la base du régime des paysans rwandais : du riz, des haricots, des pommes de terre et des pois. Une équipe de *mamas* s'occupait des enfants, leur donnait à manger, cherchait à les identifier pour pouvoir les ramener dans leur famille. L'essentiel du travail était donc effectué par des Rwandais recrutés par des ONG étrangères ou des agences des Nations unies.

Chaque soir, une trentaine de personnes se réunissaient dans la salle à manger de la maison qu'avait louée, à Kibungo, le Haut Commissariat des Nations unies pour les réfugiés (HCR). Celle-ci était encore en bon état, contrairement à tant d'autres qui donnaient l'impression de s'être affaissées par suite d'un tremblement de terre. En fait, elles avaient été détruites par une foule déchaînée qui les avait démolies patiemment, une brique à la fois, pour assassiner les Tutsis qui s'y cachaient. À la réunion du HCR participaient des mercenaires de l'urgence, ceux qu'on appelle au chevet des victimes des catastrophes naturelles ou humaines de tout genre. Il y avait des fonctionnaires internationaux, qu'on reconnaissait à la propreté de leur chemise, des médecins, qu'on repérait à leur stéthoscope, et des volontaires, reconnaissables au feu qui brillait dans leurs yeux. Nouveaux internationalistes ou fondamentalistes protestants, volontaires d'Oxfam ou de Save the Children, de World Vision ou de la Fédération luthérienne mondiale, ils étaient jeunes, dynamiques et enthousiastes : la communauté internationale, aux yeux de la plupart des Rwandais, c'était eux.

Il y avait des Scandinaves, des Allemands, des Américains, beaucoup d'Irlandais. Le représentant du HCR ouvrit la réunion en annonçant que dix-huit mille réfugiés étaient rentrés de Tanzanie en ce 19 décembre 1996. Depuis le début du rapatriement, leur nombre atteignait deux cent cinquante mille. Ces statistiques me permettaient de commencer à comprendre l'ampleur du génocide aux huit cent mille morts. À chacun des rapatriés, donc, correspondaient trois morts. S'ils revenaient à la vie au même rythme que les réfugiés qui étaient rentrés de Tanzanie ce jour-là, ils mettraient donc quarante-deux jours à émerger des ténèbres.

En ce début de soirée, toutefois, le HCR avait des préoccupations plus pratiques. Il voulait savoir qui exactement était responsable du transport des personnes âgées et des handicapés. C'était l'un des problèmes les plus graves : chaque fois qu'un minibus du HCR s'arrêtait pour les recueillir, il était pris d'assaut par des réfugiés plus jeunes et plus costauds qui en expulsaient les plus faibles. Les médecins, par ailleurs, signalaient beaucoup de cas de paludisme et un cas de méningite. (Au moins, le choléra, le fléau que tous redoutaient en raison de l'absence d'eau potable, n'avait pas frappé.) Depuis quelques jours, quatre constats de décès avaient été établis : un enfant était mort de dysenterie, trois autres avaient été heurtés par des véhicules dont les conducteurs avaient pris la fuite. Quatre décès. Cela semblait anormal. Parce que trop peu. Des cadavres avaient peut-être échappé à l'attention de ces observateurs étrangers. Tout le monde était prié de garder l'œil ouvert. La bonne nouvelle, c'était qu'une trentaine de femmes avaient accouché sur le bord de la route et que les nouveau-nés se portaient bien.

Une travailleuse sociale expliqua qu'elle essayait d'empêcher le transfert vers un hôpital psychiatrique d'une vingtaine d'enfants qui, traumatisés par la perte de leurs parents, avaient perdu l'usage de la parole. Elle croyait que la plupart d'entre eux étaient en état de choc et qu'ils recommenceraient bientôt à parler, ce qui était indispensable si on voulait établir leur identité. Leur internement ne ferait qu'aggraver leur cas.

En visitant le centre psychiatrique de Ndera, le seul du Rwanda, je compris pourquoi : les enfants qui y sont internés ne sont pas tenus à l'écart des adultes, qui passent leurs journées dans la cour, l'air hagard et hébété. Un malade, gardé au cachot parce qu'il était trop agressif, coinça son visage sous la porte à quelques centimètres du sol pour me saluer : « Bonnejour ! Bonnejour ! » Cet hôpital, comme s'il n'était pas déjà assez triste, portait encore les traces du génocide. Dans leur furie, les assassins avaient même tué les fous tutsis.

Nouvelle réunion au HCR. La déferlante prend de l'ampleur. Près de quarante mille réfugiés sont rentrés en ce 23 décembre. Les mauvaises nouvelles tombent en cascade. La distribution d'eau a lamentablement échoué. Un réfugié, que ses anciens voisins accusaient d'être un « génocidaire », s'est suicidé. Un millier de rapatriés ont été arrêtés dès leur retour au pays et incarcérés dans des « cachots », les prisons locales. Cinq « rescapés » (comprendre Tutsis) ont été empoisonnés par des « retournés » (comprendre Hutus). Une femme est morte en donnant naissance à des jumeaux. Une équipe belgo-néerlandaise de Médecins sans frontières vient d'être expulsée de la région pour des raisons nébuleuses. Les employés du Comité international de la Croix-Rouge ont observé un deuil d'une journée à la mémoire de leurs six camarades qui ont été assassinés en Tchétchénie. Tout le monde éprouve un vague sentiment de découragement, peut-être parce que ce sera bientôt Noël, et que personne n'aura droit à de la dinde. Mais je reçois, moi, une bonne nouvelle : une Irlandaise qui travaille pour l'Unicef m'apprend que « Michel » a retrouvé ses parents.

>>>

Dans la cour de la prison de Kabuga, à la périphérie de Kigali, des détenus poireautent à l'ombre de murs en briques (hauteur réglementaire : six mètres). Tous donnent l'impression de s'ennuyer ferme, sauf les jeunes évangéliques qui, dans un coin, chantent des hymnes en sautillant. La couleur de leur uniforme, rose bonbon, rose humiliation, rose vite repéré en cas d'évasion, donne au tableau un air surréaliste.

Le surpeuplement confine à l'absurde : il y a si peu de lits que les détenus se relaient, nuit et jour, pour y dormir. Plus de cent mille personnes, la plupart soupçonnées d'avoir participé au génocide, ont été enfermées dans les prisons rwandaises à partir de 1994. Quatre cents d'entre elles avaient moins de quatorze ans, l'âge de la responsabilité pénale, au moment du crime qui leur était reproché. Pour les éloigner des adultes, les plus petits ne furent pas libérés, mais transférés à Gitagata, une ancienne maison de redressement, à quarante-cinq kilomètres au sud de Kigali.

Quand j'y suis passé, ses pensionnaires y dormaient dans un dortoir vétuste, deux par deux, dans de vieux lits superposés. L'odeur y était presque insoutenable. Mais les garçons pouvaient au moins se promener au grand air et aller à l'école aménagée sur place. Quand l'institutrice, craie à la main, demandait aux plus petits de trouver des mots commençant par la lettre « m », ils répondaient en chœur : « mama », comme des écoliers le feraient partout ; mais ils n'étaient pas tout à fait comme les autres. Le plus petit avait huit ans, c'est-à-dire six au moment de commettre le crime qu'on lui reprochait : une attaque à la grenade qui avait coûté la vie à une famille entière. Un enfant de six ans qui dégoupille et lance une grenade dans la maison de son voisin pouvait-il être coupable ? Oui, je suppose. Mais de quoi ? D'avoir tué ? obéi ? imité ? Gitagata dérangeait parce que l'horreur et l'innocence, d'habitude si faciles à départager, y étaient indissociables.

La veille du jour de l'An, une centaine de personnes se donnèrent rendez-vous à Memisa, une ONG néerlandaise établie à Kigali. La bière et la musique réunirent Tutsis et Hutus, garçons et filles. En ce territoire « étranger », tout le monde pouvait, le temps de quelques chansons, oublier que le chemin de la réconciliation serait encore long et soupirer en dansant sur un air de Céline Dion, en l'occurrence « Pour que tu m'aimes encore ». Mais la fête était triste, les danseurs, peu enjoués, leurs pas, lents et gourds. Le pays se relevait d'une guerre civile, bien sûr, mais je me demandais si cet abattement n'était pas, du moins en partie, antérieur au génocide.

Cela m'avait d'ailleurs frappé la première que j'étais allé au Rwanda, en 1985. Les Rwandais, à l'opposé des clichés sur les Africains, m'avaient semblé flegmatiques à l'excès, aussi maussades que le temps qu'il fait sur leur pays. Il n'y avait que deux saisons, m'avait-on répété, la petite saison des pluies et la grande saison des pluies. Cela expliquait pourquoi les collines étaient aussi verdoyantes. Mais il suffisait de traverser la frontière avec le Zaïre, où il pleuvait tout autant, pour se rendre compte de la différence. Chez les Zaïrois, la musique semblait omniprésente. Des Rwandais m'ont déjà dit (si on peut généraliser ainsi) que leur réserve tenait de l'influence que l'Église catholique a longtemps eue chez eux. Jusqu'aux années 1970, la minijupe était carrément interdite. Pour se rincer l'œil, les amateurs se rendaient en week-end à Bujumbura, la capitale du Burundi voisin, où les élégantes étaient libres d'exhiber leurs genoux.

Les Rwandais que j'ai côtoyés montraient peu leurs émotions. Un jour, j'eus l'occasion d'assister à Kigali à des obsèques où aucun mot ne fut prononcé, pas une larme versée. Pourtant venus nombreux, les proches se penchèrent sur la défunte, lui caressèrent délicatement la joue et s'assirent sur des nattes sans adresser la parole à leurs voisins. Ils restèrent ainsi, presque immobiles, jusqu'à ce que des jeunes hommes et des jeunes filles circulent parmi eux avec des cruches d'eau pour leur permettre de se laver les mains. Des bouteilles de bière et d'eau gazeuse furent distribuées, puis tout le monde se leva pour accompagner la dépouille jusqu'au cimetière, où le cercueil fut descendu dans la tombe, une prière dite et des poignées de terre jetées en guise d'adieu. Le chagrin des participants était sincère mais caché, comme si la pudeur devait primer sur l'émotion. On était loin des préjugés sur la nature démonstrative, voire expansive, des Africains.

Je fus étonné, alors que j'accompagnais une équipe de l'Unicef, de constater que des parents à qui on venait de rendre le fils, un garçon d'une douzaine années perdu de vue dans un déplacement de population, n'exprimèrent aucune espèce d'émotion. Je me demandais si cela ne tenait pas à la densité de la population, celle du Rwanda étant l'une des plus fortes au monde. La présence de voisins, toujours proches, obligeait-elle tout le monde à modérer ses transports ? Une amie rwandaise à qui je faisais part de mon étonnement avait une explication plus simple. Depuis qu'ils sont tout jeunes, les Rwandais s'entendent dire par leurs parents « courage ! », au sens de « sois fort », « sois maître de toi-même ».

>>>

Au sud de Kigali se trouve un mémorial aux victimes de la haine et de la cruauté. C'est là, à Ntarama, dans une église que domine une croix de fer rouillée, que se réfugièrent des Tutsis, principalement des femmes et des enfants, avant d'être massacrés. Quand j'y suis passé en 1996, des squelettes désarticulés jonchaient encore le sol. Le vent avait beau s'engouffrer par les fenêtres aux vitraux soufflés par les grenades, il peinait à dissiper l'odeur âcre et écœurante de la mort. À côté de l'église, on avait érigé deux grandes tables, deux « autels » : sur la première, on avait posé plusieurs centaines de crânes ; sur la seconde, un amoncellement de restes humains et de vêtements en lambeaux. Ce qui effrayait ici était moins les ossements ou même le nombre de victimes, évalué à cinq mille, que le nombre d'agresseurs : ils auraient été deux fois plus nombreux.

À l'issue du génocide, ses principaux commanditaires ont été mis en accusation devant le Tribunal pénal international pour le Rwanda, à Arusha, en Tanzanie. Mais le Rwanda lui-même a organisé, à partir de 1996, à Kigali, des procès qui ont été critiqués, notamment parce que les accusés n'avaient pas toujours d'avocat pour les défendre et parce que certains des inculpés ont été condamnés à mort. Il est vrai qu'il ne restait plus alors que seize avocats en exercice au Rwanda… Par la suite, le gouvernement a mis sur pied des tribunaux populaires « traditionnels », appelés *gacaca* (prononcer « ga-tcha-tcha »). Plus de dix mille communes ont donc élu deux cent mille juges, des hommes et des femmes reconnus pour leur intégrité, les *inyangamugayo*. Il s'agissait de réunir dans chaque localité les accusés, survivants et témoins, pour les faire participer à un débat visant à déterminer ce qui s'était passé, à donner la parole aux victimes et à identifier les coupables. Les accusés seraient divisés en quatre catégories correspondant à la gravité de leurs crimes. Les *gacaca* ne pourraient pas condamner qui que ce soit à mort. (La peine capitale a été abolie en 2007.) Les coupables pourraient même obtenir une importante remise de peine, soit la moitié de leur sentence, s'ils acceptaient d'effectuer des travaux d'intérêt public. Les jeunes, ceux qui étaient âgés de quatorze à dix-huit ans au moment des faits qui leur étaient reprochés, écoperaient de peines moins lourdes. Ceux qui avaient moins de quatorze ans seraient relâchés. Bien que ces juges aient reçu une formation où il était question de présomption d'innocence, il restait à voir quel type de justice dispenseraient ces tribunaux. Les défenseurs des droits de la personne craignaient que ces juridictions, comme trop souvent les tribunaux réguliers, ne soient à la botte du régime.

À la plage

KENYA

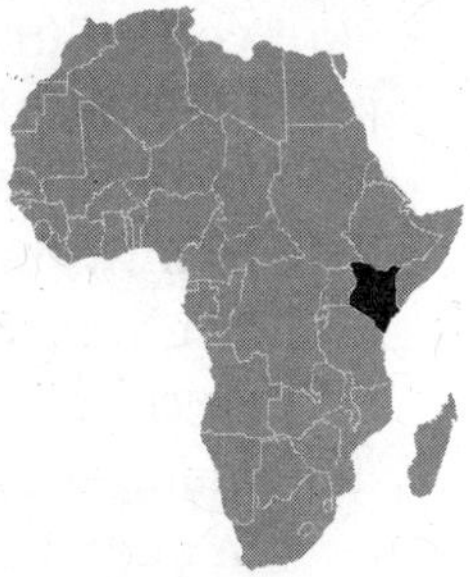

Le jour, il fait trop chaud pour faire du jogging, mais le soir, je m'aventure sur la plage Diani Beach, à quelques minutes de mon hôtel. J'ai beau faire de grandes enjambées, les prostituées me rattrapent. Je leur dis d'emblée que je ne suis pas intéressé. Rien à faire. Je suis un client potentiel. Nous ne sommes pas si nombreux en ce moment. C'est la saison morte. Elles tentent leur chance. Je ne sais même pas si je dois écrire « prostituées ». Ce sont souvent des jeunes filles, des élèves de niveau secondaire, ou de jeunes femmes qui s'attendent simplement à recevoir un « cadeau » pour avoir couché avec un homme. Sur la plage, l'une d'elles, très jeune, avait assez de souffle pour courir et m'interroger en même temps. « Pourquoi tu veux pas ? » me demande-t-elle. Pour couper court, je mens : « Ma femme m'attend à l'hôtel. » Elle me répond en ricanant : « Ce n'est pas interdit de manger de la glace au chocolat quand on aime la glace à la vanille... »

Sur le bord de la route, des femmes m'accostent sans discontinuer. Pas les musulmanes couvertes d'un voile noir de la tête aux pieds, bien sûr. Mais tant d'autres. À tel point que je m'efforce de ne plus tourner la tête quand des voix féminines me hèlent, certain que leurs sollicitations sont intéressées. Ce n'est pourtant pas toujours le cas. Un soir, alors qu'il fait déjà nuit noire, une femme m'interpelle. Je fais la sourde oreille et presse le pas. Je vais au restaurant. Ce n'est pas bien loin, mais l'obscurité, presque totale, rend le trajet peu agréable. Ce n'est que le lendemain que j'ai compris que cette voix féminine était celle d'une réceptionniste de l'hôtel avec laquelle j'avais sympathisé. Elle avait, par amabilité, voulu me dire que je pouvais, si j'attendais quelques minutes, prendre un minibus… J'avais refusé de l'entendre, pensant qu'elle m'apostrophait pour d'autres raisons. Je me sentais un peu ridicule, prisonnier d'un rôle que je n'avais pas demandé, celui du riche homme blanc.

On aurait tort, toutefois, de croire que le tourisme sexuel n'attire que des hommes. Presque tous les clients de mon hôtel sont des Européennes. Le premier matin, au petit déjeuner, j'ai vu une femme d'un certain âge attablée avec un tout jeune homme – un adolescent ? – que j'ai d'abord pris pour son fils adoptif. Lorsque j'ai vu les autres couples arriver, j'ai compris que je m'étais trompé : à chaque table s'étaient installés une Européenne d'un certain âge et un Kényan, en général beaucoup plus jeune. La plupart des hommes ne semblaient pas mécontents d'être là. Seul le plus âgé d'entre eux, un homme à la chevelure striée de gris, donnait l'impression d'être un peu mal à l'aise. Les épaules légèrement voûtées, il semblait penaud, tandis que sa commensale étrangère, sa maîtresse d'un soir, discutait allègrement avec des compatriotes installées aux tables voisines, en allemand, une langue qu'il ne semblait pas maîtriser. Se sentait-il un peu ridicule, prisonnier d'un rôle qu'il n'avait pas demandé, celui du pauvre homme noir ?

Terres sacrées

KENYA

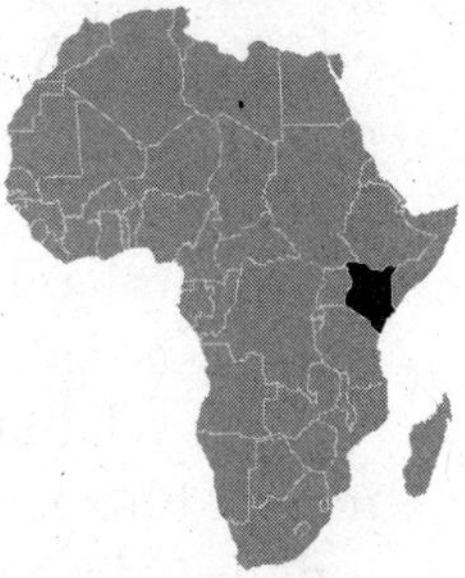

Malgré son grand âge, Hassan Saidi marchait d'un pas alerte. L'œil vif, le regard fier, il posait à peine sa canne sur le sol. Il est vrai que ce bâton lui servait moins à trouver appui qu'à signaler son rang social : il était « président », c'est-à-dire maire, de Nguluku, une bourgade côtière du Kenya. En bordure du sentier, manguiers et cocotiers rivalisaient d'exubérance. Des eucalyptus embaumaient l'air du soir qui s'annonçait. Hassan Saidi m'indiqua un vieil arbre aux formes torturées. La *kaya*, la forêt sacrée, commençait là.

Quasi impossible d'y marcher. La végétation, très touffue, était moins dense qu'enchevêtrée. Pas question d'utiliser une machette, comme on le ferait dans un autre bois, pour s'y frayer un chemin. La tradition l'interdit. Les Digos, un des peuples qui vivent sur ces collines dominant l'océan Indien, croient qu'il leur suffit de pénétrer dans cette forêt sacrée pour devenir aussitôt invisibles. Pourtant convertis depuis des siècles à l'islam, qui désapprouve ces croyances, ils s'y recueillent pour demander aux esprits de s'éloigner des malades. Lorsque leurs prières ne sont pas entendues, ils y trouvent herbes et plantes médicinales pour les guérir.

Ces fourrés furent au cœur d'une controverse qui déchaîna les passions sur la côte kényane après qu'une société minière de Toronto, Tiomin Resources, eut découvert quatre gisements de titane, en 1997. Les sables minéralisés de l'un d'eux, celui qui englobe les villages de Nguluku et de Maumba, dans le district de Kwale, contiennent jusqu'à six pour cent de minerai. Il s'agissait donc d'un gisement de « très bonne qualité », selon le président de Tiomin, Jean-Charles Potvin.

Le projet d'exploitation des gisements buta vite sur toutes sortes d'obstacles. La mine devait déplacer des milliers d'habitants, que Tiomin se proposait de dédommager. Plus facile à dire qu'à faire. Quelle est la valeur foncière d'une forêt sacrée ? Comment déménager un cimetière musulman alors que l'islam l'interdit ? Comment assurer la survie des termites locaux (pour que leurs déjections riches en calcium, en phosphore et en fer puissent être léchées par les femmes enceintes, comme le veut la coutume) ? Questions ardues s'il en est. Mais pas aux yeux de Jean-Charles Potvin. « J'ai passé ma vie dans le domaine minier un peu partout dans le monde. Nous sommes très sensibles au côté culturel. »

Ce géologue canadien a travaillé en Papouasie-Nouvelle-Guinée, en Australie, au Pérou, au Panamá, en Tanzanie et en Afrique du Sud, mais c'est sur la Côte-Nord du Québec que sa société eut, semble-t-il, le plus de difficultés. En 1995, Tiomin annonça la découverte d'un gisement de titane près du village de Gilles Vigneault, Natashquan. À Montréal, le journal *La Presse* parla même du « plus large dépôt mondial de sable minéralisé ». Mais les Amérindiens qui habitent les environs, les Innus, exigèrent d'être associés à son exploitation. L'entreprise refusa, et le projet capota. Tiomin commença alors à prospecter la côte du Kenya. Le titane, qui sert à fabriquer de nouveaux alliages plus minces que l'acier inoxydable, est promis à un brillant avenir. On l'utilise déjà dans la fabrication des bicyclettes, des bâtons de golf et des montures de lunettes. L'architecte Frank Gehry l'a trituré pour réaliser la carcasse futuriste du musée Guggenheim de Bilbao, en Espagne. Pour l'instant, toutefois, l'essentiel de la production mondiale de dioxyde de titane (TiO_2) sert à fabriquer du « blanc de titane », un pigment qui sert à blanchir la peinture, certains papiers, quelques aliments et même le dentifrice.

Le titane est la chasse gardée d'une poignée de grandes entreprises minières que domine la sud-africaine Richards Bay Minerals, dont l'actionnaire principal est la britannique Rio Tinto, des sociétés qui savent se faire discrètes, d'autant plus que leurs bénéfices sont « parmi les plus élevés de toute l'industrie minière », selon le quotidien sud-africain *Business Day*. Sur un continent dont le sous-sol regorge d'or et de diamants, ce n'est pas peu dire. (Rio Tinto a d'ailleurs acquis Alcan, le géant canadien de l'aluminium, en 2007.)

Après la découverte du gisement sur la côte kényane, Tiomin annonça que le Kenya possédait jusqu'à douze pour cent des réserves mondiales de titane. Soudain, les rêves les plus fous étaient permis. Dans *The East African Standard*, un journaliste estima que le Kenya pourrait enfin construire un bon réseau routier et ferroviaire, assurer la gratuité de l'éducation et des soins de santé, et « électrifier toutes les maisons et usines de la république ». Les espoirs étaient d'autant plus grands que beaucoup de foyers, à commencer par ceux de Nguluku et de Maumba, n'avaient ni électricité ni eau courante. Tiomin avait, un peu malgré elle, déclenché une espèce de fièvre. « C'est comme si on avait découvert de l'or », m'a dit George Wamukoya, un responsable de l'Agence nationale de gestion environnementale (NEMA), lorsque je l'ai rencontré à Nairobi.

Comme la mine mettait en péril des terres agricoles – les paysans y sèment du manioc et du maïs –, les écologistes montèrent au créneau. Ils étaient d'autant plus vindicatifs que Tiomin avait fait appel à des experts-conseils étrangers, des Sud-Africains, pour réaliser l'étude d'impact environnemental, la première du genre au Kenya. Les sept premiers volumes du rapport – il y en aurait deux autres – jetèrent de l'huile sur le feu. Un millier de particuliers et de groupes écrivirent alors à la NEMA. Pour la première fois au Kenya, un projet d'investissement étranger faisait l'objet d'un véritable débat national. « Cela montre que nous vivons en démocratie, m'assura Susan Njuguna, alors porte-parole du ministère de l'Environnement et des Ressources naturelles. Les gens connaissent leurs droits. Ce n'est plus comme avant. »

Les écologistes reprochèrent aux experts sud-africains de sous-estimer les risques qu'entraînerait la construction d'installations portuaires nécessaires à l'exportation du minerai. Tiomin souhaitait construire un vaste quai pouvant accueillir des cargos à Shimoni, un village de pêcheurs à proximité de la future mine. Cette localité, soulignèrent les environnementalistes, se trouve en face d'un parc national marin que visitent dauphins et touristes. Les questions commencèrent à fuser : quelles seraient les conséquences d'une marée noire sur le corail ? Les eaux de ballast des navires étrangers ne risquaient-elles pas de charrier des espèces dangereuses pour la faune locale ? Les requins qui suivent normalement les gros bâtiments nageraient-ils jusqu'à la côte ? « Il suffirait qu'un requin dévore un seul Canadien pour que toute l'industrie touristique s'écroule », affirma Janet Kaleha, une responsable du Service kényan de la faune (KWS). Mais là aussi, les questions culturelles jouaient un rôle de premier plan. Tiomin prévoyait de bâtir l'embarcadère derrière un rocher que les Digos considèrent comme sacré. Pour Janet Kaleha, l'entreprise faisait preuve de mépris à l'égard des croyances de la population locale. « Dans un pays arabe, demandait-elle, est-ce que Tiomin envisagerait de construire un quai à côté d'une mosquée ? »

Une équipe de chercheurs de la faculté d'études environnementales de l'université Kenyatta, à Nairobi, rédigea un rapport de contre-expertise qui souleva des questions plus délicates encore. Cette évaluation posait la question de l'équilibre ethnique. Quelles seraient les répercussions du projet sur les relations entre les Digos (minoritaires) et les Kambas (majoritaires) ? Dans une région où les politiciens avaient déjà exploité les différences tribales à des fins électoralistes, la question n'était pas abstraite. Si les Digos étaient expropriés, il n'était pas impossible qu'on assiste à un phénomène de « purification ethnique », selon William Mutunga, directeur de la Commission kényane des droits de la personne. Lors d'un voyage au Canada, il avait rencontré le président de Tiomin pour le mettre en garde : « Nous ne sommes pas les radicaux que vous croyez, lui expliqua-t-il. Votre projet d'investissement n'est pas mauvais en soi, mais ne venez pas au Kenya comme Shell est allée au Nigeria ! » Shell. Le mot était lâché. Dans les années 1990, Royal Dutch Shell, cette multinationale anglo-néerlandaise qui exploite le pétrole du delta du Niger, avait soutenu des militaires si peu respectueux de la démocratie que le Nigeria fut expulsé du Commonwealth. Et en Afrique, la réputation de l'entreprise et du Nigeria continuait d'en souffrir.

Tiomin n'est pas une transnationale mais une PME. Au siège social, à Toronto, les employés se comptent sur les doigts de la main. Et au Kenya, son principal représentant, Colin Forbes, ne travaille qu'à temps partiel. Né à Montréal de parents coopérants, Forbes a grandi en Afrique et parle le swahili. Il m'invita à visiter le terrain que l'entreprise se proposait d'exploiter. Derrière des arbres fruitiers apparaissaient des maisons ocre. Sur la route, des enfants en uniforme – pantalon marron, chemise jaune – se rendaient à l'école. Forbes gara son 4 × 4, en descendit et me montra le fond du fossé. La terre était rouge, mais noirâtre par endroits. « Le truc noir, m'expliqua-t-il, c'est le minerai. »

Son ton était décontracté, chaleureux. Dans un hameau, on l'informa que j'avais déjà visité les environs, la veille, en compagnie d'un adversaire du projet. Colin

Forbes s'en étonna. Oui, j'avais pris un taxi brinquebalant pour rencontrer des opposants de Tiomin ; je souhaitais maintenant avoir le point de vue de la compagnie. Son ton changea subitement, il se fit plus brusque. Je mesurai alors à quel point le projet de mine était controversé : il suffisait qu'un reporter s'adresse à tous pour devenir un peu suspect.

Le débat, comme on peut l'imaginer, tenait aux compensations financières que Tiomin devait verser pour louer le terrain (celui de la mine en tant que telle et celui de sa zone tampon). La société avait l'intention, du moins en théorie, de le rendre à leurs propriétaires après l'exploitation du gisement. Pour connaître le prix de la location de ces dix-huit kilomètres carrés, l'entreprise fit appel à des évaluateurs de Mombasa, la principale ville côtière. Ceux-ci estimèrent la valeur du terrain à six mille shillings (à l'époque quatre-vingts dollars américains) l'acre. Pour beaucoup de gens, c'était bien peu, surtout compte tenu des bénéfices mirobolants qui étaient attendus. Sur le plan juridique, toutefois, Tiomin n'avait pas à tenir compte de la valeur du minerai, puisque ce dernier appartient à l'État, propriétaire des ressources du sous-sol, en vertu de la loi kényane sur les mines. En tant que société étrangère, cependant, Tiomin savait bien qu'elle ne pouvait pas s'en tirer à si bon compte. Elle fit donc à chacune des familles déplacées une offre qu'elle estimait honnête : elle proposa une somme forfaitaire, un loyer annuel et une indemnisation pour les maisons, bâtiments de ferme et arbres fruitiers (cocotiers et manguiers).

Plus de quatre cents familles, malheureusement, n'avaient aucun titre de propriété, faute de cadastre, comme c'est souvent le cas des paysans africains. Or, même si ces *squatters*, comme on les appelle, exploitaient parfois ces parcelles depuis des décennies, ils risquaient d'en être expulsés en vertu de la Loi sur les mines. Ils ne pouvaient donc prétendre, selon l'entreprise, à un dédommagement. Tiomin offrit malgré tout aux *squatters* une compensation, calculée en fonction du nombre d'arbres fruitiers sur leur terrain.

Aux yeux de Peter Nzeki, un adversaire du projet, l'offre de Tiomin était risible. Nzeki avait quatre ans lorsque ses parents s'établirent à Nguluku, en 1961. Il avait ouvert un hôtel et un bar à Diani Beach, non loin de là, et avait profité du boom touristique. Il fut ulcéré par l'offre de Tiomin, qui proposa de dédommager ses parents pour leurs bâtiments et leurs arbres, mais pas pour leur terrain, puisqu'ils n'avaient pas de titre de propriété. « Je ne suis pas prêt à leur donner ma terre pour rien, dit Peter Nzeki. Si nous devions partir, où irions-nous ? » Et que faire des tombes de son frère et de sa grand-mère, inhumés derrière la maison ?

>>>

La question des titres de propriété renvoyait à une situation que les colonisateurs britanniques ont largement exploitée à leur avantage presque partout en Afrique : la propriété collective de la terre. Au XIXe siècle, les Britanniques ont constaté qu'au Kenya, comme ailleurs sur le continent, les terrains n'appartenaient à personne en particulier mais à la collectivité en général. La terre est gérée, souvent encore aujourd'hui, par le chef du village. Ce dernier ne peut pas en disposer à des fins personnelles, en revanche, puisqu'elle ne lui appartient que dans la mesure où il représente la communauté : il en est le possesseur, mais non le propriétaire. À ce titre, il assure la gestion temporelle d'un bien confié par les dieux, et sa transmission aux générations nouvelles. Que les paysans en question aient été convertis au christianisme ou à l'islam n'entre pas en ligne de compte.

Dans les faits, la terre appartient à qui l'exploite. Au niveau d'un village où la solidarité est réelle, cela donne de bons résultats, une famille pouvant difficilement accaparer des parcelles qu'elle ne peut pas travailler. Tout le monde peut donc avoir accès à un lopin de terre, du moins en théorie. Il arrive que certains rusent pour faire attribuer les bonnes terres à leurs proches et les mauvaises aux autres... Mais tous finissent par se trouver une parcelle et, par conséquent, à se loger et à se nourrir.

Puisque la terre appartient à la communauté, un paysan ne peut pas promettre sa terre à un créancier pour garantie de sa dette. De sorte que le cultivateur peut difficilement obtenir un prêt pour acheter, par exemple, un tracteur, qui lui permettrait d'augmenter sa productivité. Il ne peut pas non plus vendre son terrain à un autre agriculteur plus dynamique qui voudrait produire davantage. Sans cadastre, l'État peut difficilement lever des impôts fonciers, comme il le ferait ailleurs.

Des cessions individuelles sont théoriquement possibles dans certains pays comme le Cameroun, où un code foncier a été adopté dans les années 1970. Dans les faits, toutefois, les cultivateurs africains restent souvent assujettis à leurs chefs. Ces derniers refusent le dépeçage de « leur » patrimoine : ils n'en tirent peut-être pas un avantage foncier (puisqu'ils n'en sont pas les propriétaires), mais un avantage politique (puisque leur influence en découle). Les chefs ne sont guère contestés par les *vrais* dirigeants politiques, parce que ces derniers comptent sur eux pour se faire élire. C'est surtout vrai de pays comme le Cameroun ou la Sierra Leone, en Afrique de l'Ouest. C'est beaucoup moins vrai de pays comme la Tanzanie, qui a carrément aboli les chefferies parce qu'elles encouragent un tribalisme que l'État combat, ou comme l'Ouganda, dont le gouvernement reconnaît uniquement quelques chefs ou rois ayant une véritable légitimité historique.

Les chefs sont moins « traditionnels » que beaucoup le croient. Ils s'appuient le plus souvent sur un droit « coutumier » qui ne remonte pas à la nuit des temps mais à l'époque coloniale. Les administrations européennes ont distordu les pratiques traditionnelles et manipulé les chefs, princes et rois qui étaient, littéralement, à leur solde. Après les indépendances, les partis au pouvoir ont à leur tour enrégimenté les descendants des « rois nègres » de jadis, qui continuent à recevoir de l'argent et des cadeaux de l'État. Comme c'est le cas au Kenya.

>>>

Dans l'espoir de faire valoir ses droits fonciers, Peter Nzeki lança un recours collectif devant un tribunal de la ville de Mombasa à la fin des années 1990. Affirmant représenter environ deux cents paysans, Nzeki et deux autres plaignants firent valoir que la compensation proposée par Tiomin était ridicule. « Moralement, l'offre de Tiomin est si indéfendable, si injuste qu'elle en est nauséabonde », m'a dit leur avocat, Gikandi Ngibuini. En 2001, la Haute Cour de Mombasa leur accorda une injonction bloquant le projet au nom de la protection de l'environnement. Condamnée à payer les honoraires d'avocats de la partie adverse – plus de deux millions de dollars américains ! – Tiomin cria au scandale et fit appel. L'imbroglio juridique était d'autant plus compliqué qu'une centaine de paysans dont les noms se trouvaient sur la liste des plaignants signèrent un affidavit attestant qu'ils y figuraient à tort… Les adversaires de Tiomin affirmèrent que la société avait fait pression sur les signataires pour les inciter à se dédire, notamment en leur promettant un emploi. Ce que démentit l'entreprise. Puis, en 2002, coup de théâtre : la Haute Cour rendit une décision de non-lieu. L'injonction fut levée. L'entreprise obtint ultérieurement toutes les autorisations nécessaires.

Le Kenya est l'un des pays les plus corrompus d'Afrique, si l'on se fie au classement de Transparency International, une ONG qui lutte contre la corruption dans le monde, et il est difficile d'échapper à l'arbitraire lorsqu'on se retrouve devant les tribunaux. Un bon mot dit la gravité du problème: « Pourquoi retenir les services d'un avocat quand on peut retenir les services d'un juge ? »

Au-delà de la question juridique, le problème le plus délicat restait celui des personnes déplacées. La somme proposée leur permettrait-elle de refaire leur vie ? Qu'adviendrait-il des *squatters*, qui toucheraient moins d'argent que les propriétaires en bonne et due forme ? Même si on les indemnisait, il n'était même pas certain qu'ils pussent acheter un lopin de terre. Certains adversaires de Tiomin craignaient que l'argent proposé ne s'envole avant d'être investi. Des cultivateurs seraient tentés, disaient-ils, de prendre une deuxième épouse, ce qui entraînerait des dépenses considérables – avec les conséquences qu'on imagine pour la première femme et ses enfants. C'est pourquoi on entendait parfois dire que le projet risquait d'augmenter la prostitution. Dans ce haut lieu du tourisme sexuel, cela ne semblait pas absurde.

>>>

Pour Tiomin, le problème de base était celui des *squatters*. On songea d'abord à les installer sur un vaste terrain que les Britanniques avaient vendu, en 1910, à des planteurs indiens qui avaient fait faillite par la suite. On devait donc négocier avec les nouveaux propriétaires: la banque. Mais qui allait le faire ? « C'est la responsabilité du gouvernement de s'occuper de ça, estimait Jean-Charles Potvin. On n'est pas là pour demander à l'armée de déménager tout le monde ! »

Marere wa Mwachai, une des rares femmes kényanes à être députée, habite aux abords du terrain convoité par Tiomin. Elle croit que ceux qui ont accepté de louer leur terrain à Tiomin ne l'ont pas fait en connaissance de cause. « Ils ont signé mais ne sont pas d'accord, me dit-elle. Ils ont été manipulés par les *basungu* [Blancs] du Canada parce qu'ils veulent l'argent au plus vite. C'est la pauvreté qui les a poussés à signer. » Elle reproche aux dirigeants de l'entreprise de ne pas avoir suffisamment dialogué avec les élus locaux. Un détail l'a particulièrement agacée. « Ils n'ont que le mot "développement" à la bouche. Mais quand je les ai invités à participer à une fête bénéfice pour l'école, ils ne sont même pas venus ! » Colin Forbes réplique : « Si on ne donne rien, on fait mauvaise impression, et si on donne, ils nous accusent de payer des pots-de-vin. »

Dans la région, les tensions sont devenues telles que l'esprit de solidarité qui permettait aux villageois de s'entraider, le *harambee*, comme on dit en swahili, s'est effondré. Hassan Saidi, le « maire » de Nguluku, dit être intervenu pour calmer les esprits alors que défenseurs et adversaires du projet s'apprêtaient à en venir aux coups. Il affirmait même avoir fait l'objet de menaces de la part de villageois qui lui reprochaient de s'opposer à Tiomin. « On m'a dit : "Si t'arrêtes pas tes conneries, ta maison va partir en fumée." »

Dans la région toutefois, Colin Forbes se faisait régulièrement interpeller par des gens qui lui demandaient des nouvelles. Il essayait de leur expliquer la position de Tiomin. Non, aucune forêt sacrée ne serait touchée. Oui, le projet démarrera si les autorités donnent leur feu vert. Mais il avait parfois du mal à s'exprimer avec nuance. « Optimisme prudent », m'expliqua-t-il, est difficile à traduire en swahili.

>>>

Après des retards de tous ordres, le gouvernement kényan a fini par donner son feu vert au projet en 2005, après la conclusion d'une entente avec Tiomin. Environ mille cinq cents familles seront déplacées. Celles qui possèdent des titres de propriété toucheront quatre-vingt mille shillings kényans l'acre ; une somme supplémentaire leur sera versée pour les bâtiments et les arbres fruitiers. Le gouvernement a pris l'initiative d'exproprier les propriétaires, peu nombreux, qui ont refusé l'offre des Canadiens. L'État s'est aussi engagé à réduire de moitié l'impôt sur les sociétés pendant les dix premières années d'exploitation du gisement. En revanche, l'entreprise n'a pas été autorisée à construire un quai à Shimoni ; elle utilisera plutôt le port de Mombasa. Dans une série de communiqués, Tiomin s'est réjouie de ces développements, annonçant que les frais d'exploitation de sa mine kényane pourraient être « parmi les moins élevés au monde ». En 2007, alors que le projet tardait à démarrer, elle s'est associée à une société chinoise qui s'est engagée à les réduire davantage.

Après la parution de ce reportage dans le magazine *L'Actualité*, Jean-Charles Potvin écrivit à la rédaction :

> Je tiens à souligner qu'il n'y a pas de « forêt sacrée » dans les zones d'exploitation de Tiomin Resources. D'autre part, j'ai souvent entendu ce ton paternaliste des soi-disant champions des pauvres, que je retrouve dans ce reportage. Cette « sensibilité culturelle » dont ils se flattent n'est qu'une mentalité de gardien de zoo qui voudrait conserver ses spécimens dans un état de dépendance perpétuelle, dans un environnement immobile et isolé, pour qu'on puisse les observer, de la hauteur d'une existence cossue, vivre dans des huttes de boue et lécher des excréments de termites pour pallier leurs carences alimentaires. Les Kényans ne sont pas des spécimens zoologiques, mais nos frères humains, qui ont droit aux bienfaits de la vie moderne, aux nécessités de la vie, à la santé, à l'éducation, à l'information, au travail, à un gouvernement responsable et honnête, à un système judiciaire qui se respecte et à la participation à la société.

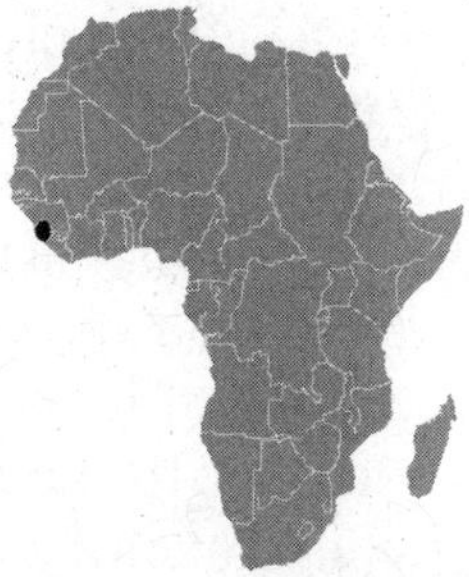

Après-guerre

SIERRA LEONE

Sept heures, et le soleil était encore timoré. Sur la plage de Lumley, aux abords de Freetown, la capitale de la Sierra Leone, des jeunes gens profitaient de la relative fraîcheur pour disputer un match de football, comme des amateurs le feraient un peu partout le samedi matin. Sauf que ceux-ci sautillaient et dansotaient autour du ballon en prenant appui sur leurs béquilles, puisqu'ils n'avaient qu'une jambe. L'espace d'un match, ils oubliaient que des rebelles les avaient amputés à coups de machette, eux et leur « mascotte », un garçonnet de quatre ans mutilé alors qu'il était encore bébé.

Je m'étais assis aux abords du terrain, un peu en hauteur, et je tenais le rôle de supporter, sauf que je soutenais les deux équipes. Le rythme du jeu était enlevé, les éclats de rire aussi sincères que les prises de bec, et je pouvais oublier, moi aussi, que ces jeunes footballeurs avaient souffert le martyre. Après le match, j'ai compris qu'ils avaient beaucoup réfléchi à l'épineuse question de la réconciliation. « On peut pardonner, répétaient-ils à l'envi, mais on ne peut pas oublier. » Que feraient-ils s'ils rencontraient un jour leurs bourreaux ? Mais c'était déjà arrivé, m'expliqua l'un d'eux, qui avait revu celui qui lui avait amputé une jambe. Son tortionnaire, embarrassé et craintif, avait d'abord cherché à l'éviter. « Viens là ! lui avait dit sa victime. N'aie pas peur. Donnons-nous l'accolade. » Je ne sais toujours pas si je dois le croire.

À l'instar de ces sportifs, la Sierra Leone s'est engagée dans un processus de réconciliation nationale, à l'issue d'une guerre civile aux proportions cataclysmiques. De 1991 à 2002, le conflit a coûté la vie à plus de cinquante mille personnes ; des milliers d'autres ont été mutilées ou violées. À la fin des années 1990, alors que la violence était à son apogée et que soixante-dix mille combattants mettaient le pays littéralement à feu et à sang, plus de deux millions de personnes s'étaient enfuies de chez elles. Un chiffre ahurissant pour un pays d'à peine cinq millions d'habitants.

C'est à cette époque-là que j'ai mis les pieds à Freetown pour la première fois. Les grandes compagnies aériennes avaient alors suspendu leurs vols à destination de la Sierra Leone. Il fallait donc transiter par un pays voisin. Je m'étais envolé pour Conakry, la capitale de la Guinée, où j'avais pris un billet pour Freetown par la compagnie Paramount Airlines. Contrairement à ce que ce nom pouvait laisser croire, l'appareil était soviétique et l'équipage, ukrainien. Les difficultés commencèrent après l'atterrissage à l'aéroport de Freetown, qu'une baie sépare de la ville. On m'expliqua que je pouvais retenir une place à bord d'un hélicoptère qui assurait la liaison jusqu'au centre-ville ou me rendre au port, non loin de là, pour y prendre le bateau. On m'assura qu'on n'attendait jamais très longtemps le ferry, alors que l'hélico ne décollerait que trois heures plus tard. Le bateau était aussi beaucoup moins cher.

Arrivé au quai, à quelques minutes de marche, je constatai que l'embarcation était déjà là. Presque vide. Tant mieux. Je serais à l'aise. Mais le pilote refusait de partir avant d'avoir fait le plein de passagers, qui arrivaient au compte-gouttes : des paysans chargés de légumes, des élèves qui sortaient de l'école, des citadins qui rentraient après avoir rendu visite à des proches « dans la brousse ». Ils s'installèrent dans un ferry vite surchargé. Et, *trois heures plus tard*, nous partîmes enfin. Quand nous parvînmes au milieu de la baie, le moteur tomba en panne. Nous commençâmes doucement à dériver. Je ne devais pas avoir l'air très rassuré, puisqu'une collégienne en uniforme me demanda si j'avais peur. Je ne pouvais m'empêcher de penser que nous devions quand même ressembler à des *boat people* à la recherche d'une terre d'accueil.

Les secours finirent par arriver, le moteur, par être réparé, et le bateau accosta – il n'y avait pas de ponton à proprement parler – dans une capitale que je savais martyrisée. Elle était pourtant calme, du moins en apparence. Des troupes étrangères, notamment nigérianes, maintenaient un semblant d'ordre. Des barrages militaires avaient été installés aux carrefours considérés comme stratégiques. Les problèmes se poursuivaient dans le nord du pays, où des affrontements sporadiques, ponctués de viols et de pillages, avaient encore lieu. Mais la capitale avait commencé à panser ses plaies.

Un seul hôtel était encore ouvert, mais il était loin du centre, ce qui m'embêtait un peu. Il fallait toujours prévoir de rentrer avant le couvre-feu à la tombée de la nuit, vers dix-huit heures. J'optai plutôt pour le YMCA, situé dans un quartier populaire, près du centre. L'endroit était convenable, mais le bruit ambiant – les coqs répondaient aux aboiements des chiens – m'empêchait de dormir. Je m'installai donc à l'hôtel, jadis de luxe, où les rares clients semblaient tous être des journalistes étrangers. Il n'y avait pas d'électricité. L'eau courante manquait souvent. Au restaurant, il n'y avait pas grand-chose à manger non plus. Mais l'établissement se trouvait près de la plage de Lumley, où quelques petits restaurants, plus exactement quelques paillotes, proposaient du poisson à manger.

Les origines de cette guerre pouvaient sembler compliquées : en 1991, une rébellion dont le principal dirigeant, le caporal Foday Sankoh, avait été formé en Libye, lança une attaque à partir du Liberia, pays voisin déjà en guerre. Cette agression provoqua, l'année suivante, le renversement du président Joseph Momoh dans un coup d'État militaire. Malgré l'apparente complexité, un des enjeux politiques était clair: le contrôle de la richesse du sous-sol, et tout particulièrement des diamants, dont la Sierra Leone regorge.

Dans ce pays où la majorité vit sous le seuil de l'extrême pauvreté, la concentration de la richesse était criante. Des millionnaires ont pu se faire construire des palaces en marbre. Dans l'un d'eux, j'ai pu constater qu'on avait poussé le raffinement – l'absurde? – jusqu'à installer des toilettes dont la cuvette était bordée d'or (que j'espérais faux). Cela ne manquait pas de piquant dans un pays où la majorité de la population n'a pas accès à l'eau potable. Les trésors que recèle la Sierra Leone étaient destinés semble-t-il à ses voisins, à commencer par l'ex-président du Liberia, Charles Taylor, un ancien dirigeant rebelle accusé d'avoir déstabilisé ce pays pour tenter de mettre la main sur ses gemmes. Les insurgés sierra-léonais n'ont pas perdu de temps à inventer des prétextes tribaux, religieux ou idéologiques, quoique leur chef, Sankoh, eût prononcé un discours aux accents maoïstes lors de la création de son Front révolutionnaire uni (RUF). Ils voulaient le pouvoir et ses prérogatives, à commencer par les diamants et l'or.

>>>

Le couvre-feu forcerait bientôt la fermeture du restaurant au bord de la plage, presque désert. Un adolescent aux allures de rappeur s'invita à ma table. À l'abri des regards, il déplia un mouchoir de papier et me tendit son contenu. C'était de l'or, un petit lingot artisanal. «Pas cher.» Ça ne m'intéressait pas. «Tu préférerais des diamants?» Il pouvait me présenter d'anciens rebelles qui en faisaient le commerce. Je lui rappelai que je ne pourrais pas les sortir légalement du pays. « Tu n'as qu'à les cacher dans la semelle de tes chaussures. » Non merci. Je m'apprêtai à me lever de table. Il me demanda alors : « Tu n'y verrais pas d'inconvénient si je finissais ton assiette ? » Il prit ma fourchette, la porta à sa bouche et, comme s'il voulait s'excuser de son geste, dit : « On est en Afrique, après tout ! »

La capitale était dévastée, et les survivants avaient faim. Les partisans du caporal Sankoh, qui l'attaquèrent en 1999, avaient incendié des rues entières. Quelques-uns des immeubles les plus imposants, dont ceux qui abritaient les Nations unies et la police, furent détruits. Au majestueux ministère des Finances, seul le monument à la mémoire des centaines de Sierra-Léonais morts pour la Grande-Bretagne, l'ex-puissance coloniale, était encore debout. On pouvait encore lire le nom de ceux qui avaient péri pendant les deux guerres mondiales – Africa, Blackie, Freeman –, des descendants des anciens esclaves qui fondèrent cette colonie britannique au XVIIIe siècle.

Partis d'aussi loin que le Canada, des esclaves s'y étaient installés pour y vivre en hommes libres. Parmi eux se trouvaient mille cent quatre-vingt-seize Noirs partis de Halifax, en Nouvelle-Écosse. À leur arrivée, en 1792, ils fondèrent une église méthodiste, qui existe toujours. Ses deux clochers blancs n'auraient pas détonné dans les villages protestants de l'est du Canada. Mais en 1999, l'impact des balles était encore visible sur la façade. Lorsque les rebelles lancèrent leur offensive contre la capitale, ce sanctuaire n'avait pas été épargné. Dans de nombreux autres lieux de culte, les rebelles ne s'étaient pas contentés d'ouvrir le feu sur la devanture. À la mosquée Rogbalan, où s'étaient entassées des familles musulmanes et chrétiennes, soixante-six personnes furent abattues en quarante-cinq minutes. À l'église protestante de la Fraternité de la croix et de l'étoile, douze personnes, dont trois enfants, furent exécutées. Plusieurs églises catholiques furent visées : l'archevêque de Sierra Leone, quatre prêtres et six missionnaires de la Charité – communauté fondée par mère Teresa – furent séquestrés pendant dix jours. Un des prêtres et quatre religieuses, tous étrangers, furent assassinés. Mgr Ambrose Ganda, qui en réchappa, me dit : « Nous sommes prêts à tourner la page. Nous devons pardonner et faire confiance au Seigneur. »

La paix semblait revenue. Sur le papier, du moins. Le gouvernement et la rébellion du RUF signèrent, le 7 juillet 1999, à Lomé, au Togo, un accord prévoyant un partage du pouvoir. Les rebelles héritèrent de quatre ministères et de la société d'État qui contrôle la vente des « ressources minières stratégiques », c'est-à-dire les diamants et l'or, le nerf de leur guerre. En contrepartie, ils s'engagèrent à déposer les armes, à démobiliser les enfants soldats et à renvoyer les « Ukrainiens », le surnom donné à leurs mercenaires originaires d'Europe de l'Est.

L'entente amnistia les insurgés, qui se virent pardonner tous les crimes dont ils étaient accusés, ce que désapprouva le représentant spécial du secrétaire général des Nations unies lorsqu'il signa le document. Les crimes contre l'humanité, fit-il valoir, ne sauraient être amnistiés. Et crimes contre l'humanité il y eut, selon l'organisation américaine Human Rights Watch, qui estima que les rebelles avaient « extorqué » cet accord de paix au gouvernement, lequel avait cédé sous la pression d'une communauté internationale pressée de régler un autre problème qui lui tenait plus à cœur, la crise au Kosovo.

À Freetown, certaines victimes de ces crimes étaient faciles à repérer : des milliers de personnes avaient été amputées. D'autres blessures, cependant, échappaient aux regards : saura-t-on jamais combien de femmes furent agressées sexuellement ? On chuchotait que même des viols, souvent collectifs et publics, avaient eu lieu dans les jardins de la présidence, en plein centre de la capitale.

L'Association de planning familial aidait des centaines de victimes qui avaient eu le courage de révéler qu'elles avaient été violées. Il s'agissait pour la plupart d'adolescentes, mais des garçonnets avaient aussi été agressés sexuellement. Les séquelles étaient d'une ampleur insoupçonnable. Les mères, qui ne connaissaient pas le père de leur enfant, craignaient d'enfanter une lignée maudite, les croyances populaires voulant que les péchés du géniteur soient transmis à sa progéniture à partir de la troisième génération. Rejetées par leur mari, elles se demandaient qui voudrait encore d'elles pour épouses. Plusieurs d'entre elles avaient contracté des maladies sexuellement transmissibles, dont le sida. Les plus jeunes avaient été chassées de l'école, qui est interdite, en Sierra Leone comme presque partout en Afrique, aux élèves enceintes. Fallait-il s'étonner si ces jeunes mères négligeaient leur bébé ?

>>>

À Freetown, les voitures faisaient du slalom entre les barrages des soldats de l'Ecomog, la force d'interposition ouest-africaine dirigée par le Nigeria. Aux *check points*, des militaires se contentaient de poser quelques questions, de faire ouvrir des coffres. Ce sont eux qui étaient venus en aide au président de la Sierra Leone, Ahmad Tejan Kabbah, en 1998, après la mutinerie de son armée (sur quinze mille militaires, seuls trois mille lui étaient restés fidèles). L'Ecomog a donc tenu le rôle de gendarme que la Grande-Bretagne ne voulait pas alors, ou pas encore, jouer. Mais les pertes nigérianes furent lourdes : le président du Nigeria, Olusegun Obasanjo, allait plus tard annoncer que son pays avait perdu cinq cents hommes dans ces opérations.

Lorsque l'armée sierra-léonaise s'évanouit dans la nature, l'État s'appuya sur les miliciens des Forces de défense civile (CDF). Ils combattirent les rebelles en utilisant leurs méthodes, recrutant eux aussi, broyant eux aussi, des enfants. Pour leur donner le courage de se battre, les insurgés leur donnaient de la marijuana et du *brown brown*, une espèce de cocaïne peu raffinée. Les garçons furent enrôlés comme combattants et les filles, comme esclaves sexuelles ou comme domestiques.

Des centaines de petits démobilisés transitèrent par Lakka, au sud de Freetown, où ils logeaient dans une auberge de bord de mer que l'Église catholique avait achetée à un homme d'affaires libanais. Le père Chema Caballero, prêtre et avocat espagnol, y tenait le rôle d'aubergiste. Non dépourvu d'humour, il décrivait l'établissement comme un hôtel « quatre étoiles et une demi-lune ». Bon nombre de ses pensionnaires – le plus jeune avait quatre ans – avaient connu, et souvent commis, les pires atrocités. Mais l'ambiance était étonnamment décontractée. Une vingtaine d'enfants revenaient à peine de la capitale, où ils avaient présenté un spectacle musical à des ministres et des diplomates. Thème imposé : le pardon. « Nous voulons changer ! avaient-ils chanté. S'il vous plaît, aidez-nous à changer ! » Vu l'ampleur de la catastrophe, l'ampleur de la tâche ne devait pas être sous-estimée.

Deux organisations non gouvernementales, la sierra-léonaise Family Homes Movement et l'italienne Coopi, devaient retrouver les familles de mille cinq cents enfants. Classés par prénom, leurs dossiers disaient l'horreur de la guerre. Aminata (six ans) : dormait quand elle a été enlevée par les rebelles ; n'a pas eu peur parce que tellement d'autres enfants ont été enlevés en même temps qu'elle. Foday (dix ans) : a vite appris à utiliser un AK-47 ; ne sait plus s'il a tué. Gbassay (quatorze ans) : reconnaît avoir ouvert le feu sur des miliciens mais tient à préciser qu'il épargnait les civils, d'où son surnom *Peaceful* (Pacifique). George (dix-huit ans) : servait de « bouclier humain ». Mais un récit se distinguait des autres, celui d'une jeune fille d'une douzaine d'années qui eut le malheur d'éclater en sanglots lorsque les rebelles tuèrent son père devant elle. Les assassins l'avertirent aussitôt : « Si tu n'arrêtes pas de pleurer immédiatement, tu vas pleurer toute ta vie. » Ils mirent leurs menaces à exécution en lui crevant les yeux. Mais, de grâce, ne dites pas au père Caballero que les Sierra-Léonais sont des barbares. Il vous dira que dans son pays aussi, l'Espagne, la guerre civile a été horrible. « Mon grand-père a été brûlé vif par les républicains, et quand les franquistes ont repris le dessus, ils ont commis les mêmes atrocités. » En Sierra Leone, le chemin vers la réconciliation sera-t-il aussi long qu'en Espagne ?

Au lieu de me tendre la main, Jusu Jarka me présente deux doigts, une « pince » pouce-index. Les rebelles l'ont amputé des deux mains pour le punir d'avoir couvert la fuite de sa fille de quatorze ans. Il n'oubliera jamais ceux qui l'ont mutilé à la hache. « Va retrouver [le président] Kabbah ! lui ont-ils alors lancé. Nous, on garde tes mains. Comme ça, tu ne voteras plus jamais pour lui ! » S'il devait les croiser, chercherait-il à se venger ? La réponse fuse : « Je leur dirais simplement que le Tout-Puissant aura un jour à choisir entre leur famille et la mienne. » Il les excuse néanmoins. « Si on ne leur pardonne pas, il y aura d'autres amputés. » Un jour, Jusu Jarka et d'autres amputés reçurent, dans le camp où ils vivaient à la sortie de Freetown, la visite du major Johnny Paul Koroma, chef du Conseil révolutionnaire des forces armées (AFRC), des mutins qui avaient joint le camp de la rébellion. Les amputés lui brandirent leurs moignons au visage et l'injurièrent. Koroma s'excusa et pleura, ce qui émut plusieurs des victimes.

\>>>

Après mon premier séjour à Freetown, les combats reprirent à la suite du retrait des troupes de l'Ecomog, en 2000. Les insurgés en profitèrent pour lancer une nouvelle offensive. Un dirigeant rebelle déclara que les Casques bleus, que les Nations unies venaient d'envoyer sur place pour faire respecter l'accord de Lomé, n'étaient pas les bienvenus. Plus de cinq cents d'entre eux furent même pris en otage par le RUF, qui menaça d'attaquer à nouveau Freetown. Mais cette fois, la Grande-Bretagne intervint en envoyant des militaires pour garder l'aéroport ouvert et épauler les forces onusiennes. À la tête de ces troupes et de ce qu'il restait de l'armée régulière, les Britanniques organisèrent une offensive finale contre des positions du RUF. Son dirigeant, Sankoh, fut arrêté et incarcéré à Freetown, où il mourut en 2003 de causes naturelles.

Un second accord de paix fut signé, à Abuja, la capitale du Nigeria, mais les combats se poursuivirent pendant des mois. Les affrontements menaçaient de déstabiliser la région tout entière, d'autant plus que des troupes guinéennes lancèrent une expédition punitive en territoire sierra-léonais. Elles voulaient détruire des bases du RUF, qui avait eu l'audace de s'aventurer en Guinée pour y attaquer des rebelles libériens qui menaçaient leur vrai chef: le président du Liberia, Charles Taylor.

>>>

Quand je suis retourné en Sierra Leone, en 2004, un aéroglisseur assurait désormais la liaison entre l'aéroport et le centre-ville. De nouveaux hôtels et restaurants avaient ouvert leurs portes. De nombreux bâtiments délabrés étaient en réfection. Des embouteillages, auparavant inimaginables, étaient devenus monnaie courante. Un détail me frappa. Les automobilistes semblaient désormais accorder la priorité aux piétons, qui traversaient la rue de façon, somme toute, fort disciplinée. La chose était assez rare pour être signalée. S'agissait-il là de l'influence de la police britannique, ou les Sierra-Léonais, du moins ceux qui étaient assez riches pour posséder une voiture, avaient-ils fini par comprendre que les piétons, plus pauvres qu'eux, avaient eux aussi des droits ?

Le contingent des Casques bleus, alors le plus important au monde (dix-sept mille hommes), s'apprêtait à partir. Le tribunal spécial pour la Sierra Leone venait de voir le jour. Il jugerait les principaux responsables des crimes de guerre et crimes contre l'humanité commis de 1996 à 2002, l'année où le président Kabbah déclara le conflit officiellement terminé. Créée aux termes d'un traité entre les Nations unies et le gouvernement de Freetown, cette cour commença par inculper treize personnes de violations des conventions de Genève : meurtres, viols, actes de terreur, pillage et esclavage sexuel, entre autres. Avant la fin des combats, de nombreux Sierra-Léonais s'inquiétaient des conséquences que pourrait avoir un tel tribunal. « Qui va juger qui ? » s'interrogeait le secrétaire général du Conseil interreligieux de la Sierra Leone, le pasteur baptiste Alimamy Koroma. « Si le gouvernement dit aux rebelles qu'il leur fera un procès, ils reprendront le chemin de la guerre. » La suite lui a donné tort.

>>>

Le siège du Tribunal spécial pour la Sierra Leone se trouve rue Jomo Kenyatta, sur les hauteurs de Freetown. Contrairement aux tribunaux créés par le Conseil de sécurité après les guerres de l'ex-Yougoslavie et le génocide au Rwanda, cette cour pénale est une juridiction hybride. Mi-internationale, mi-sierra-léonaise, elle associe donc droit international et droit national. Des Sierra-Léonais travaillent aux côtés de procureurs, d'avocats de la défense et de juges étrangers. Cette collaboration doit contribuer à remettre sur pied un système judiciaire que la guerre a anéanti. (À la fin du conflit, on ne trouvait plus que dix-huit juges dans tout le pays.) Elle doit aussi permettre d'accélérer l'exercice de la justice, un reproche que le gouvernement du Rwanda a souvent fait au Tribunal pénal international pour le Rwanda, lequel n'avait toujours pas fini, plus de quinze ans après le génocide de 1994, de juger les présumés génocidaires.

La prison qui jouxte le tribunal passe pour un pénitencier modèle. Neuf inculpés y ont vite été détenus : trois rebelles du RUF, trois insurgés de l'AFRC et trois miliciens des CDF. Quatre accusés manquaient à l'appel : Sankoh, numéro un du RUF, mort en détention ; Sam Bockarie, son bras droit, tué dans des affrontements au Liberia en 2004 ; Johnny Paul Koroma, responsable de l'AFRC, en fuite ; et leur présumé chef à tous, Charles Taylor.

Pour le Québécois Luc Côté, un ancien chef des poursuites du Tribunal spécial, il ne faisait aucun doute que Taylor, qui faisait l'objet de dix-sept chefs d'accusation et d'un mandat d'arrêt international, tirait les ficelles en Sierra Leone. Il en aurait notamment fait la preuve en obtenant la libération rapide des cinq cents Casques bleus que le RUF avait pris en otage en 2000.

L'ex-président du Liberia s'est enfui au Nigeria en 2003 (après des négociations destinées à mettre un terme aux combats qui ensanglantaient son propre pays). Pendant un certain temps, Taylor coula des jours paisibles à Calabar, à huit cents kilomètres d'Abuja. La presse locale rapporta qu'il circulait en Jaguar et jouait souvent au tennis. Mais le Tribunal spécial pour la Sierra Leone a fini par lui mettre la main au collet en 2006. Taylor fut transféré aux Pays-Bas, où siègent provisoirement ses juges. Il a plaidé non coupable.

>>>

Pour dire la guerre et ses souffrances, le Parlement sierraléonais créa une Commission vérité et réconciliation, dont le mandat était de rendre compte du conflit et d'en cerner les causes. Le président Kabbah l'assimila à « un processus thérapeutique». Mais seul un petit nombre de *perpetrators*, ceux qui, de leur propre aveu, avaient commis des atrocités, choisirent de témoigner. Peut-être les autres craignaient-ils de s'auto-incriminer en affirmant quelque chose qui leur serait reproché, non pas par la Commission, mais par le Tribunal spécial? Ce n'est pas impossible.

Les témoignages furent étonnamment flous, selon le politologue britannique Tim Kelsall, qui assista aux audiences publiques de la Commission à Tonkolili, dans le nord du pays. Un combattant se contenta de dire qu'il avait tué des centaines de civils sans donner de plus amples détails. Les récits des victimes furent bouleversants, mais dénués de larmes, même lorsqu'une mère expliqua que les insurgés qui venaient d'assassiner son fils de vingt-six ans et d'incendier sa maison l'obligèrent «à danser et à se réjouir». Les descriptions froides et cliniques se succédèrent, comme si les survivants ne pouvaient se permettre d'ouvrir les vannes de l'émotion. On était loin de la catharsis annoncée par le président Kabbah, mais la Commission fit néanmoins œuvre utile, peut-être surtout lorsque, à l'issue de ses audiences, elle organisa des cérémonies où chefs spirituels et traditionnels en grande tenue expliquèrent aux bourreaux qu'ils avaient là une dernière chance de se repentir, une chance que les participants, craignant un châtiment temporel et spirituel, saisirent. «Tout le monde savait ce qui s'était passé, dit Tim Kelsall. Le public n'avait pas besoin de se faire rappeler les atrocités. Il voulait savoir si les coupables regrettaient leurs gestes.»

Certains Sierra-Léonais, estimant qu'il était trop tôt pour revenir sur le conflit et ses horreurs, se demandaient à quoi une telle commission pourrait bien servir. Pourquoi se presser? Les défenseurs des droits de la personne n'étaient pas d'accord. «La vérité est la condition *sine qua non* de la réconciliation», disait Joseph Rahall, président du Forum national des droits de la personne, une confédération d'ONG.

La Commission accoucha d'un rapport de mille cinq cents pages – sans compter trois mille cinq cents pages d'annexes. Mais la réconciliation annoncée était condamnée à être superficielle, selon Shellac Sonny Davis, coordonnatrice des projets au Conseil mondial sur la religion et la paix, un organisme œcuménique. Sa mère, une femme âgée, avait été attaquée par les rebelles, qui lui avaient crevé les yeux. Sa fille ne leur a pas pardonné, et elle n'a pas l'intention de le faire. Pour elle, la Commission fut imposée par une communauté internationale qui n'avait pas compris que vérité rime trop souvent avec délation. Les bourreaux ne se sont pas tous évanouis dans la nature. Certains exercent même une influence certaine à Freetown. « Comment pouvez-vous dire la vérité lorsque vous savez que ce que vous direz vous retombera sur le nez ? s'interroge Shellac Sonny Davis. Lorsque votre vie quotidienne est une lutte pour la survie, c'est impossible. »

À Freetown, les baptistes du quartier Congo Cross se donnent rendez-vous, le dimanche, à la Vine Memorial Baptist Church. Ils chantent l'amour du Christ et des hommes sous la houlette de leur pasteur, le révérend Henry Samuels. Celui-ci se réjouit que la Commission se soit penchée sur les causes les plus fondamentales du conflit. Car pour le révérend, la violation de droits économiques et sociaux a fait le lit de la barbarie. « La fin de la guerre ne se résume pas au silence des armes, dit-il. La guerre économique et sociale se poursuit. » Son ami, A. B. Conteh, imam de la mosquée Hamdallah, insiste lui aussi sur des facteurs sociaux et politiques. « C'est en raison de l'instabilité politique que les gens ont cédé aux tentations sataniques », dit-il.

Satan. Personnellement, je ne l'avais pas croisé en Sierra Leone. Au contraire. Il semblait désormais bien loin. Partout, j'avais été accueilli avec beaucoup d'égards. À la mosquée Hamdallah, par exemple, les fidèles avaient insisté pour que j'attende en leur compagnie l'imam, qui tardait à arriver. Cela n'allait pas de soi, puisque le muezzin appelait déjà à la prière et que mes hôtes avaient bien compris que je n'étais pas musulman. Ils m'invitèrent néanmoins à me joindre à eux dans la salle de prière. Je m'assis au fond de la salle. « Non, non, venez avec nous, devant, me dit l'un d'eux. Il faut prier côte à côte. »

La Commission vérité et réconciliation donna raison aux religieux que j'avais rencontrés, estimant que les causes du conflit en Sierra Leone tenaient à la corruption, à la pauvreté, à la dictature, à l'absence de perspectives d'avenir pour la jeunesse, aux contraintes imposées à la liberté d'expression, aux inégalités sociales et à l'autoritarisme des chefs traditionnels, entre autres. Tous ces facteurs étaient donc à l'origine d'une guerre que les diamants avaient alimentée mais non pas provoquée.

>>>

En tant que reporter, je suis de l'école qui considère que les journalistes doivent éviter de se mêler de ce qui ne les regarde pas. Je dois toutefois avouer que les footballeurs que j'ai vus sur la plage de Lumley m'ont fait une forte impression et que j'ai eu envie de faire un geste pour eux. J'ai donc écrit à Thierry Henry, le mythique attaquant français d'Arsenal, à Londres, pour lui demander de leur envoyer une lettre de soutien. Il a aussitôt envoyé un message de félicitations et d'encouragement aux joueurs sierra-léonais. De ce côté-là, j'ai des raisons de croire que cela va mieux. On trouve désormais des photos du Single Leg Amputee Sports Club de la Sierra Leone sur internet, ce qui m'a permis de constater que l'une des deux équipes de Freetown dispose maintenant de véritables uniformes. Leur principal souci, pendant les matchs, n'est cependant pas leur maillot mais leurs béquilles. Ils doivent éviter de les casser parce qu'elles coûtent cher et sont difficiles à remplacer.

Dictons

GUINÉE

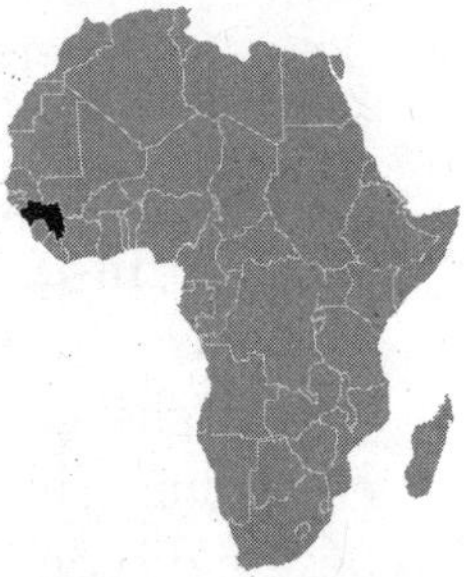

Quand Ibrahim m'a dit qu'il avait fait ses études à Moncton, je me suis d'abord méfié. Ce Guinéen avait-il vraiment habité au Nouveau-Brunswick pendant quatre ans ? Lorsqu'il a commencé à parler avec un accent acadien, je lui ai donné le bénéfice du doute.

Ibrahim disait avoir étudié au Collège communautaire du Nouveau-Brunswick et à l'université de Moncton. Aujourd'hui, il travaille comme concierge dans un grand hôtel de Conakry, où il touche un salaire qui lui permet à peine de vivoter. Il est pourtant le fils d'un footballeur de haut niveau et d'une chanteuse qui fut une célébrité locale. Mais l'histoire de sa famille, aussi triste et échevelée que celle d'une *telenovela* brésilienne, ressemble à celle de beaucoup d'enfants d'origine modeste trimballés entre parents, grands-parents et parents éloignés.

Le père d'Ibrahim s'était exilé en Côte-d'Ivoire parce qu'il ne voulait pas jouer dans la sélection nationale, à l'époque de Sékou Touré, le dictateur marxiste qui a tenu la Guinée sous sa férule, depuis l'indépendance (1958) jusqu'à sa mort (1984). Après son retour en Guinée, le père avait retrouvé son fils, mais il était devenu un homme brisé et violent. Un jour, raconte Ibrahim, il lui avait ordonné de grimper dans un cocotier. Malgré son vertige, le fils lui avait obéi. Mais il avait vite voulu redescendre, trop vite au goût du père, qui voulait élever son fils à la dure. « Ne descends pas ! Si tu descends, je vais te tuer ! » Ibrahim n'avait que huit ou neuf ans. « Tout le quartier lui a demandé de cesser de me battre, dit Ibrahim. Mais il n'y avait personne pour le calmer. » Une de ses grand-mères, aujourd'hui décédée, l'avait pris avec elle pour le protéger. Le gamin put enfin respirer. « Je ne l'ai jamais oubliée, dit-il. Paix à son âme. »

Après ce passage chez sa grand-mère, Ibrahim fut envoyé chez un grand-oncle, un vieux monsieur qui devait, en principe, lui apprendre le Coran, mais qui avait surtout besoin de compagnie : il vivait seul avec trois chiens portant tous le même nom, Kalbun (« chien », dans l'arabe littéral du Coran). Ils furent les seuls compagnons d'Ibrahim.

Pourquoi cet enfant était-il si mal accepté ? Il est tenté de croire que c'est parce que sa mère et son père, une Peule et un Soussou, n'étaient pas de la même ethnie. Il était donc rejeté par les uns et par les autres.

Les problèmes familiaux étaient aggravés, selon Ibrahim, par la fortune que sa mère avait accumulée comme chanteuse. À Conakry, certains prétendent que sa mère avait aussi trempé dans le trafic de drogue et qu'elle aurait même fait de la prison. Les griots, qui chantent ses louanges, la dépeignent sous les traits d'une Robin des Bois, une femme d'une grande générosité qui fait des cadeaux aux pauvres. Elle aurait aussi offert des présents somptueux à de vagues connaissances, mais pas à son fils (à qui elle a toutefois payé des études au Canada). « Elle donne des voitures, dit son fils, mais moi, je marche. Pour moi, il y a quelque chose qui ne va pas. »

Ibrahim finit par cracher le morceau : il pense que sa mère est « maraboutée », c'est-à-dire qu'elle est victime d'un sorcier. « Un marabout peut te faire souffrir sans te tuer, dit-il. Il fabrique des talismans, des liquides, des décoctions faites avec des feuilles que seul lui connaît, et il les met dans ta sauce. Ou il écrit ton nom sur un bout de papier, qu'il met dans l'eau où il ajoute un peu de ce liquide. »

Pour se changer les idées, Ibrahim écrit des proverbes. Dans son cahier, il en a des pages pleines : « Il ne faut jamais brûler ta maison parce qu'il y a trop de moustiques » ; « Ce n'est pas parce que la tortue n'a pas de dents qu'il faut se hasarder à mettre la main dans son caleçon » ; « Celui qui n'a pas encore gagné l'autre rive ne doit pas se moquer de celui qui se noie. » Il aimerait bien les publier, peut-être dans un journal qui lui donnerait un petit quelque chose en échange.

Trafic humain

BÉNIN

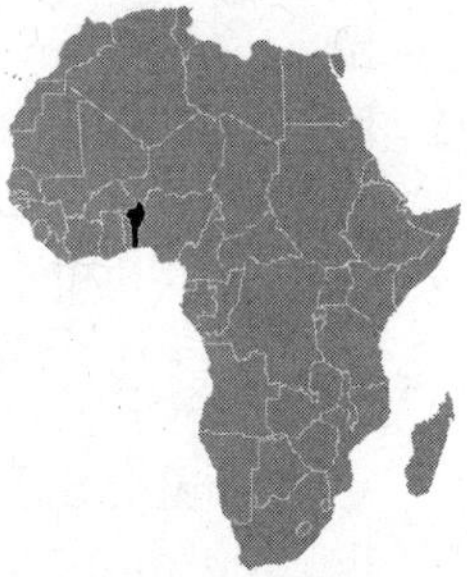

La mystérieuse dame arriva dans une voiture d'un blanc éclatant. Altière, s'exprimant avec distinction, elle expliqua aux villageois qu'elle était à la recherche de jeunes garçons. Elle souhaitait les emmener chez elle, à Cotonou, la principale ville du Bénin. Il fut vaguement question de petits boulots. Pour montrer sa bonne foi, elle fit des cadeaux aux familles intéressées : des pièces de tissu et quelques billets.

La citadine fit forte impression à Tokpoe, poussiéreuse bourgade à une centaine de kilomètres au nord-ouest de Cotonou. Ses sept cents habitants, cultivateurs pour la plupart, vivent dans des cases en banco (un mélange de terre et de paille) blotties autour d'une minuscule place que domine une statue vaudou. La plupart des enfants vont nus. Mais le village ne donne pas l'impression d'être miséreux, et les villageois sourient volontiers aux visiteurs, surtout lorsqu'ils viennent d'aussi loin que Cotonou. Comme cette dame qu'ils appellent désormais « la trafiquante ».

Debora Houndessegan, une mère de six enfants, lui confia deux de ses fils, âgés de huit et dix ans à l'époque. Pour elle, le calcul était simple : la vie à la ville, cela devait quand même être plus facile qu'au village. « Comme la personne était bien habillée, je me suis dit qu'elle allait bien s'occuper d'eux », m'expliqua-t-elle en fon, une langue du Bénin. Elle se trompait. La trafiquante plaça ses deux garçons chez un meunier de Cotonou. Pendant deux ans, ils travaillèrent – sans salaire – de cinq heures à minuit, sous les injures d'un patron qui les traitait constamment d'imbéciles. Leurs tâches étaient ardues et dangereuses. Le plus jeune des deux, Célestin Videjro, qui avait douze ans quand je l'ai rencontré, perdit même la phalangette d'un doigt. Leur mère alla les récupérer lorsqu'elle eut vent de leurs conditions de vie.

Combien d'enfants ouest-africains font l'objet de trafic, soit dans leur pays, soit à l'étranger ? Les rares données fiables sont fragmentaires. Au Nigeria, en mars 2005, la police a saisi deux camions – l'un d'eux servant normalement au transport du poisson – où se trouvaient plus d'une centaine d'enfants nigérians et togolais qu'on emmenait à Lagos, la capitale économique. Au Burkina Faso, en mai 2004, la police a libéré une trentaine de mineurs, âgés de huit à dix-sept ans, à Faramana, localité située à la frontière du Mali. Au Bénin, de 1995 à 1998, les forces de sécurité ont intercepté plus de mille trois cents garçons et filles aux frontières. Au Togo, en 1997, environ huit cents jeunes de douze à quinze ans destinés au trafic ont été libérés. Au Mali, en 1998, les autorités ont démantelé un réseau d'« enfants esclaves » provenant de la Mauritanie voisine. Mais personne ne sait l'étendue du fléau qui, plus ou moins caché, attire souvent l'attention des médias. En septembre 2003, par exemple, plus de cent dix garçons béninois ont été rapatriés du Nigeria, où ils travaillaient dans une carrière. Maltraités, mal nourris, ils étaient « faméliques, chétifs et osseux à faire pleurer », selon *Fraternité*, un quotidien de Cotonou.

Il ne fait aucun doute que des milliers, voire des dizaines de milliers d'enfants ouest-africains quittent chaque année leur pays pour travailler à l'étranger. Ce qui ne devrait peut-être pas surprendre, puisque des millions d'enfants – tous ceux qui ne vont pas à l'école en fait – travaillent. En milieu rural, la tradition veut même que les enfants s'y mettent à partir de six ans. Elle veut aussi qu'on place les enfants des campagnes les plus reculées dans ce qu'on pourrait appeler des familles d'accueil. Au Bénin, on parle des *vidomègon*; au Togo, des *amegbonovi*; au Mali, des *lamo den*. Une famille paysanne, par exemple, confiera un fils à des parents, même éloignés, pour lui permettre d'aller à l'école ou d'apprendre un métier. Ces derniers, en contrepartie, demanderont des « petits services » au garçon et des sacs de maïs ou de mil à ses parents.

Ce « confiage » des enfants, qui faisait partie de leur socialisation jadis, a été dévoyé. Il sert aujourd'hui de prétexte à un véritable trafic à l'échelle de toute l'Afrique de l'Ouest, trafic qui permet aux pays les plus riches de la région (Nigeria, Côte-d'Ivoire, Gabon, Cameroun) de s'approvisionner en main-d'œuvre à très bon marché dans les pays les plus pauvres (Bénin, Togo, Mali, Burkina Faso). Et lorsqu'il s'agit de recruter, rien ne coûte moins cher qu'un garçonnet – sauf, peut-être, une fillette. Cela n'a plus rien d'une pratique traditionnelle. C'est au contraire un trafic condamné par les autorités de nombreux pays, qui ont pour le contrer adopté des lois très sévères… Si sévères qu'elles ne sont pas appliquées. Au Bénin, par exemple, le code pénal prévoit la peine de mort pour les enlèvements d'enfants.

L'interception de l'*Etireno,* navire où se trouvaient quarante-trois jeunes, attira l'attention de la presse mondiale en 2001. L'envoi d'enfants par bateau, à la manière des esclaves de jadis, rappela de mauvais souvenirs au Bénin. Ce pays fut l'un des principaux points d'embarquement des esclaves ouest-africains. Et pourtant, le trafic d'enfants, que d'aucuns assimilent à de l'esclavage, s'y poursuit.

>>>

Essi, très timide, se frotta les yeux comme une enfant sur le point de pleurer. Mais elle ne pleura pas. Cette histoire, le calvaire qu'elle avait vécu pendant trois ans, c'était du passé. Elle était grande maintenant, elle devait bien avoir quinze ans, même si elle ne savait pas son âge avec précision. Elle ne connaissait pas non plus l'expression « trafic transfrontalier des enfants ». Mais lorsqu'il fut question de trouver les mots pour décrire l'épreuve qu'elle avait traversée, elle fut on ne peut plus claire : « On m'a volée. »

Le cas d'Essi, une jeune fille de Lomé, la capitale du Togo, l'un des principaux pays pourvoyeurs d'enfants « trafiqués », comme on dit là-bas, est particulièrement dramatique. Un beau jour, le père d'Essi lui annonça qu'elle irait à l'école « en Amérique ». Elle crut à une blague. Comment pourrait-on se passer d'elle ? Elle n'avait que dix ans, mais elle était bien trop utile à la maison ! Depuis que leur mère était partie, c'était elle qui s'occupait de ses deux jeunes frères. Son père ajouta qu'elle prendrait l'avion. Ses frères, un rien envieux, lui demandèrent de leur rapporter un jour « de beaux vêtements ». Elle ne voulait pas se séparer d'eux mais se consola en se disant qu'elle serait « comme une Blanche ».

Essi devint plutôt « petite bonne ». Pour la former au travail domestique – et pour brouiller les pistes, puisqu'il ne fallait pas que ses proches puissent la retrouver trop facilement –, on lui fit faire une série de courts séjours dans différentes maisons de Lomé. Ce fut une rude école. Elle n'avait plus de lit mais une simple natte. Elle dut s'habituer à obéir aux ordres. Lorsqu'elle protesta, on la frappa. Pendant ce temps, la famille qui l'avait recrutée lui fit obtenir de faux papiers.

Après moult péripéties, ce n'est pas aux États-Unis qu'Essi atterrit mais à Bangui, capitale de la République centrafricaine. Loin des siens, elle vit son monde s'écrouler. Chez ses nouveaux maîtres, elle devait se lever à cinq heures pour préparer le petit déjeuner. Elle n'était autorisée à manger qu'une fois le travail terminé. Un soir, on lui permit de regarder la télévision. Mais comme elle devait se lever avant l'aube, on l'envoya vite se coucher. Elle s'endormit en pleurant. Le lendemain, sa patronne la tira du lit: « Allez! Au travail! » Essi protesta: « Je ne me suis jamais levée aussi tôt chez mon père! » Elle reçut une première gifle. « Les enfants ne répondent pas aux adultes! » Essi essaya de se cacher pour se soustraire aux coups. Ce jour-là, sa patronne utilisa un bâton. Et ce fut l'escalade: après le bâton, il y eut la cravache, le fer à repasser. À Lomé, Essi avait été maltraitée; à Bangui, la violence devint cruelle et quotidienne. Les coups pleuvaient, les insultes aussi. Sa patronne la traita de sorcière, l'injure qui justifiait tous les mauvais traitements.

La fillette décida alors de s'enfuir. Essi voulut retourner chez son père. Mais comment faire? Elle se confia à des voisins, qui sympathisèrent avec elle, mais ils lui conseillèrent néanmoins de rentrer chez sa patronne. Les punitions se multiplièrent, les fugues aussi. Au point que le voisinage lui recommanda d'aller à la police, qui se borna à lui suggérer de… rentrer chez sa patronne. Lorsqu'un policier se présenta enfin à son domicile, la maîtresse de maison objecta qu'Essi n'était pas une domestique mais sa nièce, la fille d'un frère trop pauvre pour s'en occuper. C'était faux. Et pour justifier ses gestes déplacés, elle expliqua que la jeune fille était « envoûtée ».

Essi profita d'un séjour de sa patronne à l'étranger pour s'échapper. Des voisins la mirent en relation avec la fille d'un notable de Bangui, qui alerta le ministère centrafricain des Affaires sociales. Une enquête fut enfin ouverte. Essi, d'abord hébergée dans la famille du notable en question, fut ensuite envoyée dans un foyer d'accueil. Elle raconta tout au tribunal pour enfants. Sa maîtresse fut convoquée par un juge. L'affaire attira l'attention des médias. Parce qu'il était tellement rare que des enfants maltraités obtiennent gain de cause.

Après le procès, Essi regagna Lomé. Elle n'oubliera jamais les retrouvailles avec son père: « Il a dit "ma fille est revenue" et il a commencé à pleurer. » Bien sûr, elle lui en veut un peu de l'avoir laissée partir mais, précise-t-elle : « Il ne m'aurait pas envoyée s'il avait su ce qui allait m'arriver. »

>>>

Au Bénin, les fillettes sont souvent recrutées comme vendeuses et envoyées jusqu'à Libreville, au Gabon, à des milliers de kilomètres. La consultante belge Michèle Smeets, qui a interrogé des dizaines de jeunes étrangères à Libreville, brosse un tableau peu reluisant de leur situation. En règle générale, explique-t-elle dans un rapport rédigé en 2002, des « tantines » que les fillettes connaissent plus ou moins bien les emmènent chez leur futur employeur en bateau. Le coût du voyage, faramineux, sera déduit du salaire de l'enfant, contraint de travailler pendant des mois, voire des années, pour rembourser cette dette.

En Côte-d'Ivoire, on fait appel aux jeunes Maliens pour travailler dans des plantations, les petites exploitations agricoles où on cultive le coton, le maïs et le riz. En 1998, des enquêteurs qui ont sillonné le centre du pays ont interrogé des dizaines de mineurs, presque tous venus du Mali, principalement de la région de Sikasso. Leur transport en minibus vers la Côte-d'Ivoire est organisé par des trafiquants appelés « locataires ». À l'approche de la frontière, le véhicule emprunte des routes secondaires pour échapper aux contrôles des douaniers ou des policiers. L'employeur qui accueille le jeune passager malien, son futur employé, assume les frais de transport. Cette somme sera ultérieurement déduite du salaire de l'enfant. Privés de liberté, parfois victimes de sévices corporels, les garçons tentent parfois, mais sans succès, de se sauver. Le Parlement ivoirien a déjà demandé au gouvernement de sévir contre ce « commerce éhonté des enfants maliens utilisés [...] comme des esclaves». La Côte-d'Ivoire a même signé une entente bilatérale avec le Mali en 2000 pour lutter contre le trafic. Mais il se poursuit.

Dans de nombreux pays d'Afrique de l'Ouest, les mineurs ont le droit de travailler à partir de quatorze ans. Les jeunes Béninois, par exemple, se rendent souvent au Nigeria voisin en toute légalité. Depuis qu'il a quinze ans, Eugène travaille chaque été dans une carrière d'Abeokuta, dans l'État nigérian d'Ogun, pour payer ses études secondaires. Le travail est rude. Il faut remplir des bennes de gravillon. Mais Eugène, un costaud, ne s'en plaint pas. Il touche quinze mille francs CFA (une trentaine de dollars américains) par semaine. Il a constaté, toutefois, que les patrons du chantier recrutent aussi de jeunes enfants. En toute illégalité. «Le plus petit n'a que sept ans», précise-t-il. Le salaire des petits, ajoute-t-il, est versé aux trafiquants qui les ont amenés.

Au Bénin, le sujet n'est plus tabou. Un film de fiction a même été tourné pour crever l'abcès: *Anna, Bazil et le trafiquant*. C'est l'histoire d'une fillette, Anna, que ses parents envoient à la ville «pour son avenir». La patronne d'Anna ne lui donne pas la belle robe promise mais l'exploite comme petite bonne et vendeuse. Cette vidéo est présentée aux écoliers. «Les enfants qui vont à l'école ne sont pas les principales victimes du trafic, précise toutefois le réalisateur du film, le Belge Paul Lhoir. Mais ce sont de bons relais. Ils vont raconter l'histoire à leurs copains.» Un des personnages du film, la travailleuse sociale, prend à partie les parents d'Anna. Elle sait bien qu'ils sont pauvres, mais elle refuse d'admettre qu'ils se débarrassent de leurs enfants: «Si vous mangez du sable, lance-t-elle en guise de conclusion, mangez du sable avec vos enfants!»

Pas si simple, selon deux chercheuses, la Britannique Sara Castle et la Malienne Aïcha Diarra, qui ont interrogé un millier d'enfants maliens. Car ces derniers sont souvent les premiers à vouloir quitter leur village. « Au pays dogon [nord du Mali], les jeunes filles veulent travailler comme bonnes pour pouvoir se payer un trousseau de mariage, explique l'anthropologue Sara Castle. Les garçons veulent partir pour pouvoir s'offrir une radio ou un vélo, et ne pas avoir l'air trop bête. C'est culturel, c'est économique, c'est même psychologique. S'ils ne partent pas, les gens vont se moquer d'eux. » La volonté d'émigrer serait si profondément ancrée chez les jeunes que toute tentative de freiner leur émigration serait condamnée à aggraver le problème en le repoussant dans la clandestinité. Pour Sara Castle, il faut encourager les passeurs à mieux encadrer leurs protégés, c'est-à-dire à s'assurer qu'ils sont bien payés, bien traités, etc. Car essayer de stopper cette migration ne serait pas réaliste, du moins tant que les enfants d'Afrique de l'Ouest n'iront pas tous à l'école. Et ce n'est pas demain la veille. Pour des parents frappés par la crise économique (Bénin, Togo), par la sécheresse (Mali, Burkina Faso) ou la guerre (Liberia, Sierra Leone), le placement des enfants est une stratégie de survie. On confie un enfant, même à un pur étranger, pour avoir une bouche de moins à nourrir. C'est particulièrement vrai dans les familles polygames, où un homme peut avoir des dizaines d'enfants. L'enfant qu'on envoie au loin finira peut-être même, espère-t-on, par rapporter quelque chose à sa famille…

>>>

À Tokpoe, la famille de Debora Houndessegan est désormais réunie. Un jour, ses fils, qui occupent une chambre où le mobilier se résume à deux nattes et la décoration à une affiche du Christ, lui demandèrent pourquoi elle les avait envoyés au loin. Elle leur répondit qu'elle pensait qu'ils auraient là-bas un meilleur avenir. Elle regrette sa décision. « Ce que mes fils ont connu, dit-elle, je ne le souhaiterais à personne. » Célestin, un garçon au regard vif mais triste, dit lui avoir pardonné. Il se consacre désormais à ses études. « Je suis le premier de ma classe », précise-t-il. Mais il le dit sans fierté. Comme s'il avait bien compris que de cette éducation, toujours incertaine pour un enfant pauvre, dépendait son avenir. Il sait surtout qu'il ne fera pas comme sa mère. « Je ne vais jamais envoyer mes enfants à la ville », affirme-t-il.

Musculation

GUINÉE

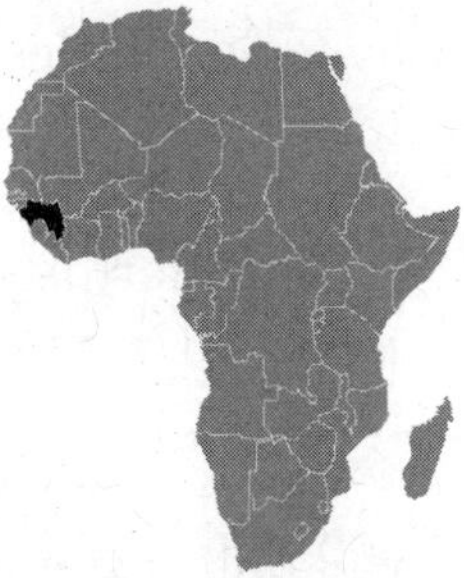

Appelons-le Roger. Il saute aux yeux que Roger, engoncé dans une chemise un peu trop moulante, est très musclé. Trapu et râblé, cet agent de sécurité n'a pas souvent besoin de hausser le ton. Il n'a qu'à faire sentir sa présence, lui si costaud, dans un pays, la Guinée, où les gens le sont si peu. Il a commencé à faire de la musculation à quatorze ans. Aujourd'hui âgé d'une vingtaine d'années, il s'entraîne avec des copains, eux aussi agents de sécurité, dans un petit gymnase qu'il a aménagé chez lui à Kaloma, un quartier populaire de la capitale, Conakry.

Roger a grandi dans une famille de sportifs. C'est son père, un cycliste qui a déjà participé au Tour de Guinée, qui l'a initié à la musculation. Aujourd'hui, Roger s'entraîne tous les deux jours et se considère comme un haltérophile semi-professionnel. Il n'est pas bien grand – il fait un mètre soixante et onze – mais pèse soixante-quatorze kilos. Il a déjà réussi à soulever cent trente-cinq kilos, mais il se ménage depuis qu'il s'est blessé en compétition. Des amis s'étaient cotisés. Le vainqueur toucherait cent cinquante mille francs guinéens, une somme importante en Guinée mais dérisoire dans un pays riche. Roger avait lâché prise et la barre lui était tombée sur la bouche, lui abîmant une dent.

Comme Roger n'a pas accès à une véritable salle de sport, il a fabriqué des appareils rudimentaires avec l'aide de son père. Ils ont commencé par construire des bancs en bois, qui se doivent d'être très solides. Le père et le fils ont ensuite pris des barres de fer qu'ils ont alourdies avec de vieilles pièces automobiles, y compris des batteries, dans lesquelles ils ont coulé du ciment. Ils ont aussi utilisé des roues de wagon de train. Grâce à leur débrouillardise, ils ont réussi à bricoler des poids et haltères, certains très lourds, leur permettant de travailler tous les groupes musculaires.

Le seul ennui, explique Roger, c'est que tout ce matériel doit rester dehors, la maison étant bien trop petite pour abriter une salle de sports, même modeste. En plein air, les haltères ont hélas tendance à « disparaître ». Roger a donc érigé quatre murs de ciment grâce à un ami maçon et à des enfants qui ont ramassé des graviers à gauche et à droite. Le matériel est désormais à l'abri des voleurs, mais pas à l'abri des intempéries, parce que ce local n'a toujours pas de toit – et il n'en est pas question ! Sinon, il y ferait trop chaud pour s'entraîner. Cela ne pose pas trop de difficultés, sauf pendant la saison des pluies, qui font rouiller les barres. Il faut alors installer une bâche en plastique et l'alourdir avec des branches d'arbre pour qu'elle ne s'envole pas.

Pour garder la forme, et peut-être surtout *les* formes, tous les employés de son agence de sécurité sont tenus de s'entraîner. Plusieurs compagnons avec qui Roger faisait du sport sont déjà partis en Europe, où les plus costauds espèrent se trouver du travail comme « videur » ou agent de sécurité.

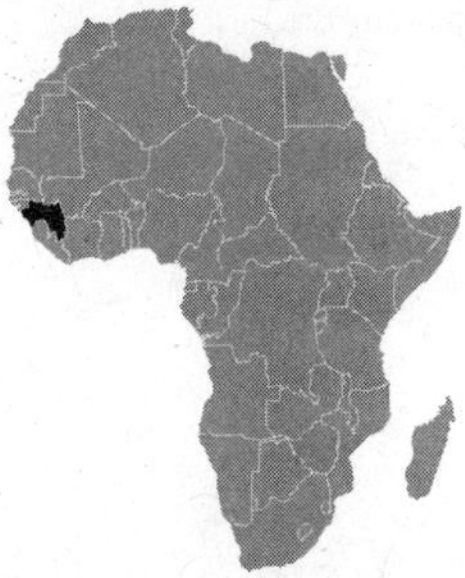

Import-export

GUINÉE

Momo a fait ses études en Union soviétique, à l'époque où son pays, la Guinée, alors marxiste, y envoyait ses éléments les plus prometteurs. Il se destinait à une carrière d'officier et a d'abord appris le russe avant de s'inscrire dans une école militaire. Mais il a vite compris qu'il pourrait profiter à plein de son séjour là-bas en se consacrant, parallèlement, au commerce. Momo s'est donc lancé dans l'import-export.

Les jeunes Soviétiques rêvaient de jeans à l'occidentale ? Pas de problème. Momo trouvait des jeans bon marché en Guinée, faisait changer l'étiquette pour faire croire qu'il s'agissait d'une marque américaine. Il apportait sa camelote avec lui en URSS et l'écoulait sur le marché noir. Il demandait à être payé en dollars, bien sûr, qu'il pouvait dépenser, en tant qu'étranger, dans les magasins réservés aux diplomates. C'est là qu'il s'est procuré quantité d'articles, et tout particulièrement des réfrigérateurs, qu'il revendait en Guinée.

La vie n'était-elle pas trop dure pour un étudiant africain comme lui dans un régime communiste ? « Ce n'était pas un régime communiste ! objecte-t-il. C'était le régime le plus capitaliste qui soit ! »

Chez les Yorubas

NIGERIA

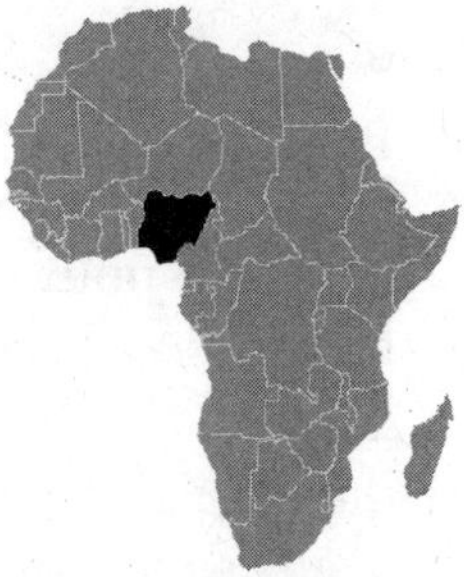

Lagos Island, le cœur historique de la mégalopole de Lagos, est une île aux trésors clinquants, déconcertants, déroutants. Dans les venelles de son marché, la foule est si dense que les piétons sont contraints d'avancer dans de longues files indiennes. Les étals proposent ici des escargots africains géants, là de petits poissons soigneusement frits la queue dans la gueule, là encore, des pneus enveloppés dans du papier aluminium bleu. Le papier, c'est pour faire joli, mais aussi pour dissimuler que ces pneus, souvent d'occasion, ont été rafistolés.

Ce capharnaüm était jadis le cœur d'un royaume yoruba, une grande ethnie de l'Afrique de l'Ouest. Aujourd'hui, c'est le cœur de la ville de Lagos, la plus importante du Nigeria, la plus peuplée du continent, avec huit millions d'habitants. En 2015, elle pourrait être l'une des plus peuplées au monde : selon les prévisions des Nations unies, sa population pourrait alors atteindre vingt-trois millions. Ses habitants sont entassés sur une superficie de trois cents kilomètres carrés, ce qui est en fait l'une des mégapoles les plus grouillantes, les plus excessives, les plus dures au monde. Un ancien président du Nigeria, Olusegun Obasanjo, l'a déjà comparée à une jungle urbaine.

Ses embouteillages – lorsque la ville donne l'impression de s'être elle-même prise en otage – portent le nom de *go-slows*. Pendant que les motocyclistes slaloment entre les voitures, des marchands ambulants proposent aux automobilistes tout ce dont ils pourraient ou non avoir besoin : sacs remplis d'eau, livres d'occasion, sécateurs, pèse-personnes, rasoirs jetables ou biscuits koweïtiens. Des nuées de mendiants, de culs-de-jatte et d'éclopés en profitent pour faire la manche, donnant aux bouchons des allures de cour des miracles. « Donne-moi de l'argent pour que je puisse cesser de mendier », m'a dit l'un d'eux dans un anglais approximatif. À Lagos, donc, on mendie avec l'espoir de ne plus mendier, de récolter gros, tellement gros qu'on n'aurait plus jamais à travailler.

Lorsque la circulation se fait fluide, la ville se métamorphose en œuvre d'art, certes plus proche de Dali que de Botticelli, une succession d'images absurdes et saugrenues. Il m'est déjà arrivé de voir une vache morte entassée dans le coffre mal refermé d'une vieille Chevrolet. La pollution est presque palpable, surtout au coucher du soleil, lorsqu'on brûle les ordures. La fumée obscurcit la lumière granuleuse. À la nuit absolument noire – les lampadaires sont hors service, leurs ampoules ayant été volées –, les voitures se volatilisent. Les poids lourds, parfois sans phares, apparaissent et disparaissent comme des vaisseaux fantômes dans la brume.

Lagos est donc une mégapole du Tiers-Monde. Comme tant d'autres. Mais si j'y suis allé, c'était pour ce qui la distinguait des autres, c'est-à-dire son chef. Je souhaitais être présenté à la famille du roi Adeyinka Oyekan II, qui en 2003, après un règne de trente-sept ans, a « rejoint ses ancêtres », selon la formule consacrée, car les souverains yorubas ne « meurent » pas mais « atteignent la gloire éternelle ». Leurs sujets ne les pleurent pas non plus. Surtout pas lorsqu'ils expirent à un âge avancé. Comme cela fut le cas d'Oyekan II, bon vivant et amateur de Havane décédé à quatre-vingt-onze ans.

« Le roi est aux Yorubas ce que la reine Elizabeth II est aux Anglais », explique Olu Ekun, un commerçant de l'île de Lagos, témoignant de l'immense respect qu'on lui porte. Mais dans les faits, le roi a plus de pouvoir que la reine d'Angleterre. Le roi est le porte-parole de son peuple, le garant des traditions et un interlocuteur privilégié du gouvernement. Les autorités ont même déjà fait appel à lui pour pacifier des émeutiers. Il est aussi un exemple vivant de ce qui marche – et de ce qui cloche – à Lagos.

Commençons par ce qui marche. Lagos est très cosmopolite : on y trouve des membres de toutes les ethnies du Nigeria, grandes et petites, dont le nombre dépasserait deux cent cinquante. Les relations interethniques et interreligieuses y sont relativement harmonieuses. Le défunt roi était même souvent décrit comme un parangon de tolérance, ne serait-ce que parce qu'il eut des épouses (huit, pour être précis) chrétiennes et musulmanes, ce qui ne l'empêcha pas d'être protestant. « Le roi était lui aussi un bon exemple de comment des gens de religions différentes peuvent vivre ensemble », estima le père R. Ayo Akinwale, prêtre à Holy Trinity, une église anglicane de Lagos Island. À la petite mosquée de la rue Enu-Owa, non loin de là, l'imam Ibrahim Olabisi Agoro, un homme tout sourire, me tint le même discours. Il décrit lui aussi le roi comme un homme de paix. « Les gens l'aimaient trop, dit-il. Il considérait la vie des autres comme étant aussi importante que la sienne. » Tout cela serait banal si on n'était pas au Nigeria, le pays le plus peuplé d'Afrique, avec plus de cent vingt millions d'habitants, où des conflits politiques, ethniques et religieux font chaque année des centaines, parfois des milliers de morts.

>>>

Je suis descendu à l'Excellence, un hôtel d'Ikeja, un des quartiers industriels de la périphérie de Lagos. Comme il n'y avait pas d'accès internet, je devais aller dans un café en face de l'hôtel pour consulter mon courrier électronique. Ses PC brillaient comme des sous neufs, mais il n'y avait pas d'électricité, et le générateur était en panne. Un écriteau précisait « *Jesus is in charge here* ». Fallait-il en conclure que Jésus était responsable de tout, y compris de la panne ?

L'Excellence avait, lui, des problèmes d'eau. Un matin, j'ai vu un employé puiser de l'eau dans la piscine pour l'apporter aux cuisines. Pour faire la vaisselle, m'a-t-on dit dans l'espoir de me rassurer, pas pour faire le thé. À la réception, une employée m'a assuré que le problème serait réglé à la fin de la journée.

« *Inch'Allah*, ai-je ajouté.

— Êtes-vous musulman ? » m'a-t-elle demandé, intriguée.

J'ai appris, il y a longtemps, que la bonne réponse à cette question est : « Pas encore. » Mais mon interlocutrice a insisté : « Avez-vous l'intention de le devenir ? » J'ai esquivé en expliquant que ma tribu était chrétienne par tradition. Maintenant que nous avions fait connaissance, la réceptionniste pouvait me parler de ce qui la tracassait vraiment. « Pourriez-vous m'acheter un Coca-Cola ? » C'était sa façon à elle de me demander un pourboire (de *pour* et *boire*, comme le rappellent les dictionnaires).

Pour arrondir leurs fins de mois, les policiers de Lagos ne s'y prennent pas autrement. Ils dressent des barrages où ils extorquent des sommes, petites et grandes, aux automobilistes. Cette pratique est tellement répandue qu'ils n'ont même plus besoin d'ouvrir la bouche. Assis au fond d'un minibus bondé, j'ai vu un conducteur glisser un billet de banque, enroulé pour lui donner l'allure d'une cigarette, à un policier.

Ma seule présence à bord d'un taxi évite parfois au chauffeur d'être importuné. Mais cela ne fonctionne pas toujours. Un soir, un policier a tenté sa chance. « Que pourriez-vous faire pour mes amis ? » m'a-t-il demandé, non sans arrière-pensées. « Vous montrer ma carte de presse du ministère de l'Information ? » Il m'a fait signe de filer.

À une autre occasion, un policier, en civil et en colère, a saisi mon appareil photo : il voulait m'empêcher de photographier un immeuble moderne, le siège d'une banque. Pour le récupérer, j'ai dû longuement parlementer et exhiber l'accréditation reçue la veille dans la capitale, Abuja, à une heure d'avion de Lagos. Je croyais que l'obtention de cette pièce d'identité n'était qu'un obstacle supplémentaire dans le processus qui m'avait permis – au bout de quatre mois – de me procurer un visa de journaliste. Je me trompais. Sans elle, mon travail aurait été encore plus compliqué.

>>>

À Lagos, la police enrégimente parfois de jeunes Yorubas, les *Area Boys*, des bandes bien organisées dont le nombre est évalué à trois mille, en guise d'auxiliaires. C'est une façon d'acheter la paix, du moins temporairement. Ils assurent donc parfois la « sécurité », ce qui ne les empêche pas de se révolter parfois contre la force publique. J'ai pu le constater un jour dans la rue Aroyola, qui m'avait soudain semblé bien tranquille, alors qu'on était en plein après-midi. Tous les magasins de photo – je cherchais de la pellicule – étaient fermés. Tapi derrière les barreaux d'une porte, un commerçant m'avait expliqué que la police avait blessé un *Area Boy* et que les compères de celui-ci s'étaient lancés aux trousses des policiers ! Craignant d'être pillés – le matériel photo est facile à embarquer –, les marchands s'étaient barricadés dans leurs magasins. Ils savaient bien que les *Area Boys* sont surtout de petits *mafiosi* qui pratiquent le racket auprès des commerçants, se livrent au vol à la tire et contrôlent les mendiants. Des jeunes gens, donc, à éviter.

Ils servent toutefois aussi de « service d'ordre » à la famille royale. Après la disparition du roi, cet homme qu'ils tenaient en haute estime, ces gangs ont forcé les commerçants à fermer boutique en signe de deuil. Ils ont également, toujours au nom du respect de la tradition, fait observer un couvre-feu. « Pour survivre dans le système, explique l'historienne Olufunke Adeboye, les rois doivent utiliser toutes les ressources à leur disposition. » Y compris les *Area Boys*. Les monarques prétendent le contraire. Peu avant son couronnement, en août 2003, le nouveau souverain, Rilwan Akiolu, un ancien inspecteur général de la police, a déclaré que les *Area Boys* devaient « se trouver quelque chose à faire ou quitter le royaume », selon le quotidien nigérian *This Day*. « C'est ce que tous les rois leur conseillent de faire, note le politologue Abubakar Momoh. C'est pour la galerie. »

Le prince Yomi Oyekan, trente-trois ans, le plus jeune fils du roi défunt, me donna rendez-vous au palais, une résidence somme toute modeste : deux pavillons du XIXe siècle, un bungalow plus récent et une école d'informatique flambant neuve. Jusque dans les années 1960, les hommes qui y pénétraient devaient se mettre torse nu en signe de respect pour un roi aux épaules couvertes. Le prince, l'air distingué dans un costume sombre, me décrivit son père comme un homme préoccupé par le sort de ses sujets les plus pauvres. « Il était du côté du peuple », résuma-t-il.

Sa demi-sœur, la princesse Kofoworola Jinadu Ajibbeda, l'aînée de la famille, m'emmena dans une cour ombragée où séchait le linge. C'est là que les femmes, certaines d'entre elles portant de somptueux boubous, tenaient compagnie à une vieille reine. Elles avaient du mal à respecter une tradition qui niait la mort d'un être cher. « Nous ne voulons pas porter le deuil, mais nous sommes quand même tristes, avouait la princesse. Je pleure. C'est plus fort que moi. Je pleure. » En lui demandant si elle était féministe, elle qui avait déjà habité Londres et s'habillait à l'occidentale, je la fis rigoler. « Je ris parce que je devine quelle sera votre prochaine question », m'expliqua-t-elle. Elle avait deviné juste. Je voulais savoir si une femme pourrait un jour devenir reine de Lagos. Cela ne serait pas en soi renversant, puisque des femmes sont parfois chef, y compris chez les Yorubas. Mais à Lagos ? « Ce serait rompre avec la tradition, me répondit-elle. Cela va prendre du temps avant que ça arrive. Pour être honnête, je n'y pense même pas. »

Chez les Yorubas, on n'est pas roi de père en fils. Le nouveau souverain, Rilwan Akiolu, n'est qu'un parent éloigné du défunt souverain. Comme les quatorze autres candidats à ce poste, il a dû remplir un questionnaire soumis à un comité de sélection composé de six « chefs à bonnet blanc ». Lorsque je me rendis chez le plus vénérable d'entre eux, le chef T. I. Junaid Eko, il portait un boubou (appelé *agbada*) dont la blancheur était encore plus aveuglante que son admirable broderie en fil d'or. Lorsque deux chefs subalternes arrivèrent, l'un d'eux, lui aussi vêtu de blanc, s'allongea sur le sol en signe d'hommage. Face contre terre.

Mon hôte m'expliqua que les candidatures seraient soumises à deux devins chargés de consulter Ifa (littéralement « Messager de Dieu »), qu'on pourrait assimiler à un ange. Leur rôle était de déterminer si l'éventuel règne de chacun des candidats serait prospère ou calamiteux. « Les hommes blancs font appel aux astrologues, dit le chef Junaid Eko. Nous, nous faisons appel à Ifa. » (Je n'ai pas osé lui raconter qu'un ancien premier ministre du Canada, William Lyon Mackenzie King, pourtant bien blanc, avait même déjà consulté, en pleine Seconde Guerre mondiale, les esprits de ses chiens morts.)

Le chef Junaid Eko était en train de me détailler le rôle des devins lorsque j'entendis un premier coup de feu, une déflagration qui ne l'empêcha cependant pas de poursuivre sur sa lancée. Lorsque quatre autres coups de feu retentirent, je me hasardai à l'interrompre. « C'est la police, m'expliqua-t-il, un rien agacé d'avoir été coupé.

Ils tirent pour se frayer un chemin dans la foule. » Je devais avoir l'air inquiet parce qu'il jugea bon de préciser : « Dans les airs. »

C'est peu dire que les policiers ont la détente facile. Un matin, en sortant de l'hôtel, je croisai un membre d'une escouade spéciale. Il rabrouait le conducteur d'un minibus pour avoir fait un arrêt non autorisé – en brandissant un AK-47 ! Des altercations avec la police dégénèrent facilement en fusillades.

>>>

Chez les Yorubas, on procédait jadis à des sacrifices humains lorsqu'un roi « rejoignait ses ancêtres ». Cette pratique cessa en 1861, lorsque le territoire de Lagos devint officiellement une colonie britannique, selon le prince Yomi. Mais des inquiétudes subsistent. Car des meurtres rituels sont commis au Nigeria encore aujourd'hui, et seuls de rares accusés se retrouvent devant les tribunaux. Des assassinats ont même lieu au sein de la communauté nigériane en Europe. Scotland Yard enquête toujours sur la mort d'un garçonnet, jamais identifié, mais dont le torse fut retrouvé dans la Tamise en 2001. La poussière d'or qu'on retrouva dans son estomac et les sévices infligés portèrent les détectives à croire que l'enfant avait été sacrifié dans une cérémonie traditionnelle telle qu'on la pratique à Benin City, dans le sud-ouest du Nigeria. Ils soupçonnèrent même que le meurtre avait été commis par des « passeurs » qui avaient réussi à infiltrer des clandestins nigérians au Royaume-Uni, le but de ce sacrifice humain étant alors de faire une offrande à Osun, dieu des eaux bienfaitrices, ce qui expliquerait pourquoi le corps du garçonnet avait été retrouvé dans le fleuve.

« Ils [la famille royale] ne l'avoueront pas, mais c'est dans nos coutumes », dit le chef O. Adesbanji Adeseko, conservateur en chef au Musée ethnographique de l'université de l'État de Lagos, un traditionaliste qui justifia cette pratique à demi-mot. « Nous ne pouvons pas laisser disparaître nos traditions », ajouta-t-il en me montrant un très vieux tambour fait de peau humaine. D'autres coutumes yorubas sont nettement moins controversées : les traditionalistes vouent un culte aux jumeaux, considérés comme des porte-bonheur vivants. Ce n'est pas le cas partout en Afrique de l'Ouest. Dans le nord du Bénin, les Baribas les voient souvent d'un mauvais œil, et il arrive qu'on les laisse mourir. Les jumeaux, expliquent les anthropologues, sont perçus comme étant moins humains que les autres enfants (puisque seuls les animaux ont des portées multiples). Leur naissance laisserait aussi planer l'idée que la mère a eu plus d'un partenaire sexuel.

Pas besoin d'être devin pour comprendre pourquoi les traditionalistes yorubas s'accrochent à leurs coutumes. On peut penser qu'après une histoire mouvementée – le colonialisme britannique, la lutte indépendantiste, la dictature militaire –, les Yorubas comme les Nigérians en général sont à la recherche de repères. Si au moins le « miracle pétrolier » tant espéré avait eu lieu ! Mais non. Le PNB par habitant est plus faible que lorsqu'on a découvert le pétrole dans les années 1950. Et la démocratie n'avance qu'à petits pas. Le président Obasanjo, réélu en 2003 dans un scrutin entaché d'irrégularités, désigna son successeur, Umaru Yar'Adua, porté au pouvoir par suite d'une farce électorale, en 2007. Les deux scrutins représentaient tout de même un net progrès par rapport au dictateur Sani Abacha, au pouvoir de 1993 à 1998, époque à laquelle les atteintes aux droits de la personne étaient telles que le Nigeria fut exclu du Commonwealth. Abacha était probablement aussi le plus corrompu des anciens « hommes forts » nigérians. Il est accusé d'avoir subtilisé au trésor public l'équivalent de quatre milliards de dollars – en quatre ans et demi !

La corruption reste un fléau. Albert Asaju, un pasteur protestant de Lagos, constate que la magouille s'est imposée à tous les niveaux de la société. « En général, les autorités se demandent : combien d'argent pourrais-je me mettre dans les poches ? Et dans la population en général, on croit qu'on ne peut rien faire sans verser de pots-de-vin. » Si le Nigeria est corrompu, c'est aussi parce qu'il attire des corrupteurs. Ils ne sont pas les seuls à le croire. Une filiale de Halliburton, la société que Dick Cheney dirigeait avant de devenir vice-président des États-Unis, a admis qu'elle avait versé près de deux millions et demi de dollars américains en paiements illicites pour éviter de payer des impôts au fisc nigérian en 2001 et 2002.

\>>>

Pendant mon séjour à Lagos, personne ne critiqua le roi en ma présence, à une exception près, Femi Kuti. Ce chanteur mondialement connu se produit au New Afrika Shrine, une copie de la salle de spectacle historique que fonda son père, Fela, musicien et prisonnier politique mort du sida en 1997. Les concerts du fils, des marathons de quatre heures, attirent des spectateurs qui boivent de la bière à la paille et fument des joints à la pelle. Kuti chante et danse pour la foule, qu'il n'hésite pas à haranguer. Il porte un regard acerbe sur la société nigériane et ses élites. Je me demandais ce que ce chantre de l'identité africaine, lui qui est yoruba, pensait de son roi. « Pourquoi me poses-tu la question ? me demanda-t-il sur le ton de la colère. Le roi n'a rien à voir avec moi ! Il ne représente rien ! Il n'est pas de son époque ! Les rois sont insignifiants depuis le XIXe siècle, et avant cela, ils ont profité de l'esclavage ! » Fin de l'interview.

Kuti n'a pas entièrement tort. Jusqu'au début du XIXe siècle, des rois yorubas vendaient des esclaves aux Européens, qui les embarquaient dans des navires à destination de l'Amérique. En échange, ils obtenaient des tissus, des armes et des cauris (des coquillages de l'océan Indien qui ont longtemps servi de monnaie). Des canons que les Britanniques avaient offerts à la famille royale se trouvent encore devant le palais ; le plus ancien fut coulé en 1804, trois ans avant l'abolition de la traite, qui s'est toutefois poursuivie de façon illicite pendant des décennies. Pour asseoir leur pouvoir, les Anglais s'appuyèrent longtemps sur les souverains yorubas. En 1861, un roi de Lagos, Docemo, signa un traité cédant la ville à la reine Victoria en échange d'une rente annuelle de mille deux cents sacs de cauris.

L'abracadabrante Lagos n'est peut-être pas si différente de tant d'autres mégapoles du Tiers-Monde, et son passé colonial, pas si différent de celui d'autres villes africaines. Mais son roi, malgré les vents de l'histoire, a trouvé une façon unique de survivre et d'affirmer son autorité.

Traumatismes

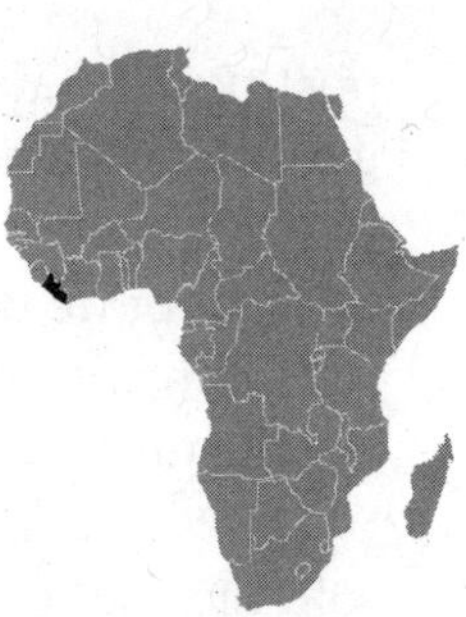

LIBERIA

Dans les camps de réfugiés libériens, des mères tendaient à Paul Arès, à lui le Blanc, le Canadien, leurs enfants affamés. Arès n'était pas médecin, pourtant. Il travaillait pour le Programme alimentaire mondial (PAM) des Nations unies. « Ces enfants-là, je les ai pris dans mes bras, et je les ai remis à quelqu'un d'autre en sachant qu'ils allaient mourir. » Il avait un boulot à faire – distribuer des vivres – et n'était pas porté sur l'introspection. « Si tu t'arrêtes pour pleurer, c'est fini, dit-il. Tu ne peux pas faire ton travail. Il faut mettre ses sentiments de côté. » Il parcourut le Liberia, la Sierra Leone, le Bénin, le Ghana, la Guinée et la Guinée-Bissau. La situation se dégradait un peu partout. Il n'en avait cure. C'était un dur à cuire. Du moins, c'est ce qu'il croyait. Mais arriva un moment où, dit-il, « le volcan finit par exploser ».

C'est ce qui arriva au Liberia, en 1999. Des enfants soldats le prirent alors en otage. C'était la seconde fois, la fois de trop. Ils l'enfermèrent dans un hôpital où des civils s'étaient entassés dans l'espoir d'échapper aux tueurs. Tapie dans l'obscurité, une enfant sanglotait. Sa mère la consola. Et dans le silence qui s'installait enfin se firent alors entendre les pleurs, non plus de la fillette mais de la mère, que personne n'arriva à consoler. Ce jour-là, Arès comprit ce qu'était le désespoir.

De retour à Abidjan, en Côte-d'Ivoire, alors le « siège » des Nations unies en Afrique de l'Ouest, il commença à ressentir d'inexplicables tremblements dans la poitrine. Son médecin diagnostiqua un syndrome de stress post-traumatique. Le malade, lui, mit trois ans à accepter le verdict et à comprendre la nature de la souffrance qui l'habite. « Je ne pourrai jamais partager ce sentiment, un sentiment de désespoir et de culpabilité, cette perte de confiance dans l'être humain qui naît quand on a vu ce qu'une personne peut faire à une autre. »

Arès se soigna. Il essaya de se détendre en jouant au golf. Et son attitude face au travail changea. Muté au siège du PAM, à Rome, il ne s'aventure plus dans les zones de guerre. « Aujourd'hui, dit-il, j'ai peur de me retrouver dans un camp de réfugiés parce que j'aurais peur que les sentiments prennent le dessus. Je ne suis plus sur la ligne de front. Mon corps ne peut plus me le permettre. Je me suis éloigné du bord du précipice. Je ne veux pas y retourner. »

Il y a quelque temps, un subalterne l'a appelé de Bagdad. Au bord de la crise de nerfs, le jeune homme se demandait s'il devait fuir ou s'accrocher. « Il y a quelques années, je lui aurais dit : "Tiens bon !" Je lui ai plutôt dit : "Si tu penses que ta vie est en danger, pars. Sacrifier ta vie, dans les circonstances, n'est pas justifié. Il n'y a pas de famine en Irak." »

Au siège du PAM, à Rome, une plaque indique le nom des employés tués dans l'exercice de leurs fonctions. En arrivant au bureau, le matin, Arès y jette un coup d'œil, comme pour s'assurer que son nom n'y figure pas. Arès n'a pas été tué, mais il est blessé.

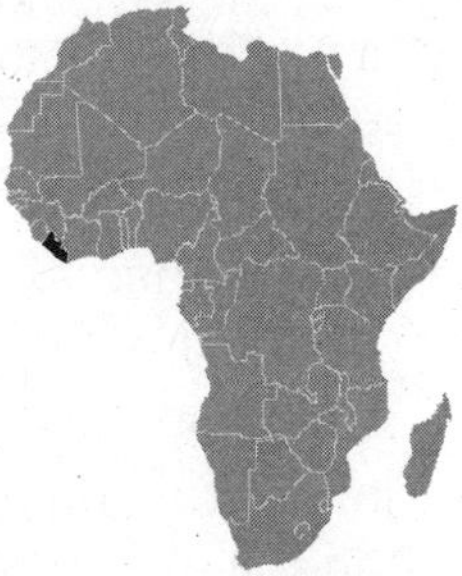

Les urnes de l'espoir

LIBERIA

À Monrovia, la capitale du Liberia, l'ancien palais présidentiel porte l'étrange nom d'Executive Ground (« terrain exécutif »). Maintes fois pillée pendant la guerre civile qui a ravagé ce pays de 1989 à 2003, cette carcasse ouverte aux quatre vents n'a plus rien de palatial, sauf quatre lustres de bronze qui pendouillent du plafond tels des paresseux pétrifiés. Difficile d'imaginer que cette bâtisse, jadis blanche, abrita un jour la présidence d'un pays producteur d'or et de diamants. Aujourd'hui sans électricité et sans eau – si ce n'est des flaques qui se forment sur le ciment du sol à la saison des pluies –, l'Executive Ground est un symbole de l'effondrement du Liberia. Il pourrait aussi être celui de la renaissance qui s'annonce.

Quand je l'ai visité pour la première fois, lors des élections générales de 2005, il faisait office de bureau de vote. Le jour du scrutin, les électeurs le prirent d'assaut presque littéralement. Des centaines d'entre eux firent la queue pendant de longues heures pour participer au premier scrutin véritablement libre de l'histoire de ce pays, indépendant depuis 1847.

Peu d'États portèrent autant l'espoir. À partir de 1822, le Liberia accueillit plus de quinze mille esclaves américains, principalement du Maryland. Leurs anciens maîtres n'avaient plus besoin d'eux. Ces riches cultivateurs s'étaient détournés du tabac, dont la culture exigeait une main-d'œuvre importante, pour semer du blé. Ils commencèrent donc à affranchir leurs esclaves. Certains propriétaires chrétiens à l'article de la mort commencèrent à se faire du souci pour l'accueil qui leur serait réservé dans l'Au-delà : l'esclavage leur serait-il reproché ? Au lieu de léguer leurs esclaves par testament, certains entreprirent de les affranchir. Mais ceux qui rendaient leur liberté aux serviteurs ne voulaient pas forcément que ces Noirs, nés aux États-Unis pour la plupart, y restent. Thomas Jefferson lui-même n'avait-il pas prédit qu'un « bain de sang » résulterait d'un « inévitable » affrontement entre Blancs et Noirs ?

Des ex-captifs s'installèrent au Liberia grâce à une initiative dont le nom disait l'essentiel : Société américaine de colonisation. Les nouveaux arrivants mirent sur pied un État autoritaire qui affronta les populations autochtones, principalement celles qui parlaient des langues Kwa (les Deis, Golas, Bassas, Grebos, Krahns). Les colons, imbus des idéaux de la révolution américaine et des principes du christianisme, combattirent les insoumis, qui furent dépossédés de leurs terres. Ces guerres firent le lit de sanglantes luttes de pouvoir qui se poursuivirent jusqu'au XXe siècle. En 1980, le président William Tolbert, le dernier chef d'État issu de l'oligarchie « américaine », fut exécuté sur l'ordre de Samuel Doe, de l'ethnie des Krahns, qui allait s'emparer du pouvoir. Dix ans plus tard, il allait connaître le même sort.

Lors du scrutin de 2005, toutefois, les électeurs libériens se comportèrent comme s'ils avaient exercé leur droit de vote depuis des générations. Une foule impressionnante tant par son ampleur que par sa discipline s'était répartie en longues queues encerclant l'ex-palais présidentiel. Ce jour-là, la souveraineté qui émane du peuple n'était pas un vain mot mais une réalité tangible. Audible, même. Car le bruit des électeurs à l'intérieur de l'Executive Ground, une ruine qui avait perdu jusqu'à son acoustique, ressemblait à un sourd mais puissant grondement, une colère qui s'exprimait enfin.

J'y fis la connaissance d'une esthéticienne, Matenneh Kanneh. Elle était arrivée au bureau de vote à deux heures du matin – six heures avant l'ouverture ! – pour s'assurer d'avoir une bonne place dans la queue. Après quatorze ans d'une guerre civile qui avait fait deux cent cinquante mille morts, elle n'avait pas l'intention de rater l'occasion d'exercer un droit ailleurs si banal. Je lui demandai pour qui elle allait voter. « Pour le Liberia ! me répondit-elle sans hésiter. Pour la paix ! »

Elle se vit remettre un long bulletin de vote comportant les noms et symboles des vingt-deux candidats à la présidence. Puisqu'il s'agissait aussi d'un scrutin parlementaire, les électeurs devaient également choisir deux sénateurs et un représentant. Les nombreux électeurs qui n'avaient pas réussi à voter avant dix-huit heures, l'heure de fermeture officielle des bureaux de scrutin, furent autorisés à voter jusqu'à tard dans la nuit.

La guerre avait opposé des insurgés à une armée qu'on hésite à dire « régulière » tant elle était composée d'éléments hétéroclites, de bandits et d'enfants. Elle était néanmoins à la botte de Charles Taylor, un seigneur de la guerre qui, déjà au pouvoir, organisa des élections sous la pression de la communauté internationale en 1997. Si ce scrutin avait, au strict plan technique, été libre, la campagne s'était déroulée dans un climat de peur. Les électeurs avaient compris que Taylor se relancerait à la conquête du pouvoir par la voie des armes s'ils l'en délogeaient par la voie des urnes. Il fut réélu haut la main.

Les combats allaient reprendre peu de temps après l'élection. Deux groupes de rebelles allaient s'en prendre à Taylor : le LURD (Liberians United for Reconciliation and Democracy), qui bénéficiait du soutien tacite de la Guinée voisine et des États-Unis, et le MODEL (Movement for Democracy in Liberia). Ce n'est qu'en 2003 que les belligérants signèrent un accord de paix et que Taylor s'enfuit au Nigeria, d'où il serait extradé aux Pays-Bas pour faire face à ses juges.

Le Liberia retrouva alors un semblant de calme, surtout grâce à la présence d'un important contingent de Casques bleus des Nations unies (quinze mille personnes). Dans les rues de la capitale, leurs barrages routiers – des guérites entourées de sacs de sable et de rouleaux de fil rasoir – ne servaient plus à intercepter des rebelles mais à ralentir la circulation. Sur l'un d'eux, on pouvait lire un slogan dont la candeur jurait avec les atrocités que ce pays avait commises : *Peace is sweet.* La paix est douce.

Incendie

LIBERIA

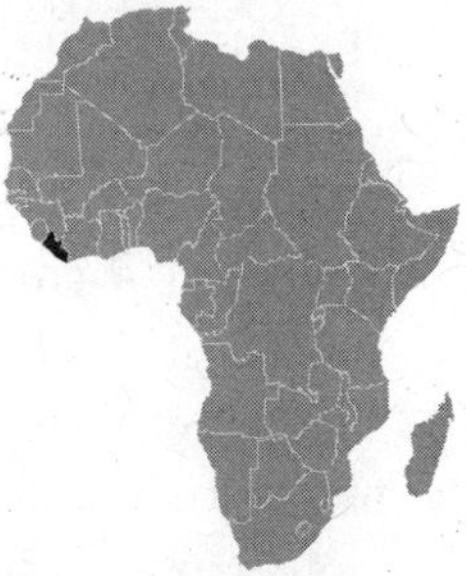

Des nuages de fumée se forment au-dessus de Monrovia. Les étages supérieurs d'un immeuble du centre-ville sont en flammes. Les pilleurs arrivent avant les pompiers, qui n'ont plus de camion depuis plusieurs années. Ces derniers ont emprunté le camion-citerne d'une société privée pour apporter de l'eau. Tant mieux. Dans une ville sans eau courante, inutile de chercher un endroit où raccorder un tuyau. Au final, les flammes sont relativement vite maîtrisées.

Ce n'est pas l'incendie qui devrait étonner, je suppose, mais le fait qu'il y en ait si peu souvent. Presque partout, à Monrovia, des femmes font la cuisine sur des braseros. L'odeur de fumée imprègne la ville. Il faut ajouter les risques liés à une alimentation électrique artisanale. Comme il n'y a pas d'électricité depuis des années, les habitants de la capitale se sont bricolé des raccordements sauvages à des générateurs privés. Les fils électriques sont suspendus au-dessus des rues comme des guirlandes.

Malgré les difficultés, la ville est vivante. Le samedi, les mendiants se donnent rendez-vous dans le centre, au Waterside Market. À l'entrée du marché, de part et d'autre de la rue Randall, de jeunes femmes en fauteuil roulant forment une haie. Des aveugles circulent en petits groupes. Aidés de leurs seules cannes blanches, ils risquent l'accident à tout moment. Il n'y a pas tellement de voitures, mais la circulation est imprévisible, surtout dans les voies à deux sens : comme les automobilistes déboîtent à tout moment pour éviter les nids de poule, ils se retrouvent souvent sur la voie des véhicules venant en sens inverse. Heureusement pour les aveugles, les conducteurs, surtout les chauffeurs de petits taxis jaunes – la seule forme de transport en commun, puisqu'il n'y a pas d'autobus –, roulent avec une main sur le klaxon.

Lorsque j'ai donné quelques dollars libériens à un aveugle, un homme en béquilles m'a rattrapé. Il voulait savoir pourquoi je ne lui avais rien donné, alors qu'il m'avait lui aussi sollicité. Je lui ai dit que je ne pouvais pas donner à tout le monde, mais je me suis empressé d'ajouter que je pouvais lui donner la main, qu'il a eu l'amabilité d'accepter en riant.

Tous les « humanitaires » le disent : les Libériens sont, en règle générale, d'une remarquable aménité. Dans la rue, des gens me photographient avec leur téléphone. Il est vrai que peu d'étrangers se promènent à pied dans le centre de Monrovia. Le personnel des Nations unies circule en 4 × 4, et les Casques bleus, en blindés.

Beaucoup d'étrangers se donnent rendez-vous le dimanche à la plage. Silver Beach se trouve à quelques minutes du centre. Les Libériens, venus en famille, se baignent dans un petit « lagon », où les enfants pataugent dans une eau peu profonde. Les expatriés se tournent plutôt vers le large, où ils ne pourront pas s'aventurer très loin à cause des vagues. L'ambiance est bon enfant. Des garçonnets font s'envoler des cerfs-volants qu'ils ont confectionnés avec des sacs de plastique. Des adolescents se retrouvent sous une paillote éclairée par une lampe arrachée à un lampadaire public. Une odeur de *lion food*, le nom qu'on donne ici au cannabis, flotte dans l'air.

L'école ou la vie

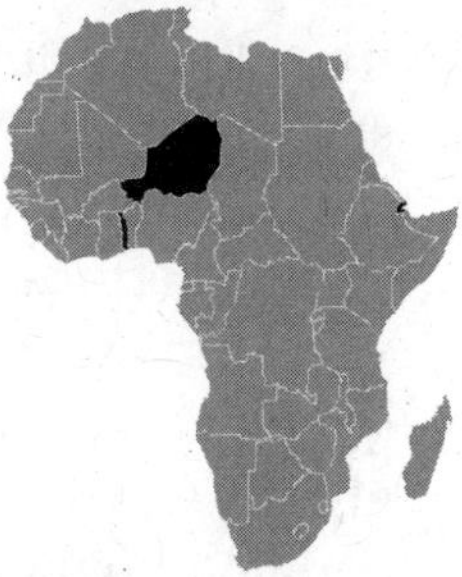

NIGER, TOGO, DJIBOUTI

La Nigérienne Sadatou Boubakar porte un voile noir sur la tête et les épaules. Cela n'empêche pas cette musulmane d'affectionner les tenues aux couleurs voyantes. Elle ne tient pas à passer inaperçue. Surtout pas lorsqu'il s'agit de parler de son boulot : agitatrice (quoique, sur le papier, elle soit haut fonctionnaire au ministère de l'Éducation de Base 1 et de l'Alphabétisation). Sa mission est de batailler pour faire entrer les filles à l'école. Au Niger, elles sont nombreuses à ne pas y aller, et ils sont nombreux à vouloir les en empêcher. Et lorsque Sadatou Boubakar dit de sa voix grave qu'elle va tout expliquer, on comprend qu'elle va tout dire, y compris ce qu'on préférerait ne pas savoir. Car son combat pour l'école est véritablement un combat à la vie, à la mort.

Au Niger, l'un des pays les plus pauvres au monde, l'école reste un privilège. Seul le tiers des enfants y mettent les pieds. Seule la moitié des villages compte une école. Mais cette affaire est beaucoup plus embrouillée qu'il n'y paraît. Car même si le gouvernement dotait tous les hameaux du pays de nouveaux établissements, il est loin d'être certain qu'ils seraient fréquentés par les filles. C'est là où le bât blesse : seul le tiers des écoliers sont des écolières. Pourquoi ? Parce que trop de parents et de religieux se méfient de l'école publique, selon Sadatou Boubakar. « Ce sont deux gros cailloux contre lesquels nous butons », affirme-t-elle.

Des marabouts, c'est-à-dire des enseignants qui exercent dans des écoles coraniques (des établissements privés musulmans), lui ont déjà dit tout le mal qu'ils pensent du secteur public. Ils perçoivent souvent l'école comme un lieu immoral : on entend dire parfois qu'elle serait un lieu de perdition qui « gâterait » les filles. Si elles veulent y aller, prétendent ces adversaires de l'école, c'est uniquement pour s'habiller « comme des petites Blanches » et apprendre à tenir tête à leur mari. Aux religieux, Sadatou Boubakar objecte que l'islam ne met pas d'obstacle à l'éducation des filles. Au contraire. Dans un des *hadiths* (« dits » ou « traditions » attribués au Prophète), Mahomet n'a-t-il pas enjoint les fidèles, donc tous les croyants, y compris les femmes, à rechercher la connaissance « même jusqu'en Chine » ? Pourquoi pas jusqu'en classe ?

Et voilà qu'apparaît le second « gros caillou » : la famille. De nombreuses mères sont réticentes à scolariser leurs filles parce que ces dernières sont utiles à la maison : elles s'occupent des tout-petits, veillent sur les animaux, vont chercher l'eau au puits et pilent le grain. De nombreux pères hésitent aussi à envoyer leurs fillettes à l'école. Entre autres parce qu'elle n'est gratuite qu'en théorie. Les parents doivent régler des frais de scolarité, acheter des manuels et des fournitures scolaires. Dans un pays où les deux tiers de la population vivent sous le seuil de l'extrême pauvreté (c'est-à-dire avec moins d'un dollar américain par jour), l'exercice n'est pas toujours évident. « Les pères se disent : tant qu'à "l'habiller", aussi bien la marier », déplore Sadatou Boubakar.

Plus la mariée est jeune, plus la dot est importante. Dans le nord, chez les nomades touaregs, la coutume veut que l'époux offre deux chamelles à sa belle-famille. Dans le sud, où vit la majorité de la population, il n'est pas rare de donner une vache, coutume très répandue en Afrique. Depuis quelques années, on paie aussi une partie de la dot en liquide. Dans la région de Tilabéry, dans l'ouest, la famille d'une adolescente de treize ans a déjà reçu cent cinquante mille francs CFA, l'équivalent de plusieurs mois de salaire d'un travailleur agricole.

En règle générale, les parents marient leurs filles à quinze ans, l'âge minimum fixé par la loi. Mais il n'est pas rare qu'ils les incitent à prendre un époux avant la puberté, parfois même à neuf ans. Dans le passé, un homme qui épousait une si jeune enfant attendait des années avant de consommer le mariage. Ce n'est plus le cas aujourd'hui. Les conséquences sur la santé des jeunes mariées sont très graves, selon Maïga Amsou Amadou, une ex-sage-femme qui préside le Coniprat (Comité nigérien sur les pratiques traditionnelles).

>>>

Maïga Amsou Amadou sait comment s'y prendre pour capter l'attention de son auditoire. Elle sort un couteau et demande si quelqu'un voudrait bien se couper un bout de doigt. « Il n'y a jamais eu de volontaire », précise-t-elle. Mais elle ne rigole pas. Cette femme, sérieuse dans un boubou digne d'une reine, craint que l'humour ne réduise la portée de son message : il faut cesser de mutiler au nom de coutumes aux origines mystérieuses. « On voit trop souvent, déplore-t-elle, des enfants bien vaccinés qui succombent par suite de pratiques traditionnelles. » Et elles sont multiples. Pour combattre la diarrhée chez un enfant, on lui coupera la luette, souvent avec un canif, provoquant des hémorragies et des infections. Pour montrer que la récolte a été bonne et exhiber sa réussite, un père fera gaver ses enfants. (Pour accélérer la digestion, on leur donne des herbes laxatives tellement fortes qu'elles risquent de provoquer une péritonite, une inflammation de la paroi intérieure de l'estomac.)

Je ne peux m'empêcher de penser que ces gens aggravent leurs conditions de vie, déjà difficiles. Mais ces coutumes sont-elles plus néfastes que des « pratiques traditionnelles » qui ont cours dans les pays riches comme, choisissons au hasard, la consommation de tabac ? Ces mauvaises habitudes ne sont-elles pas liées, en Afrique comme ailleurs, à la pauvreté ?

Je me souviens qu'enfant, à Montréal, j'avais été terrifié par l'idée que mes parents m'enverraient chez le dentiste tôt ou tard, probablement à l'adolescence, pour me faire enlever toutes les dents. Je sortirais de son cabinet avec un « cadeau » dont je ne voulais pas : un dentier. Ce rite de passage, encore courant au Québec au début des années 1960, dans les milieux défavorisés, pouvait souligner un anniversaire important (seize, dix-huit ou vingt et un ans). C'était aussi, du moins chez les jeunes filles, une façon de faire savoir à leurs prétendants qu'ils n'auraient pas besoin de se mettre en frais pour l'envoyer chez le dentiste. Cette coutume, qui a survécu dans les campagnes jusqu'au début des années 1970, a disparu lorsque les Québécois se sont enrichis, que le féminisme s'est affirmé – les femmes ne cherchent plus à séduire en faisant valoir qu'elles ne coûteront pas cher à leur futur mari – et que l'État a mis sur pied un système de santé qui insiste sur la prévention (une bonne hygiène buccale est encore la meilleure façon d'éviter les prothèses dentaires). Autrement dit, les individus ont progressé au même rythme que la collectivité. Pourquoi en irait-il autrement en Afrique ?

Toutes les pratiques traditionnelles africaines ne sont pas mauvaises en elles-mêmes. Loin s'en faut. Il est d'usage que les femmes portent leur bébé dans le dos, ce qui, de l'avis des spécialistes, est bénéfique pour l'enfant, notamment en matière de sécurité affective. La coutume veut aussi que la femme soit mise en « quarantaine » après un accouchement, une période (traditionnellement de quarante jours) qui lui permet de se reposer et de se consacrer au nouveau-né et à elle-même. « C'est vraiment la belle vie », dit Maïga Amsou Amadou. Mais lorsqu'il s'agit d'aborder le mariage précoce, une autre pratique traditionnelle, son regard se voile. « Parfois, les mariées sont tellement jeunes que les rapports sexuels sont impossibles, et on appelle le "barbier" pour couper. » C'est à lui qu'on fait appel, à lui et aux exciseuses, lorsqu'il est question de mutilations génitales, que les fillettes subissent avant l'âge de douze ans. Depuis 2003, le code pénal prévoit amendes et peines de prison pour les « barbiers » et les exciseuses. Pourtant, ces pratiques se poursuivent, entre autres parce que les parents, y compris des mères elles-mêmes excisées, pensent que leurs filles seront par conséquent moins portées à rechercher le plaisir sexuel. On aurait tort, toutefois, de croire que seule la tradition est en cause. « Les exciseuses nous disent : "On est prêtes à arrêter, mais de quoi on va vivre ?" » rapporte Maïga Amsou Amadou. En clair : on mutile parce que ça rapporte.

Les mariages précoces et les mutilations génitales rendent l'accouchement plus difficile, ce qu'aggrave l'absence de soins. À tel point qu'un nombre important de femmes meurent en couche. Dans certaines régions du sud du Niger, les femmes vivent quasiment cloîtrées, ne sortant même pas pour le moindre examen prénatal. Pas étonnant, finalement, que le taux de mortalité maternelle au Niger soit l'un des plus élevé au monde, tout comme le taux de mortalité des nouveau-nés.

Bien entendu, ce n'est qu'à la puberté que ces très jeunes mariées tombent enceintes. Au moment d'accoucher, le travail peut durer des journées entières. Chez les Haoussas, principale ethnie au Niger, la parturiente souffre en silence parce que crier pendant l'enfantement est considéré comme répréhensible. En réalité, son supplice est souvent inutile parce que le bassin des toutes jeunes mamans n'est pas assez formé pour laisser passer un bébé de neuf mois, d'autant plus qu'elles accusent elles-mêmes des retards de croissance dus à la malnutrition. Comme elles accouchent à la maison, une césarienne est hors de question. Résultat : la pression du crâne du bébé finit par « abîmer » la paroi entre le vagin et la vessie (ou, plus rarement, celle qui sépare le vagin du rectum). L'enfant meurt, et la mère, si elle lui survit, connaîtra une complication effroyable, la fistule obstétricale, qui laisse passer l'urine de la vessie au vagin. Comme les victimes boivent de moins en moins de liquide dans l'espoir (irréaliste) de cesser d'uriner, ces écoulements involontaires deviennent de plus en plus concentrés et donc de plus en plus nauséabonds. Avant d'arrêter de lire, retenez que cette complication est loin d'être rare. Selon l'Organisation mondiale de la santé, on trouverait au moins deux millions de fistuleuses au monde, principalement en Afrique. Et comme ce chiffre se fonde sur le nombre de femmes qui ont consulté un médecin, leur nombre véritable est probablement plus élevé. Notez aussi que cette fistule est « exceptionnellement fréquente » au Niger, selon une enquête du Fonds des Nations unies pour la population.

Les victimes essaient de se cacher le plus longtemps possible parce que le problème n'est pas encore connu du grand public, ni au Niger ni à l'étranger. Pourtant bien connu des spécialistes, ce problème effraie. La tentation de fermer les yeux est grande : personne ne veut voir ces nouvelles lépreuses. La fistule rend les femmes, pour ainsi dire, invisibles. Délaissées par leur mari, ostracisées par leurs proches, qui soupçonnent une maladie sexuellement transmissible, les victimes sont souvent abandonnées, chez leurs parents ou à l'hôpital, où elles attendront une opération qui ne viendra pas toujours. À l'Hôpital national de Niamey, en plein cœur de la capitale, certaines fistuleuses, tenues à l'écart par les autres patientes qui les considèrent comme des malpropres, attendent d'être opérées pendant des années.

Ce problème n'est pas celui de la seule Afrique. À la fin du XIXe siècle, on trouvait encore des cas de fistule en Europe et en Amérique du Nord. C'est même un médecin canadien, le Dr William Beaumont, qui a inventé en 1836 un instrument pour réparer les fistules: les distances étaient grandes, les moyens de transport encore peu développés, et les Canadiennes n'habitaient pas toujours près d'un « hôtel-Dieu » où les médecins pouvaient faire des césariennes. Les cas de fistule étaient alors relativement nombreux. De nos jours, toutefois, il n'y a pratiquement plus de fistuleuses dans les pays développés (à l'exception des cas résultant de la chirurgie ou de la radiothérapie). La fistule est donc synonyme, comme autrefois, d'absence de soins.

Une association nigérienne qui porte le nom de Dimol (un mot qui signifie « dignité » ou « naissance », en peul, une des langues du Niger) cherche à obtenir leur « prise en charge médicale », c'est-à-dire qu'elles soient opérées. Mais beaucoup reste à faire. Dimol estime qu'il y aurait, pour le seul Niger, de mille cinq cents à deux mille nouveaux cas par an… Quelques chanceuses seront opérées par un gynécologue néerlandais, le Dr Kees Waaldijk, un spécialiste qui sillonne la région, où il « répare » mille cinq cents fistules par an, une intervention délicate qu'il expédie désormais en vingt minutes à peine. Il anime aussi des ateliers de formation pour les chirurgiens africains qui ne maîtrisent pas cette technique opératoire. Reste que le véritable défi, bien entendu, n'est pas de soigner mais de prévenir. Car le mariage précoce n'est pas une pratique inéluctable, ni même, comme on pourrait le croire, ancestrale.

Dans le nord du Niger, dans un village appelé Tchimoumounène, j'ai rencontré le chef d'un campement touareg, Amadou Haibaila, un homme de soixante-dix ans, qui m'a confié que sa femme avait trente ans révolus lorsqu'il l'a épousée. Aujourd'hui, a-t-il ajouté, la plupart des filles de son campement nomade sont mariées à douze ou treize ans. Comment l'expliquer? « Il y a quarante ans, nous étions moins pauvres, m'a-t-il répondu en tamachek, la langue des Touaregs du Niger. La sécheresse n'avait pas décimé les troupeaux. » Le mariage précoce permet aux parents de se débarrasser d'une bouche à nourrir.

Les chefs coutumiers, très écoutés de la population, se sont lancés dans la bataille. « Il faut convaincre le père des inconvénients du mariage précoce, estime Amirou Garba Sidikou, un ancien journaliste devenu secrétaire général de l'Association des chefs traditionnels du Niger. On commence par leur expliquer ce qu'est une fistule. Après, on leur dit qu'il y a des femmes qui vivront pendant dix ou vingt ans à l'hôpital à cause de cela. Ça les fait réfléchir. » Et lorsqu'ils y réfléchissent un peu, l'école revient vite sur le tapis.

>>>

Le sultan de l'Aïr, Ibrahim Oumarou, est l'un des chefs les plus respectés du Niger, et sa ville, Agadez, l'une des plus envoûtantes du Sahel. Avec sa mosquée du XVe siècle en banco, on se croit transporté à l'époque où les caravanes de chameaux étaient la seule façon de franchir le désert. De nos jours, des camions surchargés de passagers le traversent à partir d'Agadez, le point de départ des « exodants », comme les appellent les Nigériens, c'est-à-dire les Africains de l'Ouest qui traversent le Sahara pour se rendre en Libye ou en Tunisie dans l'espoir de gagner l'Europe. Le voyage est dangereux. Les passeurs sont plus ou moins scrupuleux, et un nombre indéterminé de passagers périssent chaque année dans ce périple.

Le sultan, conformément à la tradition, porte un lourd turban. Un voile noir lui couvre la bouche. Malgré ce qu'on pourrait croire, il est un ardent promoteur de l'éducation des filles et un adversaire du mariage précoce. Lorsque j'ai abordé le sujet, au palais d'Agadez, où était réunie sa cour, le sultan n'a pas hésité à donner sa famille en exemple. Ses cinquante-quatre frères et sœurs, demi-frères et demi-sœurs étaient tous allés à l'école! Au primaire, dans les années 1940, le futur sultan avait même eu droit à la toute première institutrice d'Agadez. « Personne ne savait à l'époque qu'une femme pouvait être enseignante! » a-t-il fait remarquer.

Aujourd'hui, on le sait très bien. C'est d'ailleurs ce que certains hommes redoutent. Pour quelle autre raison les maris forceraient-ils leurs jeunes épouses à quitter l'école? « Nos hommes sont égoïstes, estime Sadatou Boubakar. Ils n'aiment pas que les filles soient indépendantes parce qu'elles échapperaient à leur autorité. » Pourtant, les mentalités évoluent. Même chez les religieux, où l'on commence à défendre la scolarisation des filles. Mohammed Mounirou Bin Salifou, imam à Al-Hidaya, une mosquée de Maradi, et père de quinze enfants, explique aux fidèles l'importance de l'éducation. Pour lui, les enfants doivent désormais aller à *deux* écoles. C'est même la raison pour laquelle il a refusé d'autoriser ses filles, pourtant demandées en mariage dès neuf ans, à prendre trop rapidement un époux. « Avant quinze ans, souligne-t-il, il est impossible d'avoir un bon niveau d'études. »

Tous les religieux ne sont pas aussi attachés à l'éducation. En milieu rural, quelques marabouts dirigent de petites écoles coraniques aux pratiques contestables. Comme c'est le cas ailleurs en Afrique de l'Ouest, les élèves sont parfois contraints de mendier pour recueillir « l'argent du mercredi », qui sert normalement à rétribuer l'enseignant pour ses services. Dans les faits, toutefois, les « enfants talibé », comme on les appelle, sont parfois exploités par des marabouts peu honnêtes.

Pour convaincre ses adversaires les plus réfractaires à l'éducation des filles, Sadatou Boubakar se donne en exemple. Dans sa famille, c'est elle, la seule femme de la fratrie, qui subvient aux besoins de ses vieux parents, une préoccupation importante dans un pays où l'État est réduit à sa plus simple expression. « Les gens, dit-elle, voient bien que, quand une femme est nantie, sa famille en profite beaucoup plus. » Un homme qui réussit doit s'occuper en priorité de ses femmes (jusqu'à quatre) et de ses enfants. C'est donc tout l'entourage de Sadatou Boubakar qui profite de sa réussite, qui a commencé par une simple réussite scolaire.

Sadatou Boubakar habite à la périphérie de Niamey et conduit chaque matin, en allant au travail, une de ses jeunes voisines à l'école. Si elle n'avait pas sa voiture de fonction pour l'y emmener, elle sait que cette jeune fille aurait déjà laissé tomber. « Ma mission n'aurait plus de sens si une fille devait abandonner l'école alors que j'ai les moyens de lui permettre d'y aller. » Pour Sadatou Boubakar, comme pour le Niger en général, l'éducation des filles est un défi. « Il faut que nous, les femmes, nous nous y mettions », insiste-t-elle. Et quand elle ajoute « je vais continuer à me battre », on veut la croire, on veut la croire vraiment.

>>>

Le manque de popularité de l'école tient aussi au fait que l'enseignement est dispensé dans la langue officielle du Niger, le français. Les pédagogues estiment pourtant que les enfants réussiraient mieux s'ils pouvaient apprendre à lire et à écrire dans leur langue. Le gouvernement a adopté en 1998 une loi qui appelle à généraliser l'enseignement dans les huit langues dites « nationales ». Mais en 2003, à peine un pour cent des écoles étaient bilingues. Dans ce domaine, tout reste à faire. La question de la formation des maîtres, pour qui aucune langue nationale n'a jamais été un outil de travail, reste sans réponse. Il n'y a pratiquement pas de matériel didactique dans les langues du Niger. En fait, il n'y a pratiquement pas de livres du tout. Les élites sont francophones et souvent réfractaires aux publications en langues nationales, qu'elles jugent incompatibles avec leur statut.

Une fois inscrits, les élèves désertent facilement l'école nigérienne. Pour toutes sortes de raisons contre lesquelles le ministère de l'Éducation de Base 1 et de l'Alphabétisation est impuissant. Première raison: la faim. Des jeunes qui ont l'estomac dans les talons prennent vite la clef des champs, à plus forte raison si l'école est loin de la maison, comme c'est souvent le cas en milieu rural. En classe, les répercussions de la faim sont évidentes. Les instituteurs rapportent que les notes des élèves baissent pendant la « soudure », la période qui précède la récolte, lorsque les greniers à grain se vident, que les estomacs se creusent et que les écoliers sont moins attentifs.

L'école semble mal adaptée aux besoins des petits Nigériens. Que le programme soit le même pour tout le monde, que l'école se trouve dans un campement nomade ou dans un quartier de la capitale, soit! Mais les horaires désavantagent les enfants qui travaillent aux champs. Ces fils de paysans sont au boulot le matin, lorsqu'il fait moins chaud, alors que leurs camarades sont déjà en classe.

Toutes ces raisons incitent donc les parents à garder leurs enfants à la maison, d'autant plus que, pour des agriculteurs, l'école – même publique et théoriquement gratuite – coûte cher. On entend la même plainte partout en Afrique, y compris en Afrique du Nord, pourtant considérée comme choyée. Dans la campagne marocaine, j'ai déjà rencontré un cultivateur qui avait calculé que la scolarisation de ses quatre enfants, depuis la première jusqu'à la sixième année du primaire, lui coûterait l'équivalent d'une tonne et demie de blé!

Si au moins l'école était utile.

>>>

À l'orée d'une plantation de teck, l'école de Nassibick, un village de huit cents habitants à cent dix kilomètres à l'ouest de Kara, principale ville du nord du Togo, est presque neuve : un toit en tôle ondulée, non pas en chaume, des murs en latérite, non pas en banco. C'est du solide ! Mais la scolarisation de ses soixante-dix élèves est beaucoup plus précaire.

Depuis le début des années 2000, le nombre d'écoliers est à la baisse, non pas parce qu'il y a moins d'enfants, mais parce que les parents sont de plus en plus réticents à les envoyer en classe. Ce phénomène frappe toute la préfecture de Dankpen, où seul un enfant d'âge scolaire sur quatre va à l'école.

Les parents reprochent parfois à l'école d'être inutile. Le chef de Nassibick, Mproube Tinanda, a envoyé quatre de ses huit filles à l'école. « Cela n'a pas marché pour elles : l'une d'elles n'arrive même pas à compter jusqu'à dix ! » dit-il en konkonba, la langue locale. Au Togo et dans l'Afrique francophone en général, on considère trop souvent que la réussite scolaire se résume à deux choses : parler français et décrocher un emploi dans la fonction publique. Apprendre une langue, même officielle, n'est jamais facile lorsqu'on n'a aucune occasion de la parler. C'est pourtant ce que le système scolaire demande aux petits Togolais qui vivent en milieu rural. Et l'époque où les diplômés trouvaient systématiquement un poste dans l'administration est révolue.

De nombreux parents envoient leurs petits en classe à la rentrée mais les retirent à la fin de novembre, pour la récolte des haricots et du *fonio* (le « petit mil »). Dans cette région où on cultive aussi le coton, l'arachide et le sorgho, on a besoin de bras, même de bras d'enfants, pour la moisson. C'est elle qui permettra de payer l'« écolage », c'est-à-dire les frais d'inscription.

Les élèves eux-mêmes se demandent à quoi peut bien servir l'école. Cette perception est parfois renforcée par les jeunes gens qui, sans avoir terminé leurs études secondaires, rentrent au village pour servir d'adjoint ou d'interprète au chef. Dans l'espoir de conserver leur propre influence, ils découragent les autres de faire des études. Pire, ils propagent l'idée que les fillettes qui s'instruisent sont rétives à toute autorité. « Les gens du village n'aiment pas scolariser les filles, explique l'un des deux enseignants de Nassibick, Abassah Koffi. Ils préfèrent donner les filles en mariage. »

Lorsqu'elles parviennent au collège, au début de l'adolescence, les jeunes Togolaises risquent aussi d'être « échangées ». Cette pratique consiste, pour un jeune homme, à offrir sa sœur à la famille de sa fiancée, sa future belle-famille, qui se chargera de lui trouver un mari. « La fille est un bien estimable, une importante source de revenu, explique Akele Tchamouza, un inspecteur du ministère de l'Éducation. Quand les parents la marient, ils obtiennent des bénéfices immédiats : un bœuf, des moutons, des chèvres, et une somme en espèces. Ce n'est pas le cas quand une fille va à l'école. »

>>>

Contrairement à ce qui se passe dans les pays riches, les filles réussissent moins bien que les garçons à l'école. C'est surtout parce qu'elles doivent travailler à la maison. C'est ce que j'ai vu à Ardo, une bourgade à deux cents kilomètres à l'ouest de Djibouti, où l'on confie aux jeunes paysannes des tâches que je ne qualifierais pas de « ménagères ». À Ardo, « faire du bois » est franchement pénible, puisque la déforestation oblige les jeunes filles à aller chercher le bois de chauffage de plus en plus loin. L'après-midi, à partir de treize heures, lorsque le soleil est à son zénith, elles gravissent des sommets escarpés pour atteindre la vallée voisine, encore boisée, d'où elles ne rentreront que sept heures plus tard ! Quant à l'eau, il ne leur suffit plus d'aller au puits du village, il leur faut y descendre carrément, car seul un filet d'eau coule tout au fond. Et pas question de compter sur l'aide des garçons : c'est le boulot des filles !

>>>

C'est un paradoxe de l'Afrique : les femmes font tous les travaux, même les plus exigeants, mais n'occupent pas les postes considérés comme prestigieux. Peu de femmes peuvent donc servir de modèles aux écolières. Au Togo, par exemple, cette absence est criante dans la région des Savanes, où les femmes n'ont même pas réussi à percer dans… l'enseignement ! Sur les deux cent soixante et onze instituteurs de la préfecture de Kpendjal, on ne trouvait que onze femmes, soit quatre pour cent des effectifs. « En règle générale, les femmes ne veulent pas travailler dans une région autre que la leur, explique Katanga Poro Tchakpala, de la direction régionale de l'éducation. Et comme peu de filles vont à l'école dans cette préfecture… »

Mais même là, dans le paisible bourg d'Ogaro, où seul le piaillement des pintades perturbe le calme ambiant, les choses commencent à bouger. Budandja Afia, cultivatrice et mère de sept enfants, n'a pas hésité à envoyer ses trois filles en classe. « Même si ça coûte cher, dit-elle, on peut se débrouiller. » Il est vrai qu'elle sait lire et écrire. « Je suis allée à l'école de la mission catholique, se souvient-elle. On était nombreuses. Toutes les filles allaient à l'école, et c'était moins cher qu'aujourd'hui. » Pour elle, pas question de rester les bras croisés. Un vent de changement, un sentiment de désapprobation face à ceux qui gardent leurs filles à la maison, souffle déjà dans la savane. Après la saison des pluies, l'harmattan finit toujours par se lever sur le Sahel.

Théâtre

BURKINA FASO

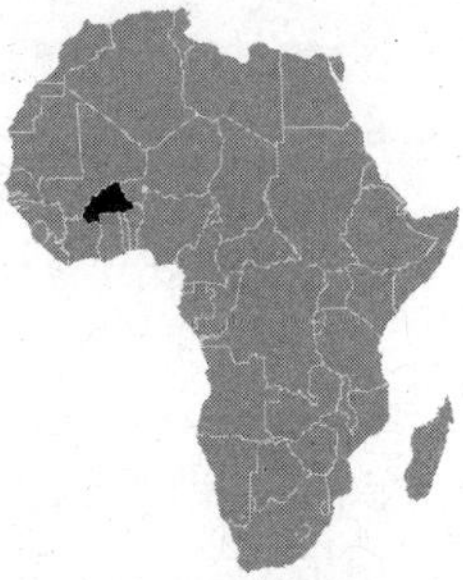

Le public attend sagement devant le Carrefour international du théâtre de Ouagadougou, bien que la capitale du Burkina Faso soit plongée dans le noir. En cette nuit sans lune, on réussit à peine à distinguer la silhouette de l'imposant stade municipal, pourtant juste en face. Tout le monde craint que la panne de courant n'entraîne l'annulation de la représentation de ce soir. Lorsque l'électricité finit par revenir, les caissiers retrouvent le sourire : ils n'auront pas besoin de rembourser.

Un ouvreur fait sonner une cloche pour inviter les spectateurs à prendre place. Ils grimpent dans les gradins, où sont alignés des fauteuils de jardin en plastique. C'est une salle à ciel ouvert, ce soir étoilé. Sur la scène, le décor se résume à un arbre de Noël stylisé. (Il serait d'ailleurs difficile d'en trouver un vrai, puisqu'il n'y a pas de conifères au Burkina Faso.) La pièce de ce soir raconte l'histoire d'une ménagère burkinabé, Nora, dont le mari occupe un poste important dans une banque. Il vient d'avoir une promotion, et l'heure est à la fête, d'autant plus que ce sera bientôt Noël. Nora donne l'impression d'être comblée et insouciante. Elle se gave de cacahuètes sucrées et danse en pensant au bal masqué où elle brillera dans son costume. Nora elle-même est, comme toujours, ravissante. Son pagne bleu, qu'on dirait de satin, lui a sûrement coûté cher, sa perruque aussi. Une bonne s'occupe de ses trois enfants, que leur mère s'apprête à couvrir de cadeaux.

Lorsque de vieux amis se rappellent à son bon souvenir, sa vie bascule. L'un d'eux, apprend-elle, souffre d'une

« maladie très grave », dont il n'ose dire le nom. Dans la salle, tout le monde pense au sida. Nora est bouleversée. Un autre visiteur, depuis longtemps perdu de vue, lui rappelle qu'il lui a déjà prêté de l'argent lorsqu'elle était dans le besoin. Il lui annonce qu'il le criera sur tous les toits si elle ne lui rend pas un petit service... Nora se sent coincée. Elle devrait s'en ouvrir à son mari, mais elle redoute que cet homme à la réputation sans tache apprenne qu'elle a un jour contracté des dettes. Comment une femme burkinabé peut-elle avoir eu l'audace de prendre une telle initiative sans l'autorisation de son mari ou de son père ? Nora se dit qu'elle avait pourtant une bonne raison de le faire : cet argent lui a permis d'« évacuer » son mari malade. Dans la salle, on imagine qu'elle l'a fait hospitaliser à l'étranger, en Côte-d'Ivoire, ou peut-être même en Europe, dépense faramineuse.

Nora a fait croire à son mari que des économies lui avaient permis de payer la note. Elle lui a menti mais estime que c'était pour une bonne raison. En proie au désarroi, elle entretient des idées noires. Sur un écran est projetée une vidéo où Nora, portant un masque africain, exécute une danse agitée. Dans la salle, tout le monde devine qu'un esprit, peut-être même l'esprit d'un ancêtre, la tourmente.

Elle décide de tout raconter à son mari. Ce dernier est consterné. Il rage contre l'« incapacité féminine », lui rappelle qu'elle est sa « propriété » et qu'elle a des « devoirs » envers lui. Nora se rebelle : « Et mes devoirs envers moi-même ? » Dans un élan, elle lui explique que « des centaines de milliers de femmes sacrifient leur honneur pour ceux qu'elles aiment ». Mais c'est fini. Elle en a assez. Elle doit le quitter. Elle arrache sa perruque et sort de scène. Nora réapparaît, non pas sur scène, mais dans une vidéo projetée sur l'écran. Elle s'enfonce dans le marché de Ouagadougou, où elle se fond, désormais pauvre mais libre, dans la foule des marchandes...

>>>

Au Burkina Faso, la pièce s'intitule *Le Prodige de Nora*. À l'étranger, on l'appelle plutôt *La Maison de poupée*. Ce classique de Henrik Ibsen, un appel à l'émancipation des femmes, a accompagné la naissance du mouvement féministe en Norvège à la fin du XIXe siècle. Au Burkina Faso, cette pièce de théâtre, telle que mise en scène par Dani Kouyate, n'a rien perdu de son côté subversif.

La vie avec le virus

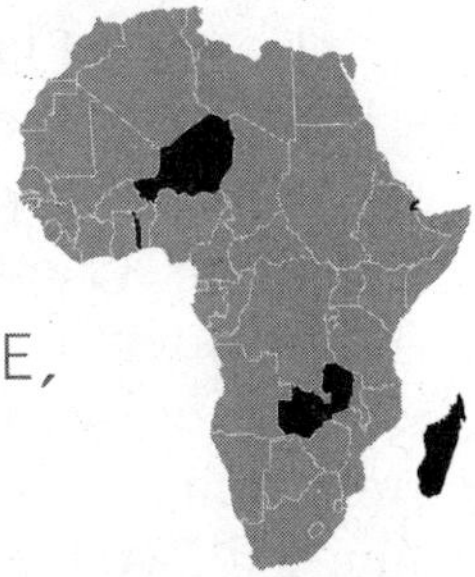

TOGO, DJIBOUTI, NIGER, ZAMBIE, MADAGASCAR

Pantalon ample, chemise aux couleurs vives, démarche décontractée : Kossi ressemble à tant d'autres lycéens de Lomé, la capitale du Togo. Ce qu'il était jusqu'au jour où il a été renvoyé de son établissement parce que sa mère, malade du sida, ne pouvait plus payer ses frais de scolarité. Lorsqu'elle est morte, Kossi a rejoint les rangs des dizaines de milliers d'enfants togolais qu'on appelle les « orphelins du sida ».

Kossi, alors âgé de seize ans, en a été bouleversé. Ses proches, au lieu de le consoler, l'ont rejeté. « Mes amis ne veulent plus qu'on mange ensemble, m'explique-t-il. Pour manger, maintenant, on me donne un plat différent. » Il a beau leur expliquer qu'il n'a pas contracté la maladie et que, de toute façon, elle ne se propage pas comme ça… Rien à faire. « Au début, mes oncles et mes tantes n'osaient même plus s'approcher de moi », dit-il. Il est vrai que son père a, lui aussi, déjà été emporté par le VIH.

Officiellement, six pour cent de la population adulte, soit cent trente mille Togolais, dont une majorité de femmes, vivent avec le VIH. Le taux de séroprévalence pourrait être encore plus élevé chez les jeunes. Une enquête réalisée auprès de militaires a montré que quatorze pour cent d'entre eux étaient séropositifs. Ils avaient de seize à vingt-cinq ans, et on sait que ce sont des hommes de cet âge qui sont le plus susceptibles d'avoir des enfants, des enfants qui risquent de se retrouver à la rue par suite de la maladie de leur père.

Le rejet et la méfiance sont le lot des « orphelins du sida », selon une étude de la Banque mondiale. Le virus, relèvent les auteurs, accentue les problèmes habituellement liés à l'enfance en difficulté : les orphelins abandonneraient l'école avant les autres et auraient plus de difficulté à se trouver une famille d'accueil. D'autres recherches, effectuées pour l'ONG Care Togo, soulignent que le VIH contribuerait à l'effritement des valeurs sociales et communautaires dans lesquelles baignaient ces jeunes gens.

La famille de Kossi s'est vite disloquée. Sa sœur aînée s'est mariée et a quitté la capitale. Une tante a recueilli ses deux plus jeunes sœurs, mais pas lui. « Ma tante a été franche, me confie Kossi. Elle m'a dit qu'elle n'avait pas d'argent. » Il ne la voit plus. Il loge désormais chez des oncles à lui, du côté paternel. Il a un temps caressé l'espoir de vendre le terrain que son père avait laissé à sa famille, du moins la partie qui lui revenait. Mais sa « marâtre », la seconde épouse de son père, l'a fait avant lui, et ce sont ses enfants à elle qui en ont bénéficié.

Comme tant d'autres orphelins, Kossi a d'abord cherché à s'isoler, à fuir toute compagnie. Traînant dans les rares galeries d'art et bibliothèques publiques de Lomé, il s'est réfugié dans un monde qui le passionne, celui de la peinture et de la bande dessinée. Avec des produits bon marché, il a fabriqué ses propres coloris et a commencé à peindre sur tout ce qui lui tombait sous la main. Il a réalisé une vingtaine de toiles, qu'il a essayé de vendre en faisant du porte à porte. Il était prêt à les brader mais n'est jamais parvenu à les écouler. « Ici, constate-t-il, les gens n'achètent pas ce genre de choses. » La peinture lui a néanmoins permis de sortir de sa coquille et de comprendre que sa période de deuil tirait à sa fin. « Avant, mes tableaux étaient pleins de tristesse, d'amertume, et les couleurs étaient tristes et mornes. Aujourd'hui, j'essaie d'exprimer l'espoir, le courage, la vie. »

Quand on lui demande ce que signifie « être un orphelin du sida », Kossi n'hésite pas à répondre : « Manque d'amour, discrimination, manque de logement, errance, manque de soutien éducatif… » Il est vrai que Kossi a eu l'occasion de réfléchir à la question depuis qu'on lui a demandé de participer à un atelier sur le sujet. Il a raconté alors à un auditoire l'histoire d'« une dame très malade, gravement malade », sa mère. La salle était en larmes. Kossi a même présidé une séance de travail sur les besoins des orphelins, ce dont il tire encore aujourd'hui une fierté certaine. C'est à l'issue de cet atelier que Kossi a accepté de parler, pour la première fois publiquement, de sa situation. Y compris à la radio et à la télévision. Sa période d'isolement était bel et bien terminée.

Selon Kossi, le virus qui a tué ses parents et tant d'autres ne devrait pourtant pas être un sujet tabou. Surtout pas chez les enfants des victimes. « Ils ne devraient pas garder le silence, estime-t-il, même s'ils ont contracté la maladie. Au contraire, il faut le dire, le dire et le dire pour enlever toute sa force au sida. C'est une maladie comme les autres. C'est seulement en le répétant que cela deviendra une réalité. »

Kossi estime que cette épreuve l'a rapproché du « Dieu des orphelins ». Il continue de fréquenter les bibliothèques, moins pour s'isoler que pour parcourir des livres dont il observe attentivement les images. Récemment, il est tombé sur *Le Petit Prince*, de Saint-Exupéry. Il a aimé mais a trouvé que les illustrations manquaient de réalisme.

>>>

C'est samedi soir, la lune est pleine et les terrasses aussi. Autour de la gare routière de Tamatave, ville portuaire de l'est de Madagascar, le vacarme des taxis-brousse a enfin cessé. Perchés sur de petits tabourets, les hommes achèvent leurs grandes bouteilles de bière. Autour d'eux tourbillonnent des adolescentes plus enivrantes encore. Les regards s'enlacent, les couples se forment, se fondent dans la nuit. Pour une heure. Pour quelques francs malgaches. Pour presque rien.

Pendant ce temps, Germaine Razafindravao fait sa ronde. Fondatrice de Fivemito, une association de prostituées, elle aborde les jeunes filles pour leur distribuer des préservatifs « porte-bonheur », précise-t-elle. Derrière ses grandes lunettes, son regard est placide mais goguenard ; c'est celui d'une femme qui a tout vu mais a choisi de ne pas trop s'en faire. « Au début, les filles n'aimaient pas entendre parler de sida, dit-elle. Elles pensaient que le simple fait d'en parler portait malheur. » Aujourd'hui, la bonhomie de Germaine a conquis les plus craintives. C'est un peu leur grande sœur, celle à qui elles se confient, celle qui en a réchappé.

À Madagascar, comme dans tant d'autres pays africains, le sida reste un sujet tabou. Il y a peu de temps encore, les chefs traditionnels malgaches ne supportaient guère d'entendre parler de sexualité tout court, un sujet qui transgressait les *fady*, les interdits coutumiers. Les Malgaches découvrent aujourd'hui, mais seulement petit à petit, l'importance de lutter contre un virus, qui ne s'est que peu propagé jusque-là, du moins en apparence.

À Antananarivo, la capitale, le Laboratoire national de référence estime que moins de un pour cent de la population malgache est séropositive. Pourtant, une étude a montré que dix-huit pour cent des femmes souffrent de syphilis. Cette maladie affecterait même plus d'une prostituée sur trois, l'un des taux des plus élevés au monde. Les Malgaches seraient donc touchés par la syphilis mais épargnés par le VIH ? Comment expliquer alors que le pays compte déjà six mille orphelins du sida, chiffre avancé par les Nations unies ? Les statistiques fiables, il faut croire, sont un luxe de pays riche.

Tout le monde s'entend pour dire qu'il faut faire, comme Germaine, de la prévention. Le défi est de taille, surtout en milieu rural, où la majorité de la population paysanne est analphabète et extrêmement pauvre. Neuf agriculteurs sur dix exploitent une parcelle de moins de deux hectares. La déforestation a accéléré le phénomène d'érosion et le lessivage des sols. Des catastrophes naturelles (cyclones, sécheresse, inondations) ont aggravé la malnutrition. En milieu rural, un enfant sur deux souffre même de malnutrition chronique.

Le VIH n'est pas la première des priorités. Comme il est peu présent, certaines personnes doutent encore de son existence. Si le péril est imminent, s'interrogent-ils, pourquoi ne voit-on pas de malades ? On croise pourtant, à Madagascar, des victimes de maladies rares : la polio, la lèpre et même la peste bubonique. Pour répondre aux objections ce ceux qui doutent de l'existence du sida, des médecins montrent aux incrédules des photos de sidéens en phase terminale.

À voix basse, les gens expriment parfois une de leurs craintes : ils se demandent si le tapage autour du sida n'est pas orchestré par les Églises chrétiennes pour favoriser la continence. Le président de Madagascar lui-même, Marc Ravalomanana, est un membre de l'Église de Jésus-Christ à Madagascar (FJKM) dont un pasteur, Armand Razafimahefa, s'est publiquement opposé à l'utilisation du préservatif comme moyen de lutte contre le sida, « car cela renforce la liberté sexuelle ». Dans l'espoir de convaincre les incrédules, des militants antisida ont réalisé des cassettes vidéo. Ils les présentent en plein air sur des places de village, tout un événement dans les nombreuses localités rurales sans téléviseurs. Ces émissions, qui attirent la population entière, permettent donc de divertir et d'informer.

Environ trois cents personnes se sont massées sur la place centrale d'Ambinaninony, gros bourg de la province de Tamatave. Un téléviseur géant a été installé sur une petite estrade où un animateur de Stop Sida, une ONG locale, en profite pour interroger les spectateurs qui patientent au soleil. Sur un ton enjoué, il leur demande de nommer les différentes façons de déjouer le VIH.

« Il faut éviter le coin tranquille, marmonne une jeune fille, provoquant l'hilarité.

— Oui, précise l'animateur, on peut éviter d'avoir des rapports sexuels. Quelles sont les autres façons ?

— Il faut être fidèle à son partenaire, lance une adolescente.

— Il ne faut pas se couper avec une lame de rasoir, ajoute un garçon.

— Il faut utiliser une *kapoty* », glisse un autre, suscitant les sourires.

C'est l'heure de lancer la cassette vidéo, *Le Lance-pierre,* un film de l'ONG américaine Population Services International (PSI). Ce court-métrage raconte une histoire simple. Le héros, sur le point de faire une conquête, se retrouve face à un choix délicat : doit-il, oui ou non, utiliser un préservatif ? Cette vidéo « interactive » est interrompue avant la fin pour permettre aux spectateurs de répondre à la question que se pose le personnage principal. (Si c'est « non », le film finit mal…)

Dans la guerre contre le VIH, les prostituées sont sur la ligne de front. Ici, peut-être encore plus qu'ailleurs en Afrique, ce sont elles qui freineront – ou favoriseront – sa progression. Par endroits, elles sont particulièrement nombreuses. À Tamatave et à Nosy Be, ville touristique du Nord, treize pour cent des filles de dix à dix-sept ans se prostituent, selon une étude. Les jeunes filles dont le métier est le plus vieux du monde gagnent jusqu'à un demi-million de francs malgaches par mois. C'est quatre fois plus que si elles étaient ouvrières dans une zone franche. Dix fois plus que si elles étaient domestiques. Mais les prostituées et les femmes en général sont-elles, face à un amant, en mesure d'exiger l'utilisation du préservatif? Rien n'est moins sûr.

À Tamatave, Germaine Razafindravao ne se contente pas de distribuer des préservatifs. Elle propose à celles que la chose pourrait intéresser de suivre les cours de coupe et de couture qu'organise son association. Pas question d'imposer quoi que ce soit au nom de la morale, cela les ferait fuir. Elle en profite plutôt pour encourager les adolescentes à se rendre au dispensaire local pour passer un test de dépistage de maladies sexuellement transmissibles. La plupart des jeunes filles testées apprendront alors qu'elles ont la syphilis. Force est de constater que l'autoprotection est loin d'être la norme.

Aux abords de la gare routière, Germaine me présenta trois jeunes filles que mes questions firent sourire. Patricia, seize ans, les tresses sagement ramenées en queue de cheval, se prostituait depuis six mois pour subvenir aux besoins de sa fille de deux ans. Cela fut difficile au début? «Non, c'est même très, très facile», répondit-elle en s'esclaffant. Béatrice, vingt-quatre ans, pulpeuse, aguichante, me fixa en soulignant qu'elle ne voyait qu'une solution: épouser un *vasa,* un étranger, pour quitter Madagascar. Nana, aux airs si innocents qu'on l'imaginerait plus facilement à l'église que dans un bar, avait débuté dans ce métier à dix-sept ans. Pourquoi? Pour subvenir aux besoins de son fils de trois ans, répondit-elle en rigolant. Mais pourquoi riait-elle? «Parce que j'ai honte», dit-elle avec franchise.

Lorsqu'elles m'expliquèrent qu'on leur proposait parfois un peu plus que le tarif habituel pour des rapports non protégés, Germaine intervint pour les inviter à se rendre au dispensaire, le lundi suivant, afin de subir un test de dépistage de la syphilis. (Lorsque nous nous y retrouvâmes, Béatrice en profita pour me remettre sa photo et son adresse…)

>>>

Pour Adjou, une Togolaise de vingt-sept ans, le sida est un lourd secret, si lourd qu'elle n'en a jamais glissé mot à son mari. Elle lui a caché autre chose encore, une bonne nouvelle cette fois-ci, parce qu'elle ne sait pas comment s'y prendre pour la lui annoncer.

Son histoire remonte à la fin des années 1990. Adjou, une accoucheuse, est responsable d'un dispensaire. Un jour, en faisant une injection à un homme amaigri qui souffre de la toux et de la diarrhée, elle se pique. Elle connaît les modes de transmission du sida et pense tout de suite qu'elle a pu, selon son expression, « ramasser » le VIH. Elle finit par en parler à une amie, qui lui conseille de faire un test de dépistage, lequel se révèle positif. Elle s'interroge : a-t-elle bien contracté le virus au dispensaire ? La contamination ne remonterait-elle pas plutôt à l'époque, avant le mariage, où elle a eu des amants qui n'ont pas toujours utilisé de préservatif ? Et si c'était son mari, qui voyage beaucoup pour affaires, qui l'avait contaminée ?

Adjou est moins tourmentée que résignée. Mais elle ne se laisse pas abattre. Elle continue de travailler au dispensaire et de s'occuper de sa fille de cinq ans. Ses inquiétudes grandissent lorsqu'elle apprend qu'elle est enceinte d'un deuxième enfant. Craignant qu'il soit, à son tour, séropositif, elle se rend au Centre hospitalier régional de Tsévié, à trente-cinq kilomètres à l'est de Lomé. C'est le premier service de prévention de la transmission mère-enfant au Togo. Adjou se voit proposer de la névirapine.

On lui administrera cet antirétroviral (sous forme de comprimé) au moment des premières contractions, et à son bébé (sous forme de sirop) dès qu'il verra le jour. On lui explique que ce médicament ne bloque pas la transmission du virus à tout coup mais qu'il réduit les risques de moitié (de trente pour cent à quinze pour cent). Adjou, qui s'est convertie au baptisme, prie pour qu'il soit efficace. Son pasteur, une des rares personnes à qui elle s'est confiée, jeûne pour l'accompagner spirituellement.

L'accouchement se passe bien. C'est un garçon. À l'hôpital de Tsévié, on lui explique qu'on ne pourra pas effectuer un test de dépistage sur le nourrisson avant l'âge de quinze mois, l'âge auquel le bébé aura développé ses propres anticorps. Il serait inutile de faire un test plus tôt puisque les bébés possèdent les anticorps de leur mère ; né d'une mère séropositive, le fils d'Adjou apparaîtrait obligatoirement séropositif. (Il existe une façon de déterminer le statut sérologique d'un enfant dès l'âge de six semaines, le test CRP, mais cette procédure est peu répandue en Afrique de l'Ouest parce que très coûteuse : il faut prélever un fragment d'acide ribonucléique et l'envoyer en Europe pour analyse.)

L'allaitement maternel pose problème. Une assistante médicale explique à Adjou que son lait risque de favoriser la transmission du virus. Mais le lait artificiel, ajoute-t-elle, n'est pas non plus sans danger : l'enfant échapperait peut-être au VIH en buvant du lait artificiel, mais il courrait plus de risques de contracter la diarrhée, une des principales causes de mortalité infantile au Togo, puisque l'eau qu'on utilise pour le préparer n'est pas toujours potable. Adjou le sait très bien. Depuis qu'elle est accoucheuse, elle répète inlassablement le même message : les mères doivent donner le sein – et seulement le sein – à leur nourrisson pendant six mois.

Entre l'allaitement maternel et artificiel, Adjou n'hésite pas. Pour elle, le lait en poudre est hors de question, et pas seulement parce qu'il coûte cher. Le regard que la société ferait peser sur elle serait trop lourd à supporter. « Je suis accoucheuse, dit-elle. On s'attend à ce que j'allaite pendant deux ans ! » Adjou ne se résigne pas à sevrer son fils à quatre mois, comme on lui a conseillé de le faire. Elle l'allaite jusqu'à huit mois, sachant pertinemment qu'elle lui fait courir des risques. « C'était trop difficile, se souvient-elle. Lorsque je l'ai sevré, les gens m'ont demandé pourquoi j'arrêtais aussi tôt. J'ai répondu que l'enfant me gênait dans mon travail... » C'était faux.

Adjou n'oubliera jamais le jour où l'hôpital lui a annoncé les résultats du test de son garçon : négatif. « Vraiment, c'était la joie », se rappelle-t-elle. Une joie qu'elle doit malheureusement cacher à son mari, qui n'est au courant de rien.

À l'hôpital de Tsévié, tous les enfants n'ont pas autant de chance. On y soigne des petits qui souffrent de maladies provoquées par le VIH. Certaines peuvent être graves, comme la toxoplasmose cérébrale, qui paralyse ses victimes. Seule une minorité bénéficie d'une trithérapie, la plupart des familles n'ayant pas les moyens de se permettre ce traitement.

Comment ces gamins ont-ils contracté le virus ? Les médecins de l'hôpital de Tsévié sont perplexes, d'autant plus qu'aucun des enfants malades n'a subi de transfusion sanguine. Soupçonnant que les mères d'enfants séropositifs le sont peut-être elles aussi, les médecins leur ont conseillé de se faire tester. Mais sans succès. « Quand on leur parle d'un éventuel contrôle, raconte un médecin, les parents fuient parce qu'ils ont peur de savoir la vérité ou parce qu'ils la connaissent trop bien et ne veulent pas que nous, nous sachions. »

Aux mères de petits sidéens, ils donnent quelques conseils de base. « Il faut que la maman comprenne bien les modes de transmission et qu'au moindre bobo elle vienne nous voir », expliquent-ils. Ils insistent surtout sur les facteurs humains : l'enfant ne doit pas être abandonné. L'idéal serait qu'il soit choyé et entouré comme le fils d'Adjou, que sa maman considère comme un petit miraculé. Elle nourrit pour lui de grands projets. « J'espère qu'il deviendra pasteur ou missionnaire, ou qu'il travaillera pour Dieu », avoue-t-elle. Le garçonnet se porte à merveille. Il est joufflu et a reçu tous ses vaccins. Comme le digne fils d'une accoucheuse.

>>>

Lorsqu'il est question de névirapine, le médicament qui a peut-être empêché le fils d'Adjou de naître séropositif, les spécialistes se font désormais moins de souci pour l'enfant que pour la mère. Car ce médicament soulève la controverse. En principe, il est facile à administrer – une seule prise suffit à freiner la transmission du virus –, et il est bon marché. Mais certains chercheurs ont constaté que des femmes qui recevaient une dose unique de névirapine au moment d'accoucher développaient parfois une résistance à ce médicament. Cela posera problème le jour où on leur conseillera d'en prendre dans le cadre d'une trithérapie. Pour sauver l'enfant, serait-on en train de mettre en danger la santé de la mère ? Aux États-Unis, le révérend Jesse Jackson, militant noir, s'est insurgé contre la névirapine, estimant que ce médicament ne devait plus être distribué en Afrique et que les Africaines servaient de cobayes. À ses yeux, ces femmes sont victimes d'une politique de deux poids, deux mesures, puisque la névirapine n'est jamais prescrite seule dans les pays riches. L'Organisation mondiale de la santé a estimé qu'il était préférable d'associer à la névirapine un second médicament, le Combivir. Nous sommes là en présence, a fait valoir Jackson, d'un « crime contre l'humanité ».

Cette expression revient de plus en souvent lorsqu'il s'agit du sida en Afrique. En 2002, des chercheurs ont publié dans *The Lancet*, une revue médicale britannique, un article dont le sous-titre disait l'essentiel : « L'apathie globale à l'égard du VIH/SIDA est un crime contre l'humanité. » L'ONG Médecins sans frontières et le Canadien Stephen Lewis, l'envoyé spécial du secrétaire général des Nations unies pour le sida en Afrique, sont du même avis.

L'archevêque anglican d'Afrique du Sud a déjà estimé que l'inaction du gouvernement sud-africain – le taux de séroprévalence dépasse trente pour cent dans certaines provinces – serait un jour considéré comme « un crime contre l'humanité aussi grave que l'apartheid ». Padraig O'Malley, journaliste irlandais émérite, a remué le fer dans la plaie en écrivant que la communauté internationale aurait déjà qualifié le sida de « crime contre l'humanité » si l'Afrique du Sud avait encore été aux mains de la minorité blanche. La trithérapie, une association de trois antirétroviraux qui peut freiner le virus chez les personnes séropositives, commence à être disponible. Mais la partie est loin d'être gagnée, même lorsque les médicaments sont proposés gratuitement aux malades.

>>>

Chaque mois, les sages-femmes du centre de santé d'Engueila, un quartier populaire de Djibouti, proposent à environ cent cinquante femmes enceintes de subir un test de dépistage. Elles acceptent toutes, ou presque. Ce n'est que deux jours plus tard, lorsqu'elles reviennent chercher les résultats, que les choses se gâtent.

Pour les séropositives, c'est le drame. « Elles sont en état de choc, explique la sage-femme Arwa Malek Ahmed. Certaines pleurent, mais la plupart du temps elles ne disent rien. » Dès lors, le défi pour cette clinique de consultations prénatales est de s'assurer que les femmes reviennent et de leur faire comprendre que la situation n'est pas aussi désespérée qu'elles pourraient le croire. On commencera par leur proposer une trithérapie, qu'on peut désormais obtenir gratuitement. Comme le virus peut aussi être transmis au moment de l'allaitement, les sages-femmes devraient normalement donner aux mères les informations leur permettant de faire ce que les spécialistes appellent un « choix éclairé ». Mais l'« allaitement exclusif », le fait de donner uniquement le sein, est si peu répandu à Djibouti que ce choix n'en est pas toujours un. « Même si une mère décidait de ne rien donner d'autre que le sein à son enfant, ce sont les autres femmes de son entourage qui se chargeraient de lui donner autre chose », dit Arwa Malek Ahmed. Pourtant, une combinaison des deux ne ferait qu'augmenter les risques de transmission du virus...

Le véritable défi est de s'assurer que les femmes séropositives ne s'évanouissent pas dans la nature. Car en apprenant leur statut sérologique, plusieurs d'entre elles « disparaissent ».

Dans les centres de développement communautaire (CDC) de la capitale, les jeunes ont parfois l'occasion de côtoyer un animateur responsable des questions de santé. Il répond à toutes leurs interrogations concernant le VIH. Et il en entend de toutes les couleurs : les jeunes affirment parfois que le sida est une maladie « inventée par les Blancs », d'autres que c'est un prétexte « pour faire diminuer la natalité ». Au CDC, les messages de prévention tournent autour de trois thèmes : l'abstinence, la fidélité et la protection. Le préservatif, assimilé dans certains milieux à une incitation à la débauche, reste délicat. Dès qu'on parle de préservatifs, la discussion bascule dans la religion.

>>>

Le Dr Abdoulaye Bagnou, un médecin nigérien, n'oubliera jamais la première patiente qu'il a soignée pour le sida. Elle était vite décédée, et le jeune médecin avait dû la faire inhumer lui-même parce que la famille de la défunte refusait de s'en charger. À l'époque, en 1995, le VIH était un sujet tabou à Niamey, la capitale. Des intégristes musulmans avaient détruit tous les panneaux mettant en garde contre le VIH, estimant qu'ils incitaient à la dépravation. Le virus, croyaient-ils, n'affectait que les seuls étrangers.

Aujourd'hui, les efforts de sensibilisation commencent à porter fruit. « Il y a eu un déclic, dit le Dr Bagnou. Nous sommes en train de briser le tabou. » Un islamiste qui a reconnu avoir été parmi les « casseurs » est même allé le voir récemment pour s'excuser. « Il m'a dit qu'il le regrettait parce qu'il nous avait fait perdre du temps », dit le médecin, qui dirige aujourd'hui la Coordination intersectorielle de la lutte contre le sida, un service qui dépend du Premier ministre. On trouve aujourd'hui des panneaux « Stop sida » à presque toutes les intersections de Niamey.

Officiellement, le taux de séroprévalence n'atteint pas un pour cent de la population adulte au Niger, l'un des plus faibles du continent. Mais la pandémie menace. Car, selon une enquête, une prostituée nigérienne sur quatre est séropositive. En 2001, une étude réalisée à l'hôpital protestant de Galmi, une ville du Sud-Est, a montré que treize pour cent des femmes enceintes qui consultaient la clinique prénatale vivaient elles aussi avec le VIH. L'épidémie pourrait être aggravée par les allers-retours des travailleurs saisonniers nigériens qui travaillent dans des pays voisins où la situation est nettement plus grave. Au Nigeria, par exemple, le taux de séroprévalence a doublé entre 2000 et 2002 pour atteindre cinq pour cent, un pourcentage qui vaut également pour le Bénin. Quant à la Côte-d'Ivoire, une enquête réalisée dans un hôpital d'Abidjan a montré en 2000 que douze pour cent des futures mères étaient séropositives.

La société nigérienne, depuis les autorités politiques jusqu'aux scouts, commence à se mobiliser. Les dirigeants religieux, très influents, ne font pas exception à la règle. « Nous avons des religieux qui font de la sensibilisation sur le sida, dit le Dr Bagnou. Les imams parlent déjà du virus dans les prêches. Et je donne des conférences sur la sexualité à des femmes voilées. »

L'attitude des chefs religieux, qui commencent à s'occuper des orphelins du sida, dont le nombre est évalué à quarante-six mille, a changé. Même ceux qui, il n'y a pas si longtemps, dénonçaient les préservatifs comme une incitation à la débauche parlent désormais publiquement de condoms. Car la pandémie a cessé d'être une simple abstraction. « En 1995, les marabouts venaient me voir pour me dire : "Montrez-nous un cas de sida !" Aujourd'hui, ils disent : "Mon neveu en est mort". »

Les chefferies se sont aussi jetées dans la mêlée. Car dans cette société polygame, les chefs coutumiers ont compris que certaines pratiques ancestrales, comme celle de « léguer » les veuves d'un homme mort du sida à son jeune frère, sont des pratiques à risque. Ces femmes, vraisemblablement contaminées elles aussi, mettent ainsi en danger la santé de leur nouveau mari et, par conséquent, de leurs coépouses.

>>>

Contrairement à l'islam, des Églises chrétiennes expriment ouvertement leurs réticences lorsqu'il est question du préservatif. C'est grâce à lui, notamment, qu'un pays comme l'Ouganda a réduit le taux de séroprévalence de façon draconienne. Au début des années 1990, une personne sur six était séropositive ; on estimait leur nombre, dix ans plus tard, à une personne sur vingt. Toutefois, des voix continuent de s'élever pour critiquer les préservatifs comme une incitation à la débauche.

Le révérend Martin Ssempa, pasteur et conseiller de la première dame de l'Ouganda en matière de sida, s'est même rendu au Congrès américain pour dénoncer le financement que la coopération américaine offre aux ONG qui prônent le condom comme façon de lutter contre le VIH. Estimant que les préservatifs devaient être réservés aux groupes à risque comme les prostituées, il a encouragé le Congrès à s'assurer que le tiers des fonds alloués à la prévention du sida soit effectivement consacré à la promotion de l'abstinence. C'est une opinion que partageait le président George W. Bush. Son « plan d'urgence » de lutte contre le sida, qui prévoyait de dépenser quinze milliards de dollars dans quinze pays de 2004 à 2009, précise que les préservatifs ne doivent pas être distribués dans la population en général. Ses détracteurs, tant en Afrique qu'aux États-Unis, font valoir que l'administration Bush se pliait ainsi aux diktats de la droite chrétienne.

Il ne faudrait pas croire que le révérend Ssempa, qui a déjà brûlé des préservatifs en public « au nom de Jésus », soit un extrémiste ou un marginal. La première dame de l'Ouganda, Janet Museveni, s'est elle aussi rendue à Washington pour peser en faveur de la continence. Elle s'est également associée à une « marche des vierges » dans les rues de Kampala, en 2004. Il faut croire que ces manifestantes étaient peu représentatives ou alors bien jeunes, car plus de la moitié des Ougandaises sont enceintes à dix-neuf ans.

\>>>

À Kuku Compound, un quartier populaire de Lusaka, la capitale de la Zambie, la majorité de la population est séropositive. L'association communautaire Bafwano fait tout en son pouvoir pour prévenir la transmission du VIH – y compris danser.

Lorsque j'y suis passé, une petite troupe de jeunes danseurs et percussionnistes présentaient leur numéro. Pendant que les filles attachaient un châle autour de leurs hanches pour mieux souligner les ondulations du bassin, leurs partenaires masculins entreprirent de scander des slogans antisida. Ainsi instruits du sens de cette chorégraphie, tous savaient dès lors comment la « lire ».

Lorsque les garçons essayaient de changer de partenaire, ils se faisaient rabrouer par les filles… Le message n'avait échappé à aucune des personnes présentes : la fidélité à son partenaire était une façon de prévenir la propagation du virus. Et contrairement aux séances d'information sur le sida, où l'ambiance est souvent un peu lugubre, les spectateurs rigolaient !

Pourtant, tout le monde n'avait pas le cœur à rire. Parmi les spectateurs se trouvait une jeune veuve qui s'était installée à Kuku Compound après la mort de son mari sidéen. Sa belle-famille, chez qui elle habitait jusque-là, l'avait renvoyée en découvrant ses médicaments antirétroviraux. Ses proches en avaient déduit que c'était elle qui avait contaminé son mari. En larmes, la veuve s'était rendue à l'association Bafwano, dont le nom signifie « entraide ». Ce jour-là, ce n'était pas un vain mot puisqu'une autre jeune femme, elle aussi séropositive, la prit sous son toit. Malgré la bienveillance qu'on lui témoignait, la jeune veuve avait du mal à contenir ses larmes. Mais pendant le spectacle, je l'ai vue, l'espace d'une pirouette, esquisser un sourire. L'espoir était permis.

Train express

CÔTE-D'IVOIRE

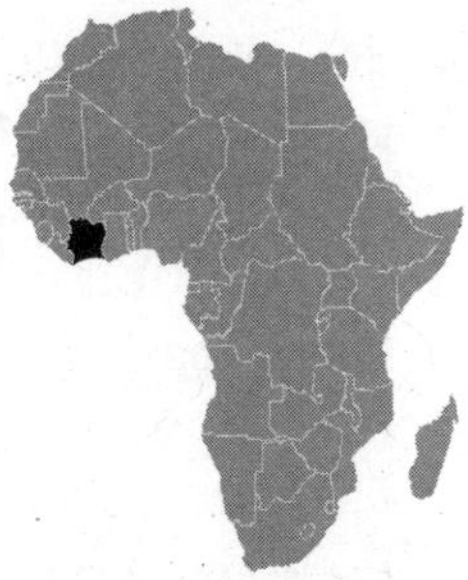

Ce matin-là, le *Gazelle*, un train diesel comptant uniquement quatre wagons, démarra tout doucement. Dans le jour qui se levait, son sifflet, triste trompette, émit quelques notes, un air de jazz minimaliste. Abidjan, la principale ville de Côte-d'Ivoire, s'éveillait. On raconte que son nom signifie, en langue ébriée, « je reviens de couper des feuilles », ce qui se prononce « t'chan m'bi djan ». C'est, semble-t-il, ce que répondit un passant qu'un Français interrogea il y a longtemps : « Comment s'appelle cet endroit ? » Ne comprenant pas la question, mais pressentant qu'il devait justifier sa présence, le marcheur lui donna une réponse qui passa à la postérité.

À bord du train *Gazelle*, à peine le quart des places étaient occupées. Quelques passagers somnolaient, d'autres prenaient le petit déjeuner : café au lait, baguette et confiture. Pas étonnant qu'on ait surnommé la Côte-d'Ivoire « la vitrine de la France en Afrique ». Les Français installèrent d'abord leur capitale à Grand-Bassam, au confluent du fleuve Comoé et du golfe de Guinée. Mais les quelque vingt mille personnes qui y habitaient à la fin du XIXe siècle durent fuir pour échapper à une épidémie de fièvre jaune qui emporta alors les trois quarts de la population européenne. Aujourd'hui, les résidences coloniales de Grand-Bassam tombent en ruine. Et un monument mal entretenu rappelle le passage des colons : il représente une femme avec une gerbe de blé tenant contre son sein un homme mort. « À ses enfants tombés en Côte-d'Ivoire, la France reconnaissante. » Ses « enfants » installèrent donc la capitale coloniale à Bingerville. Aujourd'hui, son jardin botanique semble à l'abandon, mais pour comprendre qu'il n'en est rien il suffit de suivre le guide. Ce dernier m'a fait découvrir le hévesia, un arbuste dont les fleurs ressemblent à d'inoffensives jonquilles mais dont la sève, extrêmement toxique, servait à empoisonner les fléchettes ; l'arbre à pagne, en forme de lance-pierres, dont les fibres servent à faire une toile résistante et rugueuse ; et le pignon d'Inde – cassez sa tige et soufflez, il en sortira des bulles qu'on jurerait de savon !

Le *Gazelle* filait plein nord. Direction : Bouaké et Ferkessédougou. Le service ferroviaire permettait autrefois d'aller plus loin à l'intérieur du continent, jusqu'au Burkina Faso et jusqu'au Niger, mais cette liaison est interrompue depuis longtemps. À bord, beaucoup de femmes avaient pris place. Elles étaient vêtues à l'occidentale ou drapées dans des robes très amples faites du réputé « pagne wax ». Ce tissu imprimé peut indiquer l'appartenance à un groupe, qu'il s'agisse d'un clan (comme le fait le tartan écossais) ou d'un parti politique. Il peut même être porté à la manière d'un « uniforme » pour montrer qu'on participe à une fête (à un mariage, par exemple). Leur confection, inspirée de la technique du batik, est une véritable industrie en Côte-d'Ivoire, qui en exporte dans toute l'Afrique de l'Ouest.

Par la fenêtre du train, on voit apparaître des pagnes, de grandes toiles aux couleurs exubérantes qu'on vient de teindre et de mettre à sécher. On dirait des nappes où le mauve, le vert et l'indigo sont en grande conversation. La végétation n'est pas moins luxuriante. Aux papayers et aux manguiers succèdent les tulipiers du Gabon et les fromagers aux troncs droits comme des poteaux.

Petit à petit, la forêt cède sa place à la savane. Des arbres, fantomatiques silhouettes, veillent sur les hautes herbes, qui ondoient à l'unisson. Des villages se font hameaux. En première classe, l'air climatisé ronronne.

En seconde, les ventilateurs paressent. Les passagères agitent des éventails en osier. Un air chaud mais vivifiant s'engouffre par les fenêtres. De petits écriteaux exhortent les passagers à « ne pas se pencher dehors ». C'est peine perdue. Ils s'y pencheront pour acheter des ananas et le dernier numéro d'*Ivoire-Foot* à Agboville, du plantain grillé et des clémentines à Cechi, du poisson frit à Dimbokro. Au loin, j'aperçois des villages dominés par des minarets.

À bord du train, les passagers qui s'ennuient fixent un des deux magnétoscopes qu'on trouve dans chaque voiture. Au petit écran défilent les clips d'artistes africains qui chantent en français, en anglais et en baoulé, la langue d'une des principales ethnies du pays, qui en compte une soixantaine. Rien dans ces clips léchés et modernes ne rappelle les lointaines et sanglantes origines du chemin de fer.

Les Français le construisirent au début du XXe siècle grâce au travail forcé des populations locales. En 1910, des Abbeys, membres d'une ethnie ivoirienne, le détruisirent en une vingtaine de points pour protester contre l'administration coloniale. Des centaines de personnes furent tuées en représailles. Les Abbeys continuent d'avoir la réputation d'être fiers et frondeurs. Après la mort de Félix Houphouët-Boigny, président de Côte-d'Ivoire de 1960 à 1993, et la chute du régime de parti unique, leur région, dans le Sud, devint un château fort de l'opposition. Depuis l'arrivée au pouvoir, en 2000, du président Laurent Gbagbo, elle est acquise à son parti, le Front patriotique ivoirien (FPI).

À bord du *Gazelle*, les passagers qui sommeillent sont réveillés par une voix qui souhaite aux « débarquants » un bon séjour à Bouaké. Le train a mis six heures – il accuse une demi-heure de retard – pour parcourir trois cent quatre-vingts kilomètres. Deuxième ville de Côte-d'Ivoire, Bouaké est réputée pour son marché, qui passe pour l'un des plus beaux d'Afrique. On achète des fruits, des légumes. On trouve des comptoirs où on sert du foutou, un « pain » fait avec du manioc, et de la biche, mais seulement quand la chasse a été bonne. C'est interdit mais, comme l'explique la patronne, il faut bien manger « de temps en temps ».

Une musique saturée – le volume est aussi fort parce qu'il doit couvrir le bruit du générateur – s'échappe d'une camionnette. Des femmes dansent avec lourdeur dans la chaleur moite. Elles portent un brassard rouge. Ce sont les obsèques d'une jeune marchande. Elle était originaire du Ghana, un pays voisin. Toute sa « famille » est réunie. « Ce n'est pas comme dans les Europes, explique un passant. Ici, c'est l'Afrique. Tout le monde est famille. »

La halle du marché abrite les tissus. On trouve des étoffes aux motifs rococo, du « tissu des rois » et des draps d'une blancheur coloniale. Dans de minuscules ateliers, des femmes confectionnent pagnes et boubous, mais aussi des vêtements occidentaux. Les gens discutent en français, en anglais – des réfugiés viennent d'arriver du Liberia – en baoulé, en dioula, en malinké, en peul. Chaque comptoir semble avoir son petit poste de radio. Des prières arabes, du rap américain, du reggae jamaïcain se mêlent au cliquetis des machines à coudre, à broder.

Au rayon des livres d'occasion, des marchands bradent des recueils de contes africains et des manuels scolaires, des romans de Pagnol et de Stendhal. Mais il n'y a pas beaucoup d'acheteurs – je me demande combien de gens savent lire le français ici – et les bouquinistes passent l'essentiel de leur temps à siroter un thé fort et sucré. Leur journée se terminera vers dix-huit heures, peu avant le coucher du soleil. Les femmes plieront précautionneusement leurs tissus dans des caisses avant de boire un jus de gingembre glacé.

\>>>

Quand on arrive d'Abidjan en voiture, Yamassoukro, au sud de Bouaké, le village de l'ex-président Houphouët-Boigny, donne l'impression d'être un mirage : a-t-on bien vu ce qu'on croit avoir vu ? Le doute tient au fait qu'on aperçoit d'abord le dôme d'une basilique, Notre-Dame-de-la-Paix, la plus grande du monde, plus vaste encore que Saint-Pierre de Rome. La démesure de sa charpente sied bien à cette capitale (depuis 1983) désespérément artificielle. Ses grands hôtels sont vides. Ses boulevards à six voies aussi. Mais le lac aux crocodiles sacrés, devant un ancien palais présidentiel, est bien grouillant. Certains prétendent qu'Houphouët-Boigny, un catholique qui a doté son village d'une basilique inaugurée par le pape Jean-Paul II, s'y est réincarné en caïman.

>>>

Après mon passage à Bouaké, des incendies allaient embraser (au sens propre) le marché et (au sens figuré) la Côte-d'Ivoire. À partir de 1994, le président Henri Konan Bédié a soufflé sur les braises du nationalisme en faisant la promotion de l'*ivoirité*, un concept dont la véritable finalité était d'empêcher Alasanne Ouattara, un homme politique du Nord, de contester l'élection présidentielle. Le débat porta soudain sur les parents de Ouattara. Étaient-ils nés tous les deux en Côte-d'Ivoire ? C'était là une clause constitutionnelle qu'on chercha à faire jouer contre Ouattara, un homme qui avait pourtant été président de la Côte-d'Ivoire par intérim à la mort d'Houphouët-Boigny. Pour ce qui est du lieu de naissance de ses vieux parents, le débat s'enlisa sur les changements de frontières au sein de l'ex-Afrique occidentale française (modifiées en 1919, en 1932 et en 1947). Il masquait en réalité un blocage politique qui allait déboucher, en 2002, sur une guerre civile. Des rebelles basés à Bouaké prirent le nom de « forces nouvelles » et déstabilisèrent le président Gbagbo. À l'issue du conflit, il fut contraint, aux termes de l'Accord politique de Ouagadougou, de prendre le chef rebelle Guillaume Soro comme premier ministre, en 2007. Le conflit, qui exigea l'intervention des Nations unies et de Casques bleus français, détruisit l'image de la Côte-d'Ivoire comme un havre de paix en Afrique de l'Ouest.

La faim

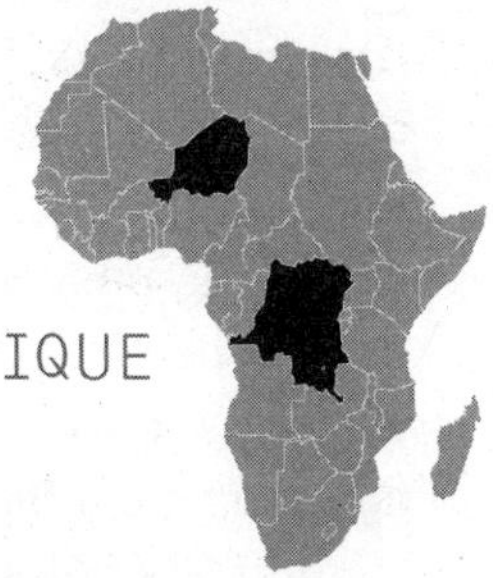

NIGER, RÉPUBLIQUE DÉMOCRATIQUE DU CONGO

Lorsque Djamila Issa Djaneidou a amené son fils Oumarou, deux ans, à l'hôpital de Maradi, il était déjà gravement malade. La diarrhée et la fièvre lui avaient fait perdre du poids, et le garçonnet refusait de manger. Sa mère, qui avait déjà perdu un enfant en bas âge, craignait le pire. Trois semaines plus tard, toutefois, le petit Oumarou avait atteint le poids enviable de huit kilos et quittait l'hôpital tout ragaillardi.

Des milliers de femmes comme Djamila amènent chaque année leur enfant au centre nutritionnel thérapeutique de Maradi, à plus de sept cents kilomètres à l'est de Niamey, la capitale du Niger. Elles viennent de toute la région et même du Nigeria voisin pour faire soigner leurs fils et filles. Ici, la malnutrition chronique est « endémique », constate le Dr Norbert Ebenga, de Médecins sans frontières (France), responsable du centre, qui accueille jusqu'à cinq cents petits malades par mois.

À la plupart il suffira de donner du lait thérapeutique (huit fois par jour) pour qu'ils se rétablissent. Un bambin sur quatre, toutefois, devra passer par les « soins intensifs », le surnom donné aux deux salles où les plus mal en point sont soignés. Les plus faibles, les plus émaciés, semblent avoir un regard d'adulte. C'est un des symptômes du marasme, l'extrême maigreur qui caractérise un état de malnutrition avancé.

>>>

J'ai l'impression que leurs yeux m'interrogent. Ces enfants, pour être franc, je préférerais ne pas les voir. Trop douloureux. Ma peine est risible en comparaison de la leur. Je ne vais pas, en plus, me dérober en baissant les yeux. Dans leur visage, j'essaie de capter ce qui les rattache à la vie : un soupir, un battement de cils qui réussit, parfois, à chasser une mouche. Je tente de discerner leur humanité. Je voudrais noter ce qui leur reste de vivacité, mais j'ai du mal à la percevoir. Ils sont si près du gouffre.

Je parle aux adultes, surtout aux femmes dont les enfants vont mieux. Je veux les entendre dire l'espoir. J'essaie de ne pas faire perdre de temps au médecin avec mes questions. Je me sens plus impuissant qu'ailleurs. Ailleurs, je suis témoin, ici, serais-je voyeur ? Je ne suis pas du tout certain d'être utile. Je prends des notes pour un article que les lecteurs ne liront fort probablement pas, parce qu'ils auront l'impression de déjà savoir tout cela. Ils ont déjà vu des enfants faméliques à la télé. Je ne suis pas certain de pouvoir le leur reprocher, cependant je ne suis pas là pour voir mais pour savoir, éventuellement pour comprendre.

>>>

La majorité des petits qui parviennent à un centre nutritionnel thérapeutique en réchapperont, mais pas tous. Certains sont retirés après seulement deux ou trois jours de traitement, alors qu'ils devraient y rester trois ou quatre semaines. Leurs mères ne veulent pas – elles estiment qu'elles ne *peuvent* pas – rester aussi longtemps au chevet d'un enfant hospitalisé alors qu'elles sont attendues à la maison. Qui s'occupera de ses frères et sœurs ?

Une mère a déjà raconté ce dilemme en termes saisissants à Pascaline Kisimba, une nutritionniste de la Caritas, l'ONG catholique qui gère un centre nutritionnel thérapeutique à Goma, en République démocratique du Congo : « Je ne peux pas sacrifier les autres enfants pour en sauver un seul ; j'en sacrifierai un pour sauver les autres », déclara-t-elle. Quand je suis passé à Goma, une cinquantaine d'enfants fréquentaient le centre Muungano (« solidarité » en swahili), où travaille Pascaline Kisimba. Accompagnés par leurs proches, ces petits, âgés de quatre mois à six ans, recevaient du lait thérapeutique mais aussi les aliments de base qui leur faisaient défaut. Pour inciter les mères à rester au centre pendant toute la durée du traitement, on leur donnait de la farine de maïs, des haricots, de l'huile et du sel pour tous les membres de la famille, y compris ceux qui étaient restés à la maison.

À la base, le problème est fort simple. « Ici, les gens mangent une seule fois par jour, et en quantité insuffisante », explique Pascaline Kisimba. À Goma, un enfant sur dix est victime de malnutrition, et les cas graves sont à la hausse. L'extrême pauvreté, résultat notamment des revers essuyés par l'agriculture locale, est à l'origine du phénomène. La difficulté vient aussi du fait que beaucoup de gens ne font pas le lien entre malnutrition et alimentation. Elle n'est pas non plus toujours considérée comme un problème de santé car elle reste associée, dans les croyances populaires, aux esprits maléfiques et à la sorcellerie.

Certaines pratiques traditionnelles favorisent la malnutrition. Il arrive souvent, par exemple, qu'un enfant malade soit d'abord envoyé chez un guérisseur (dont les services coûtent moins cher que les honoraires d'un médecin). Hélas, ses « remèdes » aggraveront souvent le problème. Contre l'angine, par exemple, le « tradipraticien » introduira des feuilles et des tiges dans la gorge de l'enfant, ce qui risque de provoquer une infection. Lorsque la déglutition deviendra pénible et douloureuse, le petit cessera de s'alimenter, ce qui entraînera les conséquences qu'on devine.

D'autres facteurs, qui n'ont rien de culturel, favorisent la malnutrition. Les combats, qui continuent d'affecter l'est de la République démocratique du Congo, ont exacerbé les épreuves de la vie quotidienne. Des hommes sont morts. D'autres, vu l'écroulement de l'économie, se sont retrouvés sans emploi. Cela est lourd de conséquences. « Les pères ne se considèrent plus comme des hommes parce qu'ils ne peuvent rien apporter à la maison, explique le nutritionniste Viateur Semakoma. Ils abandonnent donc leurs femmes et leurs enfants. » Résultat : les mères célibataires sont légion, et les grand-mères ayant la charge de petits-enfants aussi. On demande alors à ces femmes de plus en plus pauvres de nourrir des gamins de plus en plus nombreux.

Il faut dire que les problèmes de malnutrition commencent très tôt. Dans cette région, le Nord Kivu, les mères donnent le sein pendant les deux premières années de la vie de leur enfant. Mais comme elles sont elles-mêmes mal alimentées, elles ont peu de lait, surtout à partir du quatrième mois. C'est alors qu'elles introduisent une bouillie faite de farine de banane plantain et de farine de sorgho. Ce n'est pas l'idéal puisqu'elles utilisent de l'eau provenant du lac Kivu, qu'elles n'ont pas toujours le temps ou les moyens de purifier. Lorsque leurs petits grandissent, elles leur donnent, comme aliment de sevrage, une bouillie de céréales (sorgho et maïs) et de légumineuses (soja), mais elle est souvent mal équilibrée : trop de céréales, trop peu de légumineuses, qui coûtent de plus en plus cher.

La bonne nouvelle, c'est que les progrès sont parfois fulgurants. À tel point que des enfants, mal nourris la veille, jouent en bandes le lendemain. Avant leur départ du centre, les nutritionnistes exhortent les parents à servir de relais. « Maintenant, tu dois montrer aux autres mères ce que tu as appris ici ! »

>>>

Quand son jeune voisin est mort, José Manda s'est dit: ça suffit! Ce garçon de douze ans, qui habitait la même rue que lui, José Manda l'avait vu grandir avant de le voir dépérir. Pour ceux qui le connaissaient, la cause du décès semblait évidente: trop longtemps, ce gamin avait mangé trop peu et trop mal. Comment était-ce possible dans une ville minière comme Likasi? Likasi! À quelques kilomètres se trouve la mine d'uranium de Shinkolobwe, où l'on a puisé le minerai qui a permis la fabrication des bombes atomiques d'Hiroshima et de Nagasaki. (Bien que cette mine soit officiellement fermée, la Mission des Nations unies au Congo a déjà soutenu qu'elle fonctionnait encore « vingt-quatre heures sur vingt-quatre ».)

José Manda, qui travaille dans une petite ONG, s'est dit qu'il fallait faire quelque chose: d'abord, il fallait recommencer à cultiver. À Likasi, l'idée avait quelque chose de saugrenu. Cette ville, à cent vingt kilomètres de Lubumbashi, fut longtemps le fief de Gécamines, la grande société minière, qui y exploitait un riche gisement de cuivre. Les rues de cette agglomération étaient bien tracées, bordées d'arbres en fleur. Avec son architecture coloniale un rien élégante, elle avait même l'air affable et prospère.

Dans le passé, la mine donnait du travail aux hommes, à qui l'on remettait des rations alimentaires destinées aux enfants. Même si des terrains cultivables se trouvaient à proximité, les cultures vivrières disparurent. L'agriculture, c'était le lot des paysans! Les travailleurs de Likasi, eux, étaient des citadins! Mais depuis la faillite de Gécamines, dans les années 1990, les habitants de cette ville ont été ébranlés dans leurs certitudes. « C'est un milieu urbain qui est en train de se transformer en milieu rural », résume le Dr Delphin Antwisi, du ministère de la Santé.

C'est pour donner à manger à ses voisins que José Manda a eu l'idée de créer Manomapia, l'acronyme d'une association dont le nom swahili signifie « Réunissons-nous pour lutter contre la malnutrition ». Un chef de quartier lui a cédé un terrain de trois hectares aux portes de la ville. Sur cette terre en friche, les membres de l'association ont semé du maïs, du manioc, du soja et de l'arachide (pendant la saison des pluies), du chou, des amarantes, des tomates et des carottes (pendant la saison sèche). Leur seau de maïs très bon marché se vend bien. Agacés par cette concurrence qu'ils estiment déloyale, des cultivateurs des environs se sont plaints aux autorités locales, qui ont toutefois fait la sourde oreille. José Manda a peu apprécié la démarche des paysans. « Eux, ils voient leurs intérêts, dit-il. Nous, nous voyons l'intérêt de la population. »

Des membres de Manomapia se sont portés volontaires pour devenir « relais », des personnes chargées d'entrer en relation avec la population sur les marchés et dans les églises. Leur message était axé sur le dépistage de la malnutrition : ils incitaient à faire peser les bébés au centre de santé de Nkolomoni, le quartier de treize mille habitants où œuvre l'association. Les progrès sont-ils convaincants ? Michel Tshikalabanze, un infirmier, sourit en sortant sa calculatrice. En faisant le total des données mensuelles, il obtient deux cent trente-quatre diagnostics de malnutrition chez les enfants de moins de cinq ans pour 2003. Mais il n'en compte que cent pour l'année suivante. « Sans le travail de l'association, on ne serait jamais arrivé à ces résultats », estime le Dr Abraham Kilanga Seya.

Dans les rues de Likasi, José Manda se fait souvent interpeller par les passants, aux yeux desquels il a désormais une réputation de bienfaiteur. « Merci pour ce que vous avez fait ! » lui dit-on, mais aussi : « Continuez à nous encourager ! » Car les gens de Likasi savent ce que fait l'association de José Manda – et pour qui.

>>>

Au Niger, les statistiques sont accablantes : quarante pour cent des enfants souffrent de malnutrition chronique, c'est-à-dire qu'ils sont trop petits pour leur âge. La situation est pourtant paradoxale, car ce fléau est nettement pire au sud, la région la plus *fertile* du pays, qu'au nord, une région *désertique*.

Dans les familles de cultivateurs, la malnutrition est souvent considérée comme plus ou moins normale. On entend souvent dire que les mères nigériennes ne savent pas nourrir leurs enfants, et il est vrai que l'allaitement maternel connaît des ratés. Dans le Sud, la coutume veut que la mère qui vient d'accoucher tire et jette son premier lait, considéré comme mauvais pour la santé de l'enfant. Pourtant, c'est exactement le contraire : ce colostrum, qui renforcera le système immunitaire de l'enfant, est la meilleure chose qu'on puisse donner à un nouveau-né.

Mais ces pratiques sont moins lourdes de conséquences qu'un incontournable problème économique : la spéculation sur les denrées alimentaires. Lorsqu'un cultivateur a besoin d'argent, il arrive qu'il refile une partie de sa récolte à un « prêteur sur gages ». Le paysan emprunte *avant* les moissons, lorsque les prix sont élevés (puisque les céréales se raréfient), et rembourse en nature *après* (lorsque les prix baissent). Une partie importante de la récolte est donc consacrée au remboursement de la dette. Des économistes ont mis en évidence un terrible paradoxe : les paysans ne cessent de s'appauvrir parce que leurs récoltes ne cessent d'augmenter (du moins depuis le début des années 2000). Des commerçants, de leur côté, stockent le mil et le sorgho. Lorsque la demande augmente et que les prix montent, ils revendent les céréales à des prix exorbitants. Ces dernières sont même exportées au Nigeria.

Pour survivre, les paysans nigériens, et tout particulièrement les paysannes, n'ont d'autre choix que de travailler sans répit. À tel point que les mères mettent parfois leur famille en péril, selon des humanitaires que j'ai rencontrés. « Elles n'ont pas le temps de s'occuper de leurs enfants », disent-ils. Le constat est terrible : un impitoyable engrenage économique ravale des femmes du rang de mères à celui de simples génitrices.

Sous une mauvaise étoile

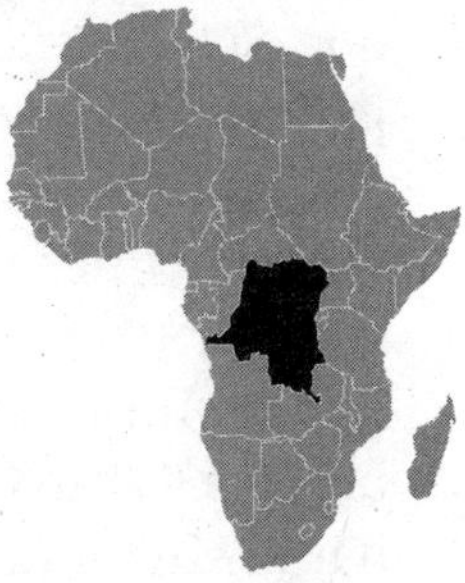

RÉPUBLIQUE DÉMOCRATIQUE DU CONGO

En temps normal, le Stadium de la réunification de Mbuji Mayi, deuxième ville de la République démocratique du Congo, accueille des matchs de volley-ball. Mais trois matins par semaine, à partir de six heures, sa dalle en béton se transforme en tatami. Deux cents petits sportifs s'y retrouvent alors pour faire du karaté. Il ne s'agit toutefois pas d'un club d'arts martiaux comme les autres, puisque la plupart de ces jeunes sont des enfants de la rue.

Pour leur donner une chance dans la vie, le Centre des arts martiaux pour l'éducation des enfants de la rue (CAMEER) permet à ces petits sans-abri de s'entraîner avec des garçons de la Cité 44 Bodine 2, un quartier ouvrier, sous la houlette de ceintures noires. Les enfants commencent par s'échauffer avant de s'affronter dans un silence qui tient du recueillement. À l'issue du combat, ils se saluent à la japonaise, puis se donnent l'accolade à la congolaise.

Au départ, l'idée n'allait pas de soi. À Mbuji Mayi, les enfants de la rue – cinq mille garçons et filles de moins de dix-huit ans – sont des exclus parmi les exclus, des enfants abandonnés par leurs parents souvent accusés de méfaits, y compris de sorcellerie. Et les garçons de la cité n'ont pas franchement accueilli leurs camarades à bras ouverts. Au contraire. Il leur est même arrivé de refuser de se mesurer à eux sur le tatami en disant: « Il est sale! Il va me salir! » Mike Makungu, le colosse qui préside le CAMEER, avait lui aussi des idées arrêtées sur ces garçons, jadis. « Avant, je pensais comme tout le monde que c'étaient de petits brigands, dit-il. Mais maintenant je vois que ce sont des enfants comme les autres. »

La pratique de cet art martial est une occasion de leur inculquer des règles de vie : ne pas boire, ne pas fumer, se laver, ne pas se battre, etc. Mais le véritable objectif du CAMEER est d'amener les enfants à renouer avec leur famille. Cette ONG a ainsi réussi à retracer les parents d'une cinquantaine de garçons et de filles, qui ont ainsi pu rentrer chez eux.

A priori, ces petits sans domicile fixe font du karaté dans l'espoir de devenir plus forts. Dieudonné, un garçon de treize ans qui ne fait pas son âge, parle chiluba, la langue locale. Il dit qu'il veut avoir « le cœur dur », c'est-à-dire être plus résistant. Au karaté, il reçoit des coups, bien entendu. Mais des coups, il a l'habitude d'en recevoir au marché de Bakuadianga, où il passe l'essentiel de son temps. Les enfants de la rue hantent ces ruelles couvertes d'une épaisse couche de cendre et de sacs en plastique déchiquetés. Dieudonné y gagne sa vie en transportant les colis et sacs qu'on lui demande de porter pour quelques francs congolais. Mais il rêve de devenir ceinture noire et « monsieur » (enseignant).

Le drame de ces enfants commence au début des années 1990. À l'époque, Mbuji Mayi, la capitale du Kasaï oriental, accueille de centaines de milliers de personnes d'origine luba chassées du Katanga, une province voisine. Ces victimes de la purification ethnique arrivent par trains entiers. Les innombrables passagers qui périssent en cours de route – deux mille kilomètres – sont enterrés le long de la voie ferrée, ce qui fait dire à certains que ce chemin de fer est « le plus long cimetière du monde ». Les orphelins grandissent dans la rue, leur seule école. Aujourd'hui, ces gamins sont souvent taxés de pratiques maléfiques qui seraient à l'origine de malheurs (maladies, décès, pertes d'emploi, etc.). Ces petits sont considérés comme faciles à envoûter par les féticheurs adultes qui cherchent à faire le mal. La sorcellerie, une croyance largement répandue, est d'ordinaire associée aux aînés, particulièrement aux femmes. Mais depuis les années 1990, pour des raisons qui restent nébuleuses, les enfants sont de plus en plus souvent dans la mire des nouveaux « chasseurs de sorcières ». Les gamins accusés de sorcellerie sont souvent confiés à de petites Églises évangéliques qui se chargent de les « exorciser ». Pour un tel service, des prophètes et pasteurs réclament une rétribution, en liquide ou en nature. Le sacrifice d'une poule, par exemple, s'inspire toutefois moins du protestantisme que de pratiques animistes.

À Mbuji Mayi, on croit souvent qu'un enfant se métamorphose en sorcier à son insu, en général en mangeant du pain donné par un adulte mal intentionné. Cette nourriture se transformerait, sous l'effet de la mastication, en viande ou en bonbon. Le jeune serait, du coup, ensorcelé. Par la suite, il pourrait se faire reprocher d'avoir « mangé » quelqu'un, c'est-à-dire de lui avoir jeté un mauvais sort. Pour appuyer cette fable, ses accusateurs iront jusqu'à montrer son gros ventre, sa dimension étant considérée comme une preuve de sa voracité. Tant pis si le ballonnement est attribuable à la malnutrition.

En général, les petits nient. Mais ce n'est pas toujours le cas, explique Marie-Thérèse Tshisaka, du ministère de la Condition féminine et de la Famille. « Il y a des enfants qui se déclarent sorciers, dit-elle, mais c'est uniquement parce qu'ils ont été intimidés ou même torturés. Ils se font dire : "Avoue ou on va te tuer !" » Comme tant d'autres, Dieudonné a lui aussi été accusé de sorcellerie. Il ne croit pas à ces histoires et estime que c'est le prétexte que sa marâtre (la deuxième épouse de son père) a trouvé pour se débarrasser de lui. Mais à Mbuji Mayi, ces accusations sont fréquentes et lourdes de conséquences.

Dans ses deux maisons, l'organisme Betu Bana (« Nos enfants », en chiluba) héberge environ cent soixante-dix garçons et filles. Bon nombre des enfants recueillis par cette

ONG font l'objet de telles calomnies. En septembre 2004, les centres de Betu Bana ont même été attaqués par une foule armée de machettes, de couteaux et de bâtons. Les agresseurs s'en sont pris aux animateurs de Betu Bana (des religieux catholiques pour la plupart), accusés de protéger des « serpents » et des « sorciers ». Ces enfants ont alors été la cible de la vindicte populaire : dix-sept garçons et filles ont été brûlés vifs, dont un garçon de neuf ans, selon un bilan officiel ; trente-quatre autres personnes ont été grièvement blessées. Mais le véritable nombre des victimes est sensiblement plus élevé, selon Betu Bana.

Comment expliquer cette explosion d'intolérance ?

Betu Bana accuse les « creuseurs », les mineurs qui travaillent dans des mines de diamants dites artisanales. Quelques jours avant le massacre, ils avaient lancé un ultimatum aux autorités : renvoyez les petits vagabonds dans leurs familles, ou nous réglerons nous-mêmes le problème ! À Mbuji Mayi, beaucoup de gens en veulent à ces jeunes qui, en plus d'être dénigrés en tant que sorciers, sont souvent accusés de délinquance. Pas toujours à tort. Les creuseurs en avaient surtout assez de se faire rafler leurs précieux sacs de gravier par ces morveux. Inutile, à leurs yeux, de porter plainte contre les petits voleurs : la police les recrute, disent-ils, comme des auxiliaires lorsqu'elle a besoin de supplétifs. Jusqu'aux partis politiques qui embrigaderaient ces jeunes gens pour perturber les marches et manifestations de leurs opposants ! Les creuseurs n'ont donc eu qu'à faire craquer une allumette – appeler au meurtre des « serpents » et des « sorciers » – pour que la foule allume le bûcher.

>>>

En temps normal, le Centre d'hébergement Saint-Vincent-de-Paul, qui recueille des enfants de la rue, incite les jeunes à retourner dans leur famille. Mais certains parents posent parfois une condition embêtante : l'abandon de la sorcellerie. Comment le prouver ? Pour cela, les religieuses de la congrégation Saint-Vincent-de-Paul demandent l'aide d'un prêtre catholique, qui prie pour l'enfant calomnié pendant un mois. Après cette période, le gamin est considéré comme ayant été exorcisé. Malgré cette intervention, les religieuses constatent que des parents refusent souvent de reprendre leur enfant. Comme si personne, dans le fond, ne croyait à ces histoires de sortilège, pourtant utiles pour masquer la vérité : un enfant accusé de sorcellerie est une bouche de moins à nourrir.

Marcel, onze ans, fut expulsé de chez lui après le remariage de son père, un chanteur traditionnel. La nouvelle épouse prit le garçon en grippe et il fut confié à un pasteur évangélique. Ce dernier l'enferma pendant une semaine, lui donnant à boire, mais pas à manger. Il le chargea ensuite de retourner chez son père pour récupérer sa *mukaya*, la « couche » que sont censés porter les sorciers. Son père, furieux, le chassa de nouveau.

Marcel ne tient pas à le revoir. Si un jour il le croisait par hasard, il ne le saluerait même pas. « Il me voit comme une bête, comme quelque chose de pourri. Pourquoi lui dirais-je bonjour ? » La nuit, Marcel dort dans un « cinéma », un local où l'on présente des vidéocassettes. Son père et sa deuxième épouse ont réussi à s'en débarrasser pour de bon.

Braves petits soldats

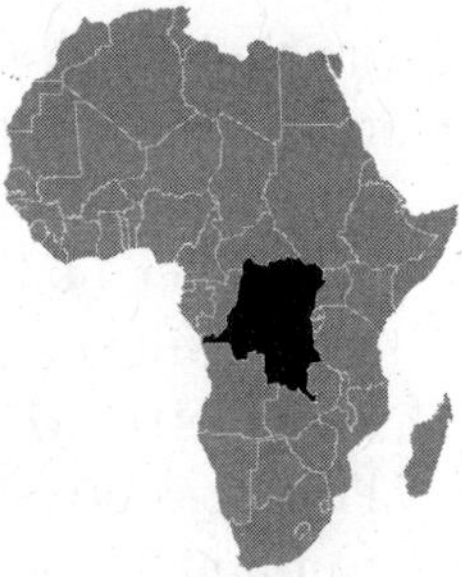

RÉPUBLIQUE DÉMOCRATIQUE DU CONGO

Personne n'ose appeler « petit » celui qui porte une arme. Mais Joseph, onze ans, l'est vraiment. Il vient d'arriver dans un centre d'accueil de Goma qui porte le nom swahili de Karibu (« bienvenue »). Cet établissement, géré par une ONG, SOS-Enfants, héberge une trentaine d'enfants soldats âgés de onze à dix-sept ans, tous issus de la rébellion. Joseph faisait partie d'une bande qui se fait appeler « les Mongols », une faction des maï-maï, des insurgés qui ont abondamment recruté des enfants. Pourquoi ce nom ? « Les Mongols étaient de grands bandits, répond Joseph. Ils ont volé. Ils ont tué. Et personne ne leur a jamais rien fait. » C'est du moins ce qu'on lui a raconté, et Joseph répète cette légende, mais sans fanfaronner. Il sait, lui l'ex-Mongol, qu'il a été moins « grand bandit » que victime d'enlèvement.

Le jour de son rapt, Joseph sarclait la bananeraie familiale. Lorsqu'il découvrit les hommes en uniforme qui s'y reposaient, il était déjà trop tard. Les rebelles braquèrent leurs armes sur lui pour l'obliger à les accompagner. Ce qu'il fit. Mais comme il connaissait bien les environs, il réussit à les semer et à retrouver sa famille. Les Mongols le retrouvèrent. Ils battirent son père devant lui et volèrent ses deux chèvres, une « amende » faramineuse. En lui faisant ses adieux, son père s'en remit au Tout-Puissant : « Dieu t'aidera, lui glissa-t-il, et tu reviendras. »

Quelques mois plus tard, Joseph s'échappa une nouvelle fois. Pas pour rentrer chez lui directement, mais pour se rendre à Karibu, un « centre de transit et d'orientation ». « C'est Dieu qui m'a envoyé ici, et je le remercie, dit Joseph. J'ai eu beaucoup de chance parce que j'ai beaucoup prié. » Il pense déjà au jour, qui ne saurait tarder, où il retrouvera son père. « Dès que je le verrai, promet-il, je vais beaucoup danser. » Et on n'a pas de mal à le croire. Malgré ses épreuves, Joseph donne encore l'impression d'être un enfant capable de faire son boulot d'enfant, c'est-à-dire s'amuser.

>>>

C'est en 1985, à l'époque où le maréchal Mobutu Sese Seko dirigeait encore le Zaïre, comme on disait alors, que je suis allé à Goma pour la première fois. La ville semblait paisible. Son volcan, le Nyiragongo, n'avait pas encore craché la lave qui allait raser ses maisons et noircir ses jardins à jamais. Goma dégageait au contraire une véritable joie de vivre. La musique s'échappait des restaurants et des bars. Difficile de ne pas s'y laisser entraîner. Les filles acceptaient volontiers mes invitations à danser, y compris les filles dont accepter les invitations n'était pas le métier. À la fin de la soirée, cependant, elles insistaient pour être raccompagnées : elles avaient peur, disaient-elles, de croiser des soldats. Malgré tout, la vie était douce sur les rives du lac Kivu, une « mer intérieure » à la frontière du Rwanda. Le lac et ses îles, où l'on bannissait jadis les jeunes femmes qui déshonoraient leur famille, étaient un ravissement.

Un coopérant québécois installé là-bas m'avait prêté sa planche à voile pour que je puisse m'y initier. Ce jour-là, malheureusement, il n'y avait pas beaucoup de vent, et je tombais constamment, m'accrochant à la voile bleu électrique, un peu embarrassé d'être observé par des pêcheurs en pirogue chantant des airs que j'imaginais très anciens. Lorsque j'y suis retourné, je n'ai pas fait de planche à voile sur le lac Kivu. Même si j'ignore combien de cadavres y ont été jetés pendant le génocide des Tutsis, en 1994, j'aurais eu l'impression de surfer sur un cimetière marin.

>>>

Innocent n'avait que douze ans lorsqu'il a rejoint les rangs de la rébellion. D'autres ont été enlevés et enrôlés de force par les rebelles. Pas lui. Il s'est enfui de la maison sans prévenir ses parents. « J'ai mes raisons », résume-t-il pour couper court. Le mot « humiliation » n'est jamais prononcé, mais il flotte dans l'air comme une vapeur épaisse. À douze ans, Innocent a donc décidé que sa nouvelle famille serait guerrière. Il se sentait attiré par cette vie, peut-être surtout par l'idée de prendre sa revanche sur les soldats qui l'avaient déjà méprisé en tant que civil. Malgré son jeune âge, son regard est dur, presque noir. Peut-être l'était-il déjà avant que les rebelles lui apprennent à tuer.

Innocent prend vite du galon. En tant que chef de section, il encadre un groupe de douze autres enfants. Les plus grands participent aux combats. Les plus petits servent de messagers ou de sentinelles. Les filles portent des armes, travaillent aux cuisines ou sont utilisées comme esclaves sexuelles. Pour son travail, Innocent gagne une poignée de francs congolais, sans parler des à-côtés, c'est-à-dire les chèvres et poules dont il s'empare à sa guise. « Tout ce qu'on pouvait prendre, se rappelle-t-il, on le prenait. »

Comme beaucoup d'anciens combattants, Innocent parle volontiers de ses faits d'armes. Le lance-missiles, le mortier, le lance-grenades, la mitrailleuse, le fusil d'assaut n'ont plus de secrets pour lui. Il aborde même le sujet avec une certaine fierté. Ce n'est pas de la forfanterie : la guerre est quasiment la seule chose que sache faire ce garçon qui ne sait ni lire ni écrire.

Malheureusement pour lui, Innocent est trop jeune pour participer au « brassage », c'est-à-dire à la recomposition des Forces armées de République démocratique du Congo à partir des forces régulières et des différents groupes de la rébellion. En tant que mineur, il sera plutôt renvoyé dans sa famille, une perspective qui l'inquiète. Il ne craint pas la réaction de ses parents, mais il a peur d'être jugé par son entourage, d'être confronté à un constat d'échec. Ses proches le compareront sans doute à ses frères, qui ont monté de petits commerces et gagnent bien leur vie. Se moquera-t-on de lui ? Innocent a déjà le sentiment d'avoir été utilisé et exploité par ses supérieurs. « Ils ont "mangé" beaucoup et profité de moi, dit-il en swahili. Mais, moi, je n'ai rien reçu. » Sauf peut-être des éclats de mortier dans la cuisse gauche.

Je sais bien que cet adolescent est une victime, mais j'ai du mal à éprouver de la sympathie pour lui. Je me sens, dans les deux sens du terme, désarmé. Il a vu trop de sang couler, a fait couler trop de sang. Que reste-t-il de son adolescence, outre son ressentiment ? Les ex-enfants soldats se plaignent souvent de ne pas être traités sur un pied d'égalité avec les adultes. Ces derniers, lorsqu'ils abandonnent la vie militaire, qu'il s'agisse de soldats ou de rebelles, touchent une prime dans le cadre du processus de désarmement et de démobilisation consécutif à l'accord de paix signé en 2002 à Sun City, en Afrique du Sud : cent dix dollars à la sortie et vingt-cinq dollars par mois pendant dix mois. Les braves petits soldats de Goma auraient voulu toucher la même somme. Ils n'y ont pas eu droit en raison de leur âge. Pour exiger son versement, ils se sont même soulevés, dressant un barrage routier et séquestrant un infirmier, relâché sain et sauf par la suite (mais sans obtenir gain de cause). Ce n'est pas par hasard qu'ils ont la réputation d'être des enfants difficiles.

>>>

À Kinshasa, l'hôpital du camp militaire de Ceta n'est pas un hôpital comme les autres. Bien qu'on y soigne aussi des femmes et des enfants, il a surtout pour vocation d'accueillir des anciens combattants, qu'ils soient issus des rangs de l'armée régulière ou de la rébellion. Les pavillons sont propres, bien tenus et aérés. Les malades dorment dans des lits orthopédiques, ce qui est loin d'être la norme dans les hôpitaux publics. « Plusieurs d'entre eux n'avaient jamais vu un hôpital, explique le Dr Kilukidi Vangu, le médecin colonel qui dirige l'établissement. Ils ont connu la guerre, une vie très difficile. Le simple fait d'être ici, à Kinshasa, c'est déjà bien. » « Un patient m'a déjà dit que c'était comme en Suisse ! » ajoute le Dr André Kapia, chirurgien général.

Paul, trente et un ans, porte un chapelet au cou et un tatouage au front. Le dessin à l'encre bleue représente un serpent, un animal qu'il admirait à l'époque où il combattait dans les rangs de l'armée. « Le serpent est si rapide qu'il te pique avant que tu ne t'en aperçoives », explique-t-il en souriant. Mais c'est un autre tatouage, celui-ci au bras gauche, qui trahit ses espoirs : il s'agit de la tour Eiffel, qu'il rêve de voir un jour.

Bien que ses blessures soient d'ordre psychologique, Paul est au nombre des milliers de mutilés que la République démocratique du Congo tente de soigner et de réintégrer à la vie active. Les blessés de guerre porteront à jamais les cicatrices, au sens propre comme au figuré, d'un conflit qui aurait fait plus de quatre millions de morts. En général, les blessés sont d'anciens soldats ou des rebelles mal soignés (ils traînent des fractures qui ont mal cicatrisé ou des plaies infectées). Les chirurgiens les opéreront à nouveau. Leur traitement est la première étape de leur réinsertion.

Cet hôpital accueille aussi des anciens combattants qui portent des séquelles psychologiques. « Les atrocités qu'ils ont vues ou commises les ont traumatisés, dit le Dr Vangu. Il y a des gens qui deviennent violents, d'autres qui ne cessent de parler. Ils sont devenus fous. » Ces malades sont souvent les plus difficiles à traiter. Les médicaments dont ils auraient besoin coûtent cher, et les psychiatres sont débordés.

La maladie mentale, intrinsèquement liée à la culture, ne s'exprime pas partout de la même façon. Ici, les malades parlent souvent des relations qu'ils ont nouées avec leurs féticheurs. En observant leurs préceptes, notamment les interdits alimentaires, ces guerriers espéraient bénéficier de la protection des esprits. Ces croyances sont parfois si profondément ancrées que le fait d'être blessé, c'est-à-dire de n'avoir bénéficié d'aucune protection, n'amène pas la victime à remettre en cause cette pensée magique. Ils ont plutôt tendance à s'auto-incriminer. « Ils ne sous-estiment pas la puissance du sorcier, dit le Dr Vangu. Au contraire, ils se sentent coupables de ne pas lui avoir obéi. » Même si elle n'est pas d'essence surnaturelle, cette « puissance » est parfois réelle : un guérisseur, autorisé à voir un malade, a déjà su trouver les mots et les gestes pour lui rendre l'équilibre psychologique qui lui faisait défaut.

Pendant que j'écoute des anciens combattants, l'un d'eux, très petit, me saute au cou et m'embrasse ! Ses compagnons s'emparent immédiatement de lui. Des femmes hurlent. Des claques lui tombent dessus. Il s'enfuit en riant. « Il n'est pas très dangereux, m'explique-t-on, mais il ne va pas très bien : il veut toujours embrasser les gens. »

>>>

Geneviève fixe le sol. Comme si elle avait honte de ses cicatrices. Il y a celles qu'elle porte aux bras et aux jambes : elle a été grièvement brûlée lorsque des hommes armés les ont empêchées, elle et sa famille, de sortir de leur maison en feu. Il y a également celles que la pudeur lui dicte de cacher ; elle a été violée. Enfin, il y a celles qu'elle portera à jamais dans son cœur, puisque ses cinq frères et sœurs ont péri dans l'incendie.

Depuis plusieurs mois, Geneviève vit à Goma, dans un centre de santé du Groupe d'entraide et de solidarité médicale (GESOM). Ses médecins et infirmiers l'ont soignée pour des blessures multiples dont elle tarde à se remettre, probablement parce qu'elle est arrivée dans un état de malnutrition avancée. Lorsque Geneviève ouvre enfin la bouche, c'est pour dire qu'elle aime travailler aux champs, qu'elle fait bien la cuisine et qu'elle voudrait, malgré tout, retourner dans son village. Elle est sans nouvelles des voisins qui lui ont sauvé la vie en l'emmenant à Goma, mais elle voudrait les en remercier et leur faire savoir qu'elle va mieux.

Dans l'est de la République démocratique du Congo, des dizaines de milliers de femmes ont été victimes de violences sexuelles, avec leur cortège d'infections sexuellement transmissibles. Au banc des accusés : les hommes en armes, qu'il s'agisse de soldats, de rebelles ou même de civils. « C'est catastrophique, dit le Dr Jean-Claude Mafuta, du GESOM. Depuis la guerre, notre pays a accueilli des étrangers armés, ce qui a incité la population locale à s'armer elle aussi. Leurs victimes sont les personnes les plus faibles, les femmes. »

L'impunité qui règne dans la région aggrave la situation. Selon Justine Masika, la coordonnatrice de la Synergie des femmes pour les victimes de violences sexuelles, une coalition d'associations qui vient en aide à des milliers de personnes, les femmes ne peuvent pas compter sur le système judiciaire. « Les femmes ne dénoncent pas leurs bourreaux parce qu'elles pensent qu'ils ne seront pas punis, explique-t-elle. Elles peuvent toujours porter plainte, mais la poursuite est souvent abandonnée et les violeurs relâchés parce qu'ils ont “diligenté” [soudoyé] ceux qui étaient en mesure de les faire relâcher. » Cinquante dollars américains suffisent à faire libérer un violeur.

Certaines victimes font parfois appel au chef du village, qui joue encore le rôle de juge de paix. Il réunit alors les familles de la victime et de l'agresseur. Le violeur demande pardon à sa victime et lui verse une amende (souvent payée en chèvres). Cette « justice », toutefois, n'est pas conforme au droit congolais, puisque les tribunaux coutumiers n'ont pas la compétence pour juger des affaires pénales. D'autres familles de victimes, pressées de trouver un dédommagement, donnent leur fille en mariage à son agresseur : en l'épousant, pense-t-on, il réparera la honte subie par ses proches. Quoi qu'il en soit, les chefs coutumiers n'osent pas toujours se mêler de ces histoires par peur des représailles, d'autant plus qu'ils savent les agresseurs capables de barbarie.

>>>

Chantal fut violée et mutilée par des hommes armés, en présence de sa fille. Ses blessures étaient graves, les séquelles sont encore pires, mais le plus pénible, dit-elle, fut d'être abandonnée. Son mari ne voulait plus d'une femme qui avait été violée. Il est donc allé voir ses beaux-parents pour leur réclamer les huit chèvres qu'il leur avait données en épousant sa fille. « Rendez-moi la dot ! Votre fille ne vaut plus rien ! »

Aujourd'hui, Chantal va mieux. Son regard est discret mais presque lumineux. Elle parle distinctement, sourit parfois. Elle sait désormais que ce n'est pas à elle d'avoir honte. Elle est convalescente dans un hôpital que tout le monde à Goma appelle DOCS (Doctors on Call for Service). Comme tant d'autres femmes de tous âges, elle y a été opérée pour une fistule obstétricale. « Tout le monde me fuyait, dit-elle, mais les mouches me suivaient partout. » Un an et demi plus tard, après trois interventions chirurgicales, elle va mieux. Pour Chantal, les viols sont faciles à expliquer. « C'est à cause de la guerre », dit-elle. Elle n'en tient rigueur à personne. « Comme Dieu m'a guérie, j'ai déjà tout pardonné. » Sauf peut-être à son mari. « Je n'ai plus envie de me donner à un homme, précise-t-elle. Je veux me donner au Seigneur. »

DOCS a formé des conseillères qui sillonnent Goma et les environs pour convaincre les victimes d'agressions sexuelles de se faire examiner. Toutes ne sont pas fistuleuses, mais toutes risquent d'avoir contracté une infection sexuellement transmissible. Les traumatismes sont monnaie courante. Par suite de l'agression, souvent à l'arme blanche, certaines victimes sombrent dans un mutisme qu'elles surmontent difficilement.

Les conseillères leur donnent rendez-vous dans une maison à proximité de l'hôpital. Elles sont invitées à s'installer dans une pièce où des fauteuils moelleux favorisent les confidences. On est ici entre femmes. Des mères, des jeunes filles et des fillettes y défilent sans discontinuer. Les conseillères ont identifié des milliers de victimes dont l'âge varie – l'écart fait frémir – de trois à quatre-vingts ans. Il est déjà arrivé que *toutes* les femmes, filles et fillettes d'un village des environs de Goma soient violées. DOCS a alors accueilli la grand-mère, la mère et la fille d'une même famille. Pourquoi autant de viols, et particulièrement de viols collectifs ? Pour les conseillères qui travaillent auprès des victimes, les violeurs chercheraient à montrer leur « vigueur » à leurs compagnons d'armes par une agression dont la virilité renforcerait l'esprit de corps (jamais si bien nommé). Pour ces guerriers, qui cherchent à rabaisser la victime, sa famille, son clan et sa tribu tout entière, les femmes seraient comme une sorte de patrimoine collectif dont il faut s'emparer.

>>>

À première vue, on dirait un simple massif de fleurs où prédominent le jaune et le mauve. Seule une croix en bois précise que ce jardin couvre une fosse commune. Seize personnes y sont inhumées. Elles s'étaient réfugiées dans la salle paroissiale de l'église catholique de Nyakasanza, dans la ville de Bunia, croyant qu'elles échapperaient aux massacres. C'est là qu'elles ont péri, le 10 mai 2003, dans un déferlement de violence interethnique qui allait coûter la vie à des dizaines de milliers de personnes dans la région de l'Ituri. Deux groupes se sont alors affrontés : les Hemas et les Lendus, les uns et les autres armés par l'Ouganda voisin.

Dans l'espoir que de tels massacres ne se reproduisent plus, cette paroisse organise des activités pour favoriser la réconciliation entre les uns et les autres. Une centaine de femmes de toute appartenance ethnique participent ainsi aux ateliers de Caritas, une ONG catholique. C'est ainsi qu'elles se réunissent, du lundi au vendredi, pour apprendre à lire et à écrire, à coudre et à broder. Elles cultivent aussi le potager communautaire qui jouxte la fosse commune et dont elles se partagent la récolte.

Outre leur aspect pratique, l'objectif de ces initiatives est d'amener les femmes à se faire les instigatrices du rapprochement entre Hemas et Lendus. Ce quartier, comme tant d'autres à Bunia, a été le théâtre d'atrocités. Des témoins m'ont dit avoir vu des corps sans tête ; on m'a montré des photos de têtes sans corps.

Jeanne Akiki, de Caritas, préfère ne pas s'attarder là-dessus. « Beaucoup de choses se sont passées ici », évoque-t-elle avec pudeur. Pour Mme Akiki, il faut désormais s'efforcer de réapprendre à vivre en harmonie dans l'espoir de vivre en paix. « Le pardon, dit-elle, c'est le début de la pacification. » Le travail de sensibilisation aurait déjà porté fruit. Des mères, selon Jacqueline Kodjo, coordonnatrice de l'association féminine de cette paroisse, ont parfois rendu ce qu'elles avaient volé à leurs voisines. Leur geste, croit-elle, servira d'exemple à ceux qui espèrent reconstituer le tissu communautaire. Dans ce domaine, les femmes auraient un rôle de tout premier plan. « Nous, les mamans, dit Jacqueline Kodjo, sommes doublement responsables parce que nous éduquons les enfants, mais aussi les papas. Nous devons donner des messages de paix, des exemples de paix, aux uns et aux autres. Dire "bonjour" à sa voisine, c'est déjà un premier pas. Après, il faut demander pardon. »

C'est aussi l'approche que prône l'Association des formations artisanales et d'encadrement des jeunes désœuvrés, que dirige Jean Udaga, vernisseur et pasteur d'une petite Église évangélique. Une vingtaine d'anciens combattants y suivent une formation pour apprendre à fabriquer, à vernir et à rembourrer des meubles en bois. Mais ils apprennent autre chose encore en côtoyant Udaga, un homme souriant et affable, si serein qu'on pourrait penser qu'il n'a pas été témoin d'atrocités. Ce serait une erreur de le croire. Udaga a dû fuir Bunia avec sa femme, une Hema, parce qu'elle était pourchassée par des Lendus. Leur maison a été pillée et détruite. Un de leurs proches, un jeune homme de vingt-cinq ans, a été tué. Aujourd'hui, ce formateur œuvre auprès de ceux-là mêmes qui l'ont obligé à fuir.

Ces jeunes gens, enrôlés dans des groupes armés à un très jeune âge, se confient assez facilement. « Ils racontent comment ils ont tué », précise-t-il. Mais Udaga n'insiste pas. Au contraire. Son but n'est pas de les amener à se condamner eux-mêmes. « Il faut qu'ils se réconcilient avec leurs victimes et avec eux-mêmes. Il faut qu'ils demandent pardon à Dieu et à la population. »

Un de ses apprentis, Justin, en sait quelque chose. Encore très jeune, il a rejoint une milice qui a pris part au saccage de Bunia. Après sa démobilisation, il a retrouvé Udaga dans l'espoir d'apprendre un métier. Après un certain temps, il a confié à son maître qu'il avait croisé un voisin dont il avait brûlé la maison. Un jour, cet homme l'apostropha. « Tu te souviens de ce que tu m'as fait ? » lui a-t-il demandé. Justin s'en souvenait trop bien. Sur les conseils de son professeur, il demanda pardon à son voisin « avec beaucoup d'humilité dans le cœur » et « prenant Dieu à témoin », précise-t-il en swahili. Sa victime lui répondit ce que Justin avait espéré entendre. « Si réellement ce pardon vient du cœur, je te pardonne. Sinon, Dieu le saura. » Justin est reparti apaisé. C'est du moins l'impression qui se dégage de son témoignage, une histoire qu'il raconte non pas comme une épreuve, mais comme une libération, une démarche qui lui a permis de retrouver un certain équilibre.

Aux yeux d'Udaga, d'autres jeunes gens devraient suivre son exemple. « C'est un moment où le diable a régné, dit le pasteur sur le ton de la constatation. Il y a un temps pour la guerre, il y a un temps pour la paix. Je ne garde de rancune à personne. Je ne condamne pas. »

>>>

Dans le petit avion qui m'emmène de Bunia à Mahagi, le pilote me demande de m'asseoir à sa droite et me tend le casque d'écoute du copilote. Nous survolons une forêt luxuriante où percent de temps à autre des villages fantômes. Leurs habitants les ont abandonnés pour se réfugier, qui à l'étranger, qui à la ville. Plus rarement apparaissent des pistes d'atterrissage. Grâce au micro incorporé à son casque, le pilote me dit : « C'est là que les Ougandais débarquent les armes. »

Les associations peuvent toujours monter des projets pour favoriser la cohabitation entre les différentes ethnies de l'Ituri et insister sur le pardon. C'est louable lorsqu'on sait que les affrontements y ont fait environ soixante mille morts de 1997 à 2003. J'y ai même rencontré une très jeune femme qui, enceinte par suite d'un viol, a prénommé son fils Dieu-Merci, ce qui est révélateur d'une véritable envie de tourner la page. Mais dans quelle mesure ces Congolais sont-ils maîtres de leur destin? Leurs voisins, l'Ouganda et le Rwanda, ont joué un rôle prépondérant dans ce conflit. Ces pays ont occupé l'est de la République démocratique du Congo à partir de 1997 avant de s'en retirer, officiellement du moins, en 2003. Ils ont ainsi pu piller les ressources naturelles en s'appuyant sur des milices armées, respectivement l'Union patriotique congolaise (UPC) et le Front nationaliste intégrationniste (FNI). Au moins une compagnie minière était de la partie, Anglo Gold Ashanti, qui a reconnu avoir financé le FNI malgré les sanctions du Conseil de sécurité des Nations unies, lequel interdit de financer toute rébellion. Ici comme ailleurs, les affrontements « tribaux » sont, malgré les apparences, politiques. On devrait en savoir plus long à ce chapitre après la comparution, à la Cour pénale internationale de La Haye, de Thomas Lubanga, un chef historique de l'UPC accusé de crimes de guerre visant le peuple lendu.

>>>

C'est un Twin Otter, un bimoteur de fabrication canadienne conçu pour l'Arctique, qui me ramène de Bunia à Goma. Une passagère qui pourrait être américaine monte avec un nourrisson. À un homme qui l'interroge, elle explique, en français, que le bébé – elle ne sait pas si c'est un garçon ou une fille – n'a qu'un mois. Les Sœurs de la charité maternelle lui ont confié l'enfant peu de temps avant qu'elle monte à bord. C'est un bébé prématuré dont la mère est morte en couches. Bien emmitouflé dans d'épaisses couvertures beiges, il respire très bruyamment. L'Américaine explique que l'enfant tousse parfois du sang. À Bunia, les médecins, qui ont d'abord cru à une tuberculose, n'ont rien pu faire pour lui. On saura peut-être mieux s'occuper de lui à Goma. L'homme à qui elle a raconté cette histoire dit : « Vous avez un grand cœur. » La dame clôt la discussion, berce l'enfant en lui murmurant à l'oreille, en anglais : « Ça va aller. Tu verras. Ça va aller. » J'ignore ce que l'enfant est devenu. Mais je sais que cet avion, deux semaines plus tard, s'est écrasé.

>>>

À Kinshasa, l'Académie des beaux-arts possède un atelier de sculpture où l'on peut voir, et parfois admirer, les œuvres des étudiants. L'une d'elles, en ciment, représente un soldat en tenue de combat – ou est-ce un rebelle ? – arrachant un enfant à sa mère. J'ai l'impression d'avoir déjà vu cette image, que je finis par situer. Cet homme armé ressemble à l'ogre qui a inspiré Goya, Rubens et tant d'autres peintres : c'est Saturne dévorant ses enfants congolais.

Diamants sans éclat

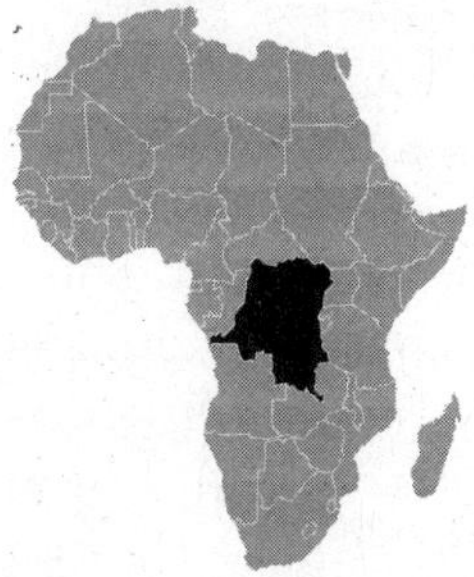

RÉPUBLIQUE DÉMOCRATIQUE DU CONGO

C'est l'heure de quitter Kinshasa, la capitale d'un pays si vaste qu'on le qualifierait de sous-continent s'il n'était pas enclavé de la sorte. La foule s'est agglutinée devant l'aérogare. Il y a tellement de monde – passagers, accompagnateurs, bagagistes, chauffeurs de taxi – que j'ai du mal à trouver l'entrée. Il y a, bien sûr, une porte où il est écrit « Entrée », tout au bout d'un couloir d'accès, mais un cordon laisse croire qu'il est interdit de passer. Je me dis qu'elle est là pour éloigner les badauds, pas moi qui suis un passager. J'ai un passeport, un billet d'avion. Je me glisse sous le cordon. Un policier, que je n'avais pas vu, me rattrape. Il a l'air furieux.

En général, les policiers qui m'ont interpellé à Kinshasa, toujours pour me demander de petites sommes d'argent, étaient courtois. Il n'était pas très difficile de s'en débarrasser. Il suffisait d'engager la conversation, de rester poli mais d'expliquer qu'on ne leur donnerait rien. L'idéal était de faire preuve d'humour : faites rigoler un policier, vos ennuis s'évaporent ! Les « faux policiers » sont plus coriaces. Ceux-là, habillés en civil, restent dans leur véhicule, censé être une voiture de police banalisée. Ils vous montrent une pièce d'identité à toute vitesse en exigeant de l'argent. Il est préférable de les éviter, à l'instar des militaires qui, même en pleine capitale, font main basse sur tout ce qu'ils veulent.

Le policier de l'aéroport, lui, semblait de très mauvaise humeur.

« Je pourrais vous arrêter ! me dit-il.

— Je suis désolé : je ne voyais pas l'entrée.

— Je pourrais vous fouetter, comme on me l'a déjà fait chez vous !

— On vous a déjà fouetté au Canada ?

— Non, c'était en Belgique. Si vous êtes canadien, vous pouvez passer. »

Non, je n'étais pas un sujet du roi des Belges, les anciens maîtres coloniaux, mais le sujet d'une reine anglaise au passé colonial tout aussi chargé. Évidemment, je n'allais pas insister là-dessus. J'avais un avion à prendre.

L'intérieur de l'aérogare était calme, même si, à tous les contrôles, les policiers demandaient « un petit quelque chose ». Il est difficile de s'en formaliser quand on sait qu'ils sont mal payés, voire pas payés du tout puisque l'État congolais met souvent des mois à rémunérer ses fonctionnaires. Leur sens de la débrouillardise est même extrêmement développé. La Société des chemins de fer congolais en est le meilleur exemple. Sur le papier, elle n'existe plus puisqu'elle est en faillite. Pourtant, des trains circulent !

À l'aéroport, la salle d'embarquement est calme. Une petite boutique propose aux passagers des souvenirs, quelques bouteilles et même de l'alcool à briquet, qu'on n'a pourtant pas le droit d'apporter à bord, du moins en théorie. La sécurité aérienne est défaillante et les accidents sont fréquents. Mais dans un pays où le réseau routier est lamentable, l'avion est souvent la seule façon de se rendre d'une ville à l'autre. Les passagers prennent même parfois des vols cargo qu'ils partagent avec le fret, y compris des animaux vivants (poules, porcs en cage) ou morts (poisson fumé). Je m'envole pour Mbuji Mayi, la capitale de la province du Kasaï oriental et la deuxième ville du pays ; trois millions d'habitants, pas d'eau courante, pas d'électricité.

>>>

René, quinze ans, porte une casquette de Mickey Mouse, mais il est couvert de poussière rouge comme tous les mineurs. Il dit que la vie du creuseur est rude. Il a déjà vu des enfants, parfois bien plus jeunes que lui, se blesser dans la mine à ciel ouvert où il travaille. Il a déjà été témoin d'un éboulement qui a coûté la vie à un camarade, lequel n'avait pas dix ans. Mais le jour où il a trouvé son premier diamant, René a oublié tout cela. « Ce jour-là, je me suis dit que Dieu m'avait béni. » Il a vendu son trésor vingt mille francs congolais (environ quarante dollars américains) et il s'est acheté des vêtements. Pas ceux qu'il porte en ce moment, mais ceux qu'il met le dimanche. Il ne va plus à l'école. Il travaille. Il creuse deux jours par semaine. Les autres jours, il aide sa famille, qui tient une petite épicerie dans le village qui jouxte Mbuji Mayi, Tshilumbu Mpumbue.

Ce nom signifie « l'homme qui a des difficultés » en chiluba, la langue locale, et il faut dire que ce gros bourg est bien nommé. Il s'en dégage une impression d'abattement comme si le travail était sans valeur aucune, comme si tout le monde avait compris que, dans la vie du mineur, seule comptait la chance. Les petits commerces proposent, côte à côte, des haricots, des arachides et des diamants, au cas où un acheteur fortuné passerait par là. En définitive, les gemmes sont partout, mais la richesse n'est nulle part.

La plupart des habitants se sont installés à Tshilumbu Mpumbue après 1982, date de la « libéralisation » du secteur des matières premières. Jusqu'alors, seules des entreprises qui avaient des concessions de l'État avaient le droit d'extraire des diamants. Longtemps, la Minière de Bakwanga (MIBA), une société mixte, a bénéficié d'un monopole. Mais depuis l'apparition des mines artisanales, des milliers d'hommes et de garçons s'engouffrent tous les jours dans des mines à ciel ouvert à la recherche de la pierre la plus dure. Ils en extraient des graviers qu'ils font sécher au soleil avant de les tamiser avec de l'eau dans l'espoir d'y trouver des cailloux précieux.

À la saison sèche, ils construisent des kilomètres de digues à même le lit de la rivière Lubilanji, le cours d'eau qui délimite le terrain de la MIBA, la frontière entre la fortune et la détresse. Les creuseurs en retirent l'eau avec une pompe avant de renforcer les parois avec des sacs de sable pour éviter les éboulements. Ils excavent alors le fond de la rivière, mais sur une seule rive puisque l'autre fait partie de la concession de la MIBA. Bien que ce soit interdit, ils sont nombreux à s'y aventurer à la faveur de la nuit. Ils portent même un nom, les « suicidaires », car ces berges sont surveillées de près, et les forces de sécurité n'hésitent pas à ouvrir le feu sur les creuseurs illicites. Au centre de santé le plus proche, à Luamuela, on soigne trois blessés par balle chaque semaine, en moyenne.

Le diamant a détruit toute autre activité économique. Le chef du village, Kelenda Mukandila Kalala, cinquante-trois ans, plantait jadis du maïs, du manioc et des haricots. Aujourd'hui, aucun de ses enfants – une quinzaine d'entre eux sont encore au village – n'est agriculteur. Les cultures vivrières ont quasiment disparu. La prostitution, en revanche, s'exerce au vu et au su de tous. Une flopée d'« hôtels », des cases imposantes, ont poussé en plein centre de Tshilumbu Mpumbue. On sait que les infections sexuellement transmissibles sont élevées chez les « diamantaires », mais on ignore combien d'entre eux sont séropositifs. Et on n'est pas près de le savoir : il est impossible d'obtenir un test de dépistage au centre de santé.

Ces pierres précieuses ont-elles été une chance ou une malchance pour son village ? « Une malchance, répond le chef Kelenda Mukandila Kalala, parce que les diamants, ça rapporte assez pour manger, mais pas assez pour payer l'école. » En classe aussi, les diamants sont une préoccupation de tous les instants. La fortune très tape-à-l'œil des diamantaires contribue à dévaloriser les enseignants, dont la pauvreté est tout aussi criante. Selon Jean-Marie Muanza, le directeur de l'école primaire, le tiers des élèves travaillent à la mine. Les garçons transportent des graviers. Les filles portent l'eau qui servira à les tamiser.

Comme tant d'autres fillettes, Adèle, douze ans, doit aller chercher l'eau à la rivière. Elle, sa sœur et sa mère se lèvent à six heures pour s'acquitter de cette tâche. Elles font treize kilomètres à pied pour prendre le précieux liquide qu'elles apportent aux creuseurs. Elles touchent cent francs congolais (vingt cents américains) pour vingt litres d'eau. Adèle, un des rouages de l'industrie diamantaire, va encore à l'école, qu'elle aime beaucoup. Sa matière préférée est le français, quoiqu'elle ait beaucoup de difficultés à le lire et à l'écrire. Cela ne l'empêche pas de rêver d'avoir un jour un « bon métier ». N'importe lequel, sauf celui qu'elle exerce déjà.

Des familles fondent tous leurs espoirs sur ces petites pierres. Le travail est rude, dangereux, ingrat, mais les mineurs espèrent tous dénicher la gemme qui les rendra riches. Il arrive parfois au plus démuni des mineurs de pouvoir s'acheter une grande maison à Mbuji Mayi, la ville voisine. Ces pavillons aux airs de bungalow américain font rêver. Tant pis s'il n'y a pas d'eau courante. Les pompes municipales sont électriques, et l'électricité est réservée à la mine (de jour) et à quelques-uns de ses dirigeants (de nuit).

>>>

« Qu'utilisaient les Congolais pour s'éclairer avant la lampe à l'huile ?

— L'électricité ! »

Il faut connaître la République démocratique du Congo pour apprécier cette blague. Ailleurs au monde, on serait évidemment tenté de répondre « la bougie ou le feu », mais les Congolais savent bien que leurs villes étaient électrifiées, jadis. Ce n'est qu'après l'indépendance, en 1960, que les services publics se sont effondrés. Aujourd'hui, les citadins doivent souvent se contenter de lampes à l'huile. Les groupes électrogènes coûtent cher, quoiqu'on trouve de toutes petites génératrices fonctionnant à l'essence pour recharger les batteries de téléphones portables.

La médiocrité des services publics, à Mbuji Mayi, est stupéfiante. Ce qui ne l'empêche pas de croître sans discontinuer. On dit que la population, depuis les années 1980, s'est multipliée par dix ! Dense, chaotique et sale. Bruyante, bouillonnante et stressante. Le foisonnement défie l'entendement. Elle fourmille de petits commerçants qui tentent de gagner leur vie en vendant ce qu'ils n'ont pas eux-mêmes les moyens d'acheter. La pénurie d'argent liquide est une préoccupation de tous les instants. Les billets de banque sont parfois si usés – les plus petites coupures sont plus sales que les grosses – qu'on les reconnaît à leur degré de noirceur. S'il s'agit d'un chiffon illisible, c'est un billet de cinquante francs. Comme les grosses coupures sont rares, il faut parfois d'épaisses liasses pour acheter des articles de consommation courante. On utilise aussi des dollars américains. Les commerçants n'ont presque jamais la monnaie, ni en francs ni en dollars. Ceux d'entre eux qui recrutent des employés donnent l'impression de ne pas leur faire assez confiance pour leur laisser une petite caisse, une contradiction dans les termes : aucune caisse ne saurait être « petite », puisqu'elle contiendrait plus d'argent que le salaire mensuel du caissier. Il faut savoir que la majorité de la population touche moins de cinq cents francs (un dollar américain) par jour, le seuil de l'extrême pauvreté. Ici, la vie est dure, et elle a des airs de Far West à l'époque de la ruée vers l'or. À ma descente de l'avion, je me suis fait demander mon « permis minier » avant mon passeport. (Car dans ce pays, les passagers étrangers sont contrôlés à l'arrivée, même après avoir effectué un vol intérieur, comme si les autorités ne se faisaient pas confiance d'une province à l'autre.)

>>>

Les pierres qui suscitent tant de convoitise, des cailloux non taillés, sans éclat, ressemblent à des grains de sel de cuisine. À Tshilumbu Mpumbue, on peut les voir sous l'abri de paille où s'est installé Ngandu Ngando Mao, un diamantaire de vingt-cinq ans. Il porte une chemise blanc et bleu, une touche de raffinement dans un village qui l'est fort peu. Mais, assure-t-il, « vendre des diamants, c'est comme vendre des arachides ». En attendant des clients, il veille sur ses pierres précieuses, qu'il pèse grâce à de petites balances : un diamant d'un carat est égal en poids à deux allumettes suédoises.

Ngandu Ngando Mao sait que de nombreux enfants commencent à creuser à douze ans. Ils sont faciles à reconnaître. Leurs vêtements prennent la couleur de la terre rougeâtre qu'ils manipulent à longueur de journée – et parfois la nuit. En réalité, les enfants commencent à travailler bien avant. C'est à partir de six ans qu'ils transportent des sacs de gravier sur les épaules. Le travail est éreintant, et Ngandu Ngando Mao s'est promis, si sa femme lui donne un jour un fils, de ne jamais l'envoyer travailler à la mine. « Quand on "attrape" quelque chose, résume-t-il, on peut gagner beaucoup d'argent. Mais il y a un mauvais côté : la mort. »

Petits pas

MAROC

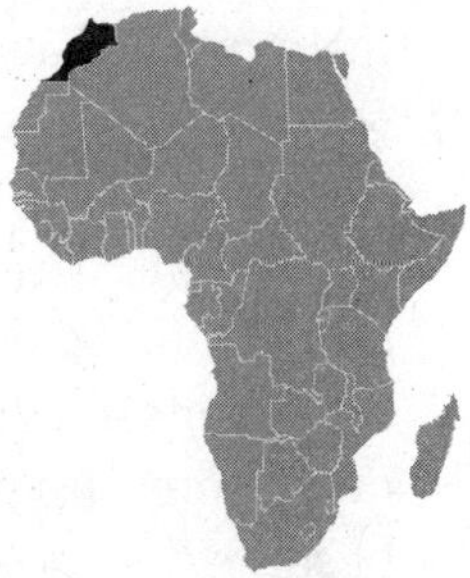

C'est à juste titre que Fès, ville du nord du Maroc, est célébrée pour son palais impérial, ses mosquées, ses remparts et sa médina, un vaste marché où déambulent les touristes ébahis. Lorsqu'on y regarde de plus près, toutefois, ce souk abrite une zone industrielle. Derrière les portes de petits ateliers, on travaille d'arrache-pied, perpétuant la réputation de Fès comme un haut lieu de l'artisanat marocain. Ce n'est pas pour rien que les paysans fuyant les campagnes désertiques du sud du pays s'entassent dans sa banlieue. À Fès, il y a du travail.

Presque partout dans la médina, dès le petit matin, les artisans sont à pied d'œuvre. Ils se consacrent principalement à la poterie, à la céramique (le bleu de Fès remonte au XIIIe siècle), à la dinanderie (la fabrication d'ustensiles de cuisine en cuivre) et au zellige (des carreaux de terre cuite aux formes raffinées). Ils travaillent pour ainsi dire au vu et au su de tous. Seules les femmes qui confectionnent les tapis de Fès, très réputés, font exception à la règle : elles travaillent dans des locaux fermés, souvent en sous-sol, à l'abri des regards.

>>>

Mouassi, quatorze ans, est très petit pour son âge, et on n'a pas de mal à l'imaginer à l'école primaire, d'autant plus que, sur son pull, il y a un ourson. Pourtant, Mouassi est un ouvrier. Depuis l'âge de neuf ans, il travaille comme apprenti dans une coopérative de zellige. À l'instar d'une quinzaine d'autres enfants âgés de douze à seize ans, Mouassi reste accroupi du matin au soir, six jours sur sept. S'il travaille bien ou, plus exactement, beaucoup, il touchera deux cents dirhams, l'équivalent de vingt dollars américains, à la fin du mois. « C'est pour nourrir ma famille », dit Mouassi, comme s'il était un adulte. À l'instar de ses deux frères, un peu plus âgés que lui, Mouassi subvient aux besoins de ses deux sœurs et de ses parents, sans emploi.

Le code du travail interdit pourtant le travail des enfants de moins de quinze ans, et la coopérative de « zelligeurs » ne recrute pas les enfants en tant que travailleurs mais en tant qu'apprentis. Les jeunes travaillent sous la houlette d'adultes qui rappellent qu'il leur a fallu de longues années avant d'atteindre un bon niveau. Eux aussi étaient très jeunes lorsqu'ils furent initiés à un art qui consiste à découper des formes délicates dans de fragiles carreaux. Pour Mohamed Lahhob, le secrétaire général de la coopérative, qui a commencé à douze ans, c'est même la seule façon d'apprendre le métier. À ses yeux, le jeu en vaut la chandelle, puisqu'il permet aux apprentis les plus doués de bien gagner leur vie lorsqu'ils deviendront enfin des membres à part entière de la coopérative.

Les adversaires du travail des enfants affirment que cette histoire de formation est de la poudre aux yeux. Dans les faits, seule une poignée d'apprentis accèdent à la coopérative, selon Elham Rhrissi, une éducatrice de la Ligue marocaine pour la protection de l'enfance, une ONG. Elle rend souvent visite aux petits zelligeurs. « Ils sont exploités par leur famille, s'insurge-t-elle. Ils passent dix ans à faire la même chose ! » Les familles, comme les membres de la coopérative, objectent que les enfants apprennent un métier.

Leurs conditions de travail sont pénibles, surtout par temps froid. Les petits restent assis au sol dans un atelier qui a toutes les allures d'un hangar et où l'humour grivois est la norme. Comme c'est souvent le cas lorsque des enfants sont confiés à des adultes, les risques de maltraitance sont réels. Chaque année, des garçons s'enfuient plutôt que de continuer à travailler dans des conditions aussi rudes, explique Elham Rhrissi. Elle est déjà tombée par hasard sur un adolescent de quatorze ans qui avait fugué. « Je l'ai trouvé dans la médina, dit-elle. Il était dans un sale état. Il dormait dans la rue. Mais il ne voulait pas rentrer chez lui. Il sait que s'il retourne dans sa famille, il sera renvoyé au travail. »

La plupart des petits zelligeurs n'ont jamais mis les pieds à l'école, et les cours dispensés sur leur lieu de travail deux fois par semaine sont trop irréguliers et trop insuffisants pour leur permettre d'apprendre à lire et à écrire. Pourtant, ces gamins-là, comme tous les autres, font des projets d'avenir. Ils disent rêver de devenir médecin ou ingénieur. En réalité, faute d'avoir terminé le cycle primaire, qui donne accès à la formation professionnelle, ils ne pourront jamais apprendre un autre métier que celui de zelligeur.

L'école, Mouassi envie les copains qui ont la chance d'y aller. Le soir, lorsqu'il les retrouve, il les écoute avec curiosité parler de ce qu'ils ont fait en classe. Il s'accroche à l'espoir – ses grands yeux noirs le disent encore plus fort que ses paroles – de les y accompagner un jour. Hélas ! il se sent de plus en plus isolé en leur compagnie, car il comprend bien que l'écart se creuse entre eux et lui. Ce qui ne l'empêche pas de dire : « Ma place est à l'école. »

Des études ont montré que des centaines de milliers d'enfants marocains travaillent, souvent dans des conditions lamentables. Dans l'agriculture, ils sont même souvent confrontés à de graves risques, manipulant des produits chimiques et des pesticides. Des dizaines de milliers de filles, par ailleurs, sont recrutées comme domestiques. En 2005, Human Rights Watch a rencontré des « petites bonnes » de cinq ans qui étaient à pied d'œuvre sept jours sur sept.

L'Association des dinandiers regroupe plus de cinq cents adhérents, dont Mohamed Moufid, un petit entrepreneur qui a lui-même commencé à travailler à douze ans. Avec son pantalon de bonne coupe, son téléphone et sa moustache bien taillée, cet homme d'affaires fait preuve d'un raffinement discret. Aujourd'hui, son atelier fournit du travail à une trentaine de personnes mais, insiste-t-il, à aucun enfant. Depuis que le nouveau code du travail a interdit le travail des petits, leur nombre a beaucoup baissé, explique Moufid. Toutefois, d'autres artisans, moins fortunés que lui, peut-être moins regardants, recrutent encore des gamins. « Je ne ferais jamais travailler des enfants de six ans, dit-il, mais il hésite à condamner ceux qui le font. C'est parce qu'ils ont besoin d'eux pour subvenir aux besoins de la famille. » Moufid, qui aime son métier, a incité ses trois fils à se joindre à lui. Ce n'est pas sans fierté qu'il ajoute qu'un de ses fils, l'aîné, travaille désormais avec lui, celui qui a déjà obtenu son baccalauréat…

>>>

La mosquée Hassan II de Casablanca, qui peut accueillir vingt mille hommes et cinq mille femmes, en impose : son minaret est le plus haut du monde musulman ; son plafond à caissons en bois de cèdre est teint au henné et au safran ; ses lustres en verre dépoli sont importés de Venise. C'est la seule mosquée marocaine où les non-musulmans peuvent entrer (après avoir acheté un billet dont le prix semble négociable). Cela vaut le détour. Rien n'était trop beau pour le « commandeur des croyants » qui l'a fait construire et lui a donné son nom avant de mourir, en 1999, après trente-huit ans de règne. Ce descendant du prophète Mahomet a même fait graver son arbre généalogique en lettres d'or dans une colonne de marbre blanc.

Aucune mosquée ne porte le nom de son successeur, son fils, Mohammed VI. Le jeune monarque a très vite cherché à se démarquer de son père. Il passe pour chaleureux, accessible, simple, le contraire de Hassan II, très attaché au faste et au protocole. Dans les lieux publics, ses portraits montraient souvent un homme las, peut-être même agacé par le photographe. Ceux de Mohammed VI, au contraire, donnent à voir un homme au sourire franc, presque enjoué. À Salé, ville peu fortunée et bastion islamiste près de Rabat, la capitale, on vend ses photos sous forme de cartes postales : le roi aux sports d'hiver, le roi en jet ski, etc. À Casablanca, on penche pour le portrait officiel : le roi en complet cravate, chic mais décontracté, assis ou appuyé sur un bureau. Mohammed VI, dit-on partout, est « moderne ».

La rue l'a surnommé « le roi des pauvres ». On l'a vu embrasser des enfants handicapés, visiter des hôpitaux et sillonner le Maroc, y compris le Rif, région rebelle du Nord, où son père ne mettait jamais les pieds. Dès son couronnement, le roi a multiplié les coups d'éclat. Il a limogé le ministre de l'Intérieur, Driss Basri, l'homme de confiance de son père, et renvoyé tous les gouverneurs, piliers de l'ancien régime. Il a levé l'interdiction de séjour au Maroc du dissident Abraham Serfaty, incarcéré puis banni par Hassan II. Il a permis le retour d'exil des proches de l'opposant Mehdi Ben Barka, « disparu » en 1965. En montant sur le trône, le monarque a donné un nouveau souffle aux droits de la personne, à commencer par la liberté d'expression. « Aujourd'hui, on peut parler, s'exclame un chauffeur de taxi encore tout éberlué. Même aux policiers ! »

La révolution tranquille que connaît le Maroc, dit Abdelhak Serhane, universitaire et écrivain dont les premiers livres étaient jadis interdits, « se fait sur les cendres d'un passé très lourd ». Si lourd que les Marocains parlent des « années noires » pour évoquer la répression qui a marqué le règne de Hassan II. Arrivé au pouvoir en 1961, le souverain s'en était vite pris à la gauche, notamment à l'université, où les départements de sciences humaines furent remplacés par des départements d'études islamiques. « On ne voulait pas que les gens se posent des questions sur eux-mêmes et sur la société », dit Serhane.

D'abord enfermé dans un centre de détention clandestin de Casablanca, Driss Benzekri a « disparu » en 1975, à l'âge de vingt-quatre ans. Ce jeune enseignant marxiste passa dix-sept ans en prison, dont une année entière dans le noir absolu, pour atteinte à la sécurité de l'État. Quand il a recouvré sa liberté, en 1992, il ne lui restait qu'à recommencer sa vie : il épousa la femme qui n'avait jamais cessé de l'attendre et s'installa en Angleterre pour y poursuivre des études de droit. En rentrant à Rabat, il présida le Forum marocain pour la vérité et la justice, qui réunit des défenseurs des droits de la personne, le poste qu'il occupait lorsque je l'ai rencontré. « C'était un État criminel, aux abois, incapable de clairvoyance, de modération », m'expliqua alors Benzekri. Malgré la sévérité du propos, il parlait doucement, cherchant le mot juste, le soupesant, pendant que son regard scrutait le ciel. Hassan II ? « Un homme intelligent, subtil, fin diplomate, grand stratège, capable d'errements et de dérapages dangereux. » Mohammed VI ? « Quelqu'un qui se présente comme très préoccupé par les questions de justice sociale. »

Comme Benzekri, un millier de Marocains furent victimes de « disparitions forcées » de 1960 à 1990, selon les défenseurs des droits de la personne. Les autorités, qui contestent ce nombre, reconnurent néanmoins le problème avant la mort de Hassan II, lequel avait dit sa volonté de « fermer le dossier des droits de l'homme ». Le nouveau roi est allé plus loin en créant une commission pour l'indemnisation des victimes des disparitions et des détentions arbitraires. Il ne s'agissait pas uniquement, m'expliqua alors Benzekri, d'une question d'argent : il fallait surtout arriver à comprendre ce qui était arrivé aux disparus dont on était encore sans nouvelles – et punir leurs bourreaux. « Les autorités veulent tourner la page des droits de l'homme avec le minimum de dégâts possible, disait alors Benzekri. Mais avant de la tourner, il faut l'écrire et la faire lire. Si on veut que le Maroc soit un jour un État de droit, il faut sanctionner les responsables. Une autoamnistie de l'État serait inacceptable. »

En 2003, Benzekri allait être nommé président de l'Instance équité et réconciliation, un organisme chargé par le roi de faire la lumière sur les violations des droits de la personne à partir de 1960. Après avoir ouvert seize mille dossiers, dont la plupart déboucheraient sur des indemnisations, l'Instance remit son mandat final en 2005. Les punitions passèrent à la trappe, mais l'Instance demanda à l'État de présenter des excuses aux victimes, des excuses qui tardaient encore à venir lorsque Benzekri, l'un des hommes les plus populaires du Maroc, est mort en 2007.

>>>

Le roi ne peut avancer qu'à petits pas, m'expliqua le plus célèbre des anciens prisonniers politiques, Abraham Serfaty. En clair : Mohammed VI ne peut pas donner l'impression de désavouer son père. Sinon, le *Makhzen* (le mot arabe à l'origine de « magasin »), l'élite administrative marocaine, que Serfaty qualifie de « féodale », lui mettrait des bâtons dans les roues. « Le roi doit faire avancer un appareil habitué à marcher en sens inverse, dit-il. Tout ça ne changera pas du jour au lendemain. Il n'a pas de baguette magique ! »

Serfaty me donna rendez-vous à la villa que le souverain avait mis à sa disposition à Mohammedia, à mi-chemin de Rabat et de Casablanca. Par la verrière de la véranda, il pouvait contempler la mer, qu'il n'avait pas vue depuis vingt-trois ans, la durée de son exil en France. Il ne pouvait toutefois pas se promener sur la plage : des problèmes de santé le confinaient dans un fauteuil roulant. Sa joie de rentrer chez lui, me confia-t-il, fut atténuée par une triste constatation : son pays, que l'indice de développement humain du Programme des Nations unies pour le développement classe loin derrière la Tunisie et l'Algérie, connaissait désormais des inégalités inimaginables.

La croissance économique du Maroc est pourtant soutenue, et les exportations de produits agricoles (orge, blé, agrumes, etc.) ont pris la relève des phosphates. Mais il suffit de prendre le train de Casablanca à Rabat pour constater que tout le monde n'a pas profité du boom économique. Bidonvilles miséreux, lopins de terre exigus, ânes maigrichons : ce n'est pas ici qu'on trouve les systèmes d'irrigation commandés par ordinateur qui permettent au Maroc d'exporter ses clémentines un peu partout dans le monde.

>>>

Pour Nadia Yassine, fille et porte-parole d'Abd Assalam Yassine, dirigeant de Justice et Spiritualité, un mouvement islamiste illégal mais toléré, « les pauvres sont les victimes du pouvoir ». Bien qu'aucune accusation ne pèse contre lui, son père, longtemps assigné à résidence, passe pour un radical. Comme lui, Nadia Yassine ne mâche pas ses mots. Elle est franche, parfois brutale. Pourtant, on aurait tort de croire qu'elle a, sous le foulard, un couteau entre les dents. Au contraire, elle et son mari m'ont accueilli, à Salé, avec force amabilité.

Son mouvement est néanmoins le plus radical et le plus important des deux courants intégristes qu'on trouve au Maroc. (Les radicaux refusent de se transformer en parti politique, contrairement aux modérés qui, dans le cadre d'un parti légalement formé, ont envoyé des députés au Parlement.) Absent de l'arène politique, Justice et Spiritualité exerce toutefois une grande influence. Ses travaux sur des questions théologiques sont d'une qualité incontestable, selon des spécialistes, et sa capacité de mobilisation est forte, tant dans les bidonvilles qu'à l'université. Le mouvement regroupe des centaines de petites associations d'entraide qui fournissent des services sociaux que l'État ne donne pas ou ne donne plus. Ces islamistes font de l'alphabétisation, se cotisent pour dépanner des familles en difficulté et organisent des loisirs pour les démunis (des centaines de milliers de personnes profitèrent de leurs camps de vacances, dans les années 1990). Ils furent même autorisés, pendant un certain temps, à faire du bénévolat dans les hôpitaux. « Nous avons été chassés par l'État, qui ne veut pas nous voir jouer aux héros dans les hôpitaux publics », glisse Nadia Yassine.

Foulard noir, veste anthracite, maquillage discret : Nadia Yassine est plus distinguée qu'à l'époque où elle portait des djellabas « bien colorées », pour choquer ses professeurs du lycée français, dit-elle. Il est évident que cette femme politique a autant le sens de l'humour que le sens de la provocation. Mais on sent bien que ses véritables adversaires ne sont pas ses anciens professeurs et ce qu'ils représentent, mais les islamistes modérés. « Tout ce qu'ils peuvent faire, c'est du népotisme. Ils intercèdent pour leurs proches. Et que le peuple aille se faire voir ! Excusez mon langage. » Son propre mouvement refuse de se transformer en parti politique. « Nous ne voulons pas nous compromettre avec des partis créés *ex nihilo* par le pouvoir pour donner une illusion d'alternance. Ce serait perdre notre capital : la confiance du peuple. Le vrai travail politique, c'est de changer les mentalités, de créer un esprit critique à l'égard du pouvoir. »

Son franc-parler, m'expliqua-t-elle, lui permettait de tester les limites de ce qu'elle appelait « l'espace de dissidence ». « On ne tergiverse pas avec le despotisme », me dit-elle au sujet de la monarchie, qu'elle assimilait à une « dictature déguisée ». « J'appelle dictature tout ce qui joue sur l'arbitraire et qui permet à un seul homme de tout faire », souligna-t-elle.

Notre rencontre a eu lieu avant le 11 septembre 2001, et ledit espace de dissidence alla en s'amenuisant au Maroc. En 2005, Nadia Yassine fut poursuivie pour atteinte aux « institutions sacrées de la nation » après avoir déclaré à un journal marocain son penchant « personnel » pour un régime républicain, qu'elle préférait à un régime « autocratique ». Elle fut alors empêchée de voyager à l'étranger, une interdiction qui fut ensuite levée.

>>>

Les élections marocaines ont longtemps été truquées. À la fin des années 1990, à Casablanca, un candidat socialiste avait préféré se désister, vu l'ampleur de la fraude dans sa circonscription – fraude qui lui avait pourtant permis de gagner ! Les électeurs ont désormais le sentiment que les scrutins ne servent pas à grand-chose. Seul un électeur sur trois s'est donné la peine de voter aux élections législatives de 2007, qui se sont pourtant déroulées sans irrégularités, selon les observateurs étrangers.

La corruption reste endémique. Le gouvernement marocain a souvent affirmé sa volonté de combattre ce fléau, dont l'une des premières causes est la production de cannabis. Le Maroc est le principal fournisseur de l'Union européenne, selon Europol, le service de renseignement des polices européennes, et le *World Factbook* de la CIA. Ce pays servirait aussi de point de transit de la cocaïne entre l'Amérique du Sud et le continent européen. « À partir du moment où la drogue est la première source de devises étrangères au pays, le terreau de la corruption – argent non contrôlé, spéculation immobilière, etc. – est fertile », explique Sion Assidon, homme d'affaires et secrétaire général de Transparency Maroc, l'antenne locale de Transparency International.

Dans la vie quotidienne, les Marocains subissent ce fléau dans leurs relations avec la fonction publique. « L'exercice de la moindre parcelle d'autorité devient un moyen d'enrichissement, dit Assidon. Et l'impunité est la règle. » Le phénomène remonterait au XIXe siècle, à l'époque où les fonctionnaires n'étaient pas rémunérés par l'État, mais par les citoyens qui faisaient appel à leurs services. Il se poursuit parce que les fonctionnaires sont mal payés. Bon nombre d'entre eux touchent à peine plus que le salaire minimum. Ils seraient peut-être mieux lotis si l'État réussissait à percevoir un impôt sur le revenu, lequel est payé, dans les faits, par les seuls salariés (car il est prélevé à la source dans leur cas). La majorité des entreprises seraient coupables de fraude fiscale. D'ailleurs, l'évasion fiscale a pris une telle ampleur que le gouvernement a dû adopter, non pas une, mais deux « amnisties fiscales ». « Le capital est moins imposé que le travail », admet Ahmed Benkirane, un ancien ministre du Commerce et de l'Industrie. Il estime qu'il faut « citoyenniser » le patronat, pas toujours enclin à respecter la loi. « L'entreprise ne peut être exigeante envers les pouvoirs publics si elle ne remplit pas ses propres devoirs. » Il reste que, dans l'esprit des Marocains, qui dit « business » dit « bakchich ». Mais les choses seraient, là aussi, en train de bouger.

Une nouvelle génération de cadres, souvent formés à l'étranger, aurait d'autres pratiques. Jamal el-Filali est rentré au Maroc en 1995, après avoir vécu quatorze ans au Canada et aux États-Unis. Titulaire de deux diplômes de l'Université du Québec à Montréal (en comptabilité et en administration), il est rapidement devenu directeur administratif et financier d'une grande entreprise marocaine. « Sa Majesté Mohammed VI a redonné de l'espoir aux entreprises, dit-il. Avant, il fallait absolument connaître quelqu'un de haut placé pour pouvoir obtenir une commande. Aujourd'hui, les choses changent. » Beaucoup reste à faire, certes. Il faut, selon Jamal el-Filali, réformer les codes du travail et des investissements, et peut-être surtout la justice. « La loi doit s'appliquer à tout le monde », résume-t-il.

>>>

La justice a toujours été un cheval de bataille du *Journal* de Casablanca. Son fondateur et directeur, Aboubakr Jamaï, un diplômé en administration des affaires d'Oxford, est un homme de conviction. « Je n'ai pas envie de vivre dans un pays où je suis obligé de me fermer la gueule parce qu'un type en face de moi a un canon », m'a-t-il dit la première fois que je l'ai rencontré, à Casablanca. Ce n'était pas sa conception de la démocratie. La parution de son journal fut une épopée : il fut d'abord imprimé en France, aucun imprimeur ne voulant le faire au Maroc, mais *Le Journal*, libéral tant sur le plan économique que politique, s'imposa comme le principal magazine de langue française. Il faisait reculer chaque semaine les limites imposées à la liberté de la presse, encore bien réelles. Quelques numéros furent saisis ou, plus exactement, achetés en masse par de mystérieux individus qui raflaient tous les exemplaires des kiosques ! Mais, pour Jamaï, les difficultés ne faisaient que commencer. En 2006, à l'issue d'un procès en diffamation, il fut condamné à une amende qu'il n'avait pas les moyens de payer. Pour assurer la parution du *Journal* (rebaptisé *Le Journal hebdomadaire*), Jamaï s'exila avec sa famille aux États-Unis, où il obtint une bourse d'études à l'université Harvard.

Les contours de la liberté de la presse restent flous. En principe, la Constitution ne fixe qu'une seule limite : la personne du roi, considérée comme « inviolable et sacrée ». Hormis cette exception, les journalistes marocains ont le sentiment de pouvoir tout dire, mais par moments seulement, car l'armée et la corruption restent des sujets épineux, comme pourraient en témoigner la série de journalistes qui ont été inquiétés tout au long de 2007.

Les militaires sont la grande inconnue dans la partie qui se joue au Maroc. Si les Marocains descendaient dans la rue, la tentation de rétablir l'ordre serait grande. Cela s'est déjà vu : des « émeutes de la faim », dans les années 1980, ont fait plus de trois cents morts. Les conséquences politiques pourraient être graves. « Il ne faut pas que la flicaille soit remplacée par la soldatesque », me disait Jamaï.

>>>

Lorsqu'elle se rappelle sa condamnation à mort, Fatima el-Maghnaoui sourit. C'était au début des années 1990, à l'époque où elle militait à l'Union de l'action féminine (UAF) pour réclamer la modification de la *Moudaouana*. Mais ce « Code du statut personnel marocain » (ou Code de la famille), qui assimilait encore la femme à une mineure, était considéré comme sacré, et des imams islamistes lancèrent contre elle une *fatwa*, un « avis juridique » dont l'application revient à tous les musulmans : elle devait être exécutée.

Cela ne les a pas empêchées, elle et les militantes de son association, de recueillir un million de signatures en faveur d'une refonte de la *Moudaouana*. Surprise : le roi Hassan II leur donna raison. En 1993, des changements mineurs furent apportés au code – un mari qui voulait prendre une deuxième épouse, par exemple, devait obtenir le consentement de la première –, retirant au texte son caractère sacré. Ce qui permit au gouvernement de présenter un « Plan d'intégration de la femme au développement » qui révolutionna, en 2004, la *Moudaouana*. L'âge minimal du mariage fut porté de quinze à dix-huit ans. La répudiation fut remplacée par le divorce, lequel supposait le partage du patrimoine familial entre les époux. Une femme battue qui souhaitait divorcer n'avait plus besoin de trouver de nombreux témoins pour certifier que son mari la maltraitait. Et la polygamie fut encadrée dans l'espoir de la rendre beaucoup plus rare : le mari devait désormais faire valoir des arguments exceptionnels, obtenir l'accord de sa première épouse et disposer de moyens financiers conséquents.

Les féministes constatèrent toutefois que, dans les faits, les juges continuaient, malgré la refonte de la *Moudaouana*, à autoriser la polygamie en se contentant d'examiner les moyens financiers du mari. En cas de divorce, le partage des biens acquis durant le mariage restait trop souvent lettre morte. Et beaucoup de parents mariaient encore leur jeune fille avant l'âge de dix-huit ans, en toute légalité puisqu'il suffisait d'obtenir un certificat médical en guise de dispense.

J'ai déjà rencontré, à Zagora, dans le sud du pays, aux portes du Sahara, un médecin qui m'a dit qu'on lui demandait encore régulièrement des certificats médicaux pour autoriser le mariage de jeunes filles, parfois âgées seulement de treize ans. Contrairement à ce qu'on pourrait croire, ces adolescentes n'étaient pas toujours destinées aux plus démunis de la société : certaines étaient promises à des Marocains qui, ayant immigré en Europe, revenaient au pays pour se choisir une toute jeune épouse.

Les changements à la *Moudaouana* suscitèrent une levée de boucliers chez les islamistes, qui y virent un « complot occidental » pour détruire la famille musulmane. Ce discours déteignit sur la droite modérée. En bonne militante, Fatima el-Maghnaoui retourna les arguments religieux contre ses adversaires. Des versets du Coran, avança-t-elle, ne permettaient-ils pas d'affirmer que Mahomet cautionnait le divorce et qu'il s'était opposé, dans le cas de sa propre fille, à la polygamie ? Elle mit aussi l'accent sur des arguments pratiques, décrivant le sort des victimes auxquelles le centre pour femmes battues qu'elle dirigeait venait en aide. La plupart d'entre elles, expulsées du domicile conjugal par leur mari, se retrouvaient à la rue, sans aucun droit.

Les changements apportés à la *Moudaouana*, un texte qui, hier encore, était considéré comme sacré, montrent qu'il n'est pas impossible de moderniser un royaume comme le Maroc. Pourtant, le combat en faveur des droits des femmes est loin d'être gagné. De leur victoire dépend l'éradication de l'exploitation des enfants qui, comparativement à elles, sont sans voix. La situation des plus démunis, les contraintes imposées à l'opposition et les limites à la liberté d'expression (plus particulièrement l'impossibilité de critiquer la monarchie, l'islam ou la « marocanité » du Sahara espagnol) font que le bilan du Maroc en matière de droits humains est mitigé.

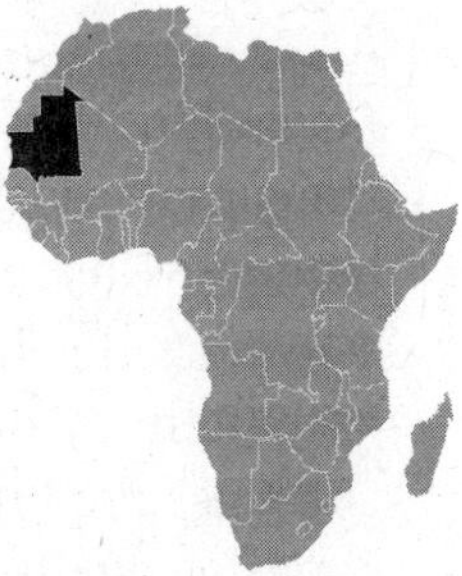

« Maures » et « Africains »

MAURITANIE

L'idéal serait d'arriver par la mer. On verrait tout de suite à quel point il est difficile d'accoster à Nouakchott, la capitale de la Mauritanie : la barre n'a de cesse de soulever des rouleaux tout au long de cette côte rectiligne de huit cents kilomètres. On comprendrait ainsi pourquoi les Européens ont mis tant d'années à s'y installer. Ce vaste territoire situé entre le Sénégal et le Maroc est l'un des derniers à avoir été colonisés par les Européens (en l'occurrence par les Français, qui y sont parvenus en 1905, non par la côte, mais par l'intérieur).

Les barques des pêcheurs, des bateaux de bois aux couleurs vives, affrontent malgré tout les vagues. Au moment d'accoster, les embarcations tanguent dangereusement. C'est en poussant et en chantant – le rythme permet de coordonner leurs efforts – que les hommes réussissent, parfois avec l'aide de quelques femmes, à soustraire leurs bateaux au ressac. Les eaux mauritaniennes, très poissonneuses, attirent aussi des pêcheurs étrangers, notamment une flottille espagnole basée aux îles Canaries, à un millier de kilomètres. Les pêcheurs rapportent dorades, corbines et thiofs, des poissons entreposés dans d'immenses réfrigérateurs ou proposés aussitôt aux clients sur la plage.

On hésite à parler de « plage » parce que, dans le sens de la largeur, elle finit par traverser le continent d'ouest n est ! Il s'agit du Sahara. Nouakchott est donc une éclipse, la rencontre non pas du soleil et de la lune, mais de l'océan et du désert. C'est à la fois beau et apeurant, et on devine qu'en arrivant par la mer on puisse avoir envie de faire demi-tour.

Cela n'empêche pas les familles mauritaniennes d'envahir la plage le dimanche. Les enfants font des châteaux à l'ombre des bateaux ensablés. Les hommes marchent en se tenant par la main ou par un doigt. Les adolescents essaient de mettre du sable dans le maillot de leurs copains, ce qui n'est pas difficile puisque les vêtements de plage se portent grands et amples. Les plus pieux se chargent de rappeler aux porteurs de slips de bain, considérés ici comme immodestes, que la Mauritanie est une république islamique.

Pour aller en ville, je prends un taxi. L'air est suffocant. Le chauffeur dit qu'il doit faire quarante-trois ou quarante-quatre degrés. Ma fenêtre est ouverte. L'air qui me cingle le visage est aussi violent que le souffle d'un sèche-cheveux. Je fais remarquer au chauffeur qu'il fait chaud ; il ne l'avait pas remarqué.

Difficile de prendre un taxi à Nouakchott. Non parce qu'il n'y en a pas. Mais plutôt parce que les automobilistes de la capitale, dès qu'ils aperçoivent un étranger, lui proposent de le conduire à destination, gratuitement. Nouakchott est déconcertante : elle fut créée en 1958 pour servir de capitale à un pays qui n'en avait pas. (Auparavant, la Mauritanie était administrée depuis Saint-Louis-du-Sénégal.) Mais on ne peut pas faire le reproche à la « Brasilia des sables » d'être inhospitalière.

C'est en prenant la route de l'Espoir, la principale du pays, qu'on comprend pourquoi du sable est soufflé dans ses rues : dès la sortie de Nouakchott, on voit apparaître des dunes aux courbes féminines, tantôt beiges, tantôt écrues, ici gracieuses, là intimidantes. Devant moi gronde un tracteur que je n'ai aucun mal à reconnaître. Sous d'autres latitudes, sa pelle s'attaquerait aux bancs de neige. Ici, elle déplace des bancs de sable. Car le désert ne cesse d'avancer. Depuis les années 1960, les dunes se déplacent de six kilomètres annuellement vers le sud. La crainte de beaucoup de Mauritaniens est de voir un jour le désert atteindre le fleuve Sénégal, la frontière naturelle entre la Mauritanie et le Sénégal. De temps à autre, on voit des carcasses de vaches mortes de faim et de soif. En se desséchant, leurs corps s'encastrent dans le sable et finissent par ressembler à des hauts-reliefs sculptés à même le sol.

Aleg est une ville de vingt-cinq mille habitants. Mais où sont-ils ? Il y a bien sûr quelques maisons, mais elles sont peu nombreuses. Les « riches » habitent de petites cases rayées, ce qui ne les empêche pas de monter une tente, tout à côté. C'est là que les familles s'allongent pour manger ou pour dormir, surtout lorsqu'il fait très chaud. Comme les parois de ces tentes n'atteignent pas le sol, c'est l'endroit idéal pour profiter d'un peu d'air frais, même si le vent charrie du sable fin jusque dans les yeux, les oreilles et les bouches. Ces citadins ont gardé des mœurs de nomades. Je ne peux m'empêcher de penser aux villages cris du nord du Québec, où les Amérindiens montent des tipis à côté de leurs bungalows. Est-ce pour cela qu'on voyage, finalement ? Pour constater que les cousins de la famille humaine se ressemblent ?

Des tentes servent de restaurants. Les habitués se déchaussent et s'allongent sur des nattes bariolées. Un garçon d'une douzaine d'années leur prépare le thé à la menthe. Il commence par faire mousser le sucre dans un peu d'eau (en transvasant ce liquide d'un verre à l'autre à plusieurs reprises). Il y versera un thé encore bouillant à la surface duquel flottera une mousse épaisse. Le cuisinier invite les clients à l'accompagner au piquet, non loin de là, auquel a été fixé un mouton écorché, l'animal faisant office de menu. En les désignant du doigt, ils lui indiquent les morceaux qu'ils souhaitent manger. La viande sera cuite sur la braise et découpée en bouchées devant eux. Une personne se charge, à coups d'éventail, de tenir les nuées de mouches à distance. La viande est accompagnée d'un pain cuit dans un four à bois. Dans le pain aussi, il y a du sable. Appuyé sur des coussins écarlates un peu élimés, je suis entouré d'hommes portant boubous et pantalons bouffants. Des femmes, un peu en retrait, sont couvertes de voiles diaphanes aux couleurs pastel. Si des téléphones ne sonnaient pas de temps à autre, j'aurais l'impression d'être dans un tableau orientaliste. Comme dans un tableau orientaliste, les rares Noirs présents sont là pour servir.

Dans la langue courante, les Mauritaniens parlent souvent des « Maures » pour désigner les Blancs, les descendants des tribus venues d'Arabie à partir du XIIe siècle et dont la langue (le hassanya) est encore aujourd'hui plus proche de l'arabe parlé dans les pays du Golfe que de celui qui est parlé au Maroc, pourtant un pays voisin. Pour désigner les Noirs, concentrés au sud, beaucoup de Blancs disent « les Africains », comme si eux ne l'étaient pas. Les relations entre les deux grandes communautés n'ont pas toujours été bonnes, et certains font même un parallèle avec l'apartheid. L'esclavage, dont beaucoup de Noirs ont été les victimes, a été aboli à trois reprises, mais le phénomène reste encore « très courant », selon SOS Esclaves, une ONG mauritanienne. La violence interethnique a provoqué l'exode de dizaines de milliers de réfugiés vers le Sénégal au début des années 1990. Mais on aurait tort de croire que les Noirs étaient arrivés de l'étranger depuis peu. Des historiens affirment que les « Africains » de Mauritanie furent parmi les toutes premières populations noires à se convertir à l'islam, et ce dès le VIIIe siècle ! C'était une façon comme une autre d'éviter les razzias, car la conversion était, du moins en principe, un rempart contre l'esclavage, un musulman n'étant pas autorisé à assujettir un coreligionnaire.

>>>

Sur la route qui me ramène à Nouakchott, il y a peu de voitures mais beaucoup d'animaux. Les ânes sont d'une placidité déconcertante – ils restent impassibles même lorsque des voitures se dirigent vers eux à vive allure –, mais les chiens aboient avec véhémence. Des dictons, explique mon chauffeur, comparent les animaux aux passagers d'un car : l'âne est imperturbable parce qu'il a payé son billet, et il sait que personne ne pourra le déloger ; le chien, lui, jappe parce qu'il a réglé sa place et que le conducteur tarde à lui rendre sa monnaie…

Çà et là, des dromadaires – qu'on appelle quand même chameaux – circulent à la queue leu leu. Ils seront un jour envoyés à la boucherie. Combien des jeunes bergers qui les accompagnent seront, eux, envoyés aux Émirats arabes unis pour y devenir jockeys ? Dans ce pays du Golfe, où les courses de chameaux sont très populaires, on fait venir les cavaliers les plus légers. Après le Bangladesh, la Mauritanie est le pays qui lui fournit le plus de jockeys.

Les inégalités sociales, flagrantes partout en Afrique, confinent ici à l'absurde. Dans le vol qui m'emmènera de Nouakchott à Paris, les passagers en classe économique s'agglutinent au fond de l'appareil, puisque la plupart des rangées sont occupées par la classe affaires ! En Mauritanie, quand on est assez riche pour prendre l'avion, on a les moyens de s'offrir ce qu'il y a de mieux. Je soupçonne d'ailleurs que la liste des passagers d'une compagnie aérienne comme Air France – et plus particulièrement le pourcentage de sièges en classe affaires sur chaque destination – serait un bon indicateur de développement démocratique. Car plus le pourcentage de clients en classe affaires est faible, plus la société est égalitaire. Je suis enclin à penser qu'un vol Montréal-Paris bourré de touristes de classe moyenne dit la démocratie ; un Nouakchott-Paris où tant de riches passagers prennent leurs aises en *business class* exprime le contraire.

N'est-ce pas là, plus que les chameaux – des orignaux maigrichons –, la vraie différence entre le Québec et la Mauritanie ?

Difficile démocratie

TUNISIE

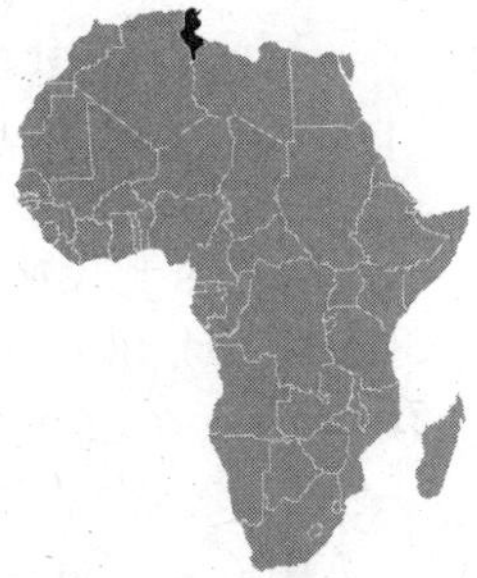

On annonce l'arrivée imminente de « l'envoyé du président ». La foule piaffe. Des femmes lancent des youyous. Les percussionnistes frappent leurs darboukas de plus belle. Un cortège de voitures de luxe s'arrête net devant un édifice blanc tapissé d'affiches de Habib Bourguiba, le chef charismatique de l'indépendance tunisienne (obtenue en 1956).

On inaugure la nouvelle délégation de La Goulette, le port de Tunis. Des bureaux gouvernementaux y ont été saccagés lors des « émeutes du pain » qui ont ébranlé la Tunisie en 1984, après le doublement du prix du blé, jusque-là fortement subventionné par l'État. Une commission d'enquête est arrivée à un bilan de quatre-vingt-neuf morts et de plus de neuf cents blessés.

Même si des haut-parleurs diffusent des vivats en son honneur, Bourguiba, âgé de quatre-vingt-un ans, n'est pas là. Son envoyé, le premier ministre Mohamed Mzali, inaugurera la délégation à sa place. Et Mzali, celui-là même qui avait annoncé l'augmentation du prix des céréales, n'a droit qu'à un accueil poli.

Les émeutes ont porté un rude coup à Mzali, pourtant le « numéro deux » du régime, aux termes de la Constitution. Au plus fort de la révolte, le premier ministre affirmait que le gouvernement ne reviendrait pas sur sa décision de majorer le prix du blé, de la semoule et de la farine. Mais vingt-quatre heures plus tard, Bourguiba lui-même annonçait que l'augmentation serait annulée. Après ce désaveu, plusieurs se sont demandé si le premier ministre n'allait pas être démis de ses fonctions.

Mzali avait pourtant, après sa nomination au poste de premier ministre en 1980, tenté de donner un contenu à la libéralisation du régime tunisien, un régime de parti unique à la proclamation de l'indépendance. Même si des journaux ont été suspendus ou interdits, les médias ont pu profiter d'une plus grande liberté. Des étudiants et syndicalistes incarcérés depuis les années 1970 ont été libérés. La plupart des partis d'opposition, y compris le Parti communiste tunisien, ont été reconnus. Le seul qui soit resté interdit est le Mouvement de la tendance islamique. Les dirigeants qui ont préconisé la laïcisation de l'État et de la société voient d'un mauvais œil l'émergence d'une formation qui pourrait mettre à profit l'islam pour canaliser le mécontentement des plus démunis. C'est d'autant plus vrai que les islamistes ont été les seuls, lors des « émeutes du pain », à scander des slogans hostiles à Bourguiba. « Allah est unique, et Bourguiba est son contraire », a-t-on pu entendre dans les rues de Tunis, un rare affront à celui qu'on nomme le « père de la Tunisie moderne ». De toute façon, les élections multipartites organisées en 1981, les premières de l'histoire, avaient été truquées, ce que Mzali a reconnu dans son autobiographie, parue en 2004, *Un Premier ministre de Bourguiba témoigne* (Jean Picollec).

Les partis d'opposition affirment faire l'objet de harcèlement. Des militants ont été interpellés (puis relâchés) par la police. Quelques bureaux ont été mis à sac. Des inconnus ont perturbé des rassemblements. « On reconnaît à des groupes de gens la possibilité de s'organiser, mais pas d'agir, explique un professeur de l'université de Tunis. Chaque fois qu'un parti fait une percée, c'est la crise. »

Pourtant, les « émeutes du pain » avaient pour toile de fond une véritable crise sociale. Il n'y a pas que la « canaille » – l'expression est de Mzali – qui est descendue dans la rue. Ce soulèvement a été un véritable déferlement de colère populaire. Si, officiellement du moins, le manque de travail et les inégalités sociales n'ont rien eu à voir avec les troubles, des responsables évoquent toutefois, en privé, l'importance d'éviter une nouvelle explosion. Le chômage, très élevé chez les jeunes, est considéré comme le principal problème.

>>>

Mzali m'a reçu à sa résidence de La Soukra, en banlieue de Tunis. L'homme était courtois, hautain, souvent agacé par mes questions. Lorsque je lui ai demandé de préciser les limites de la liberté de la presse en Tunisie, il s'est emporté : « Aucun démocrate, aucun homme libre n'acceptera que les journaux, sous le couvert de la liberté, se permettent de s'attaquer à l'honneur des personnes ou bien de travestir la vérité ! Nous n'avons pas le droit, en Tunisie, de nous permettre le luxe d'une anarchie ou d'une loi de la jungle en matière de presse, où chacun peut insulter ou diffamer tout un chacun ! Je rêve d'une démocratie consciente et mûre où chacun connaît ses droits et ses devoirs. On n'est pas obligé d'en arriver à la situation qu'a connue Beyrouth. » La liberté de la presse risquait donc, à ses yeux, de déboucher sur la guerre civile.

Je lui ai fait remarquer que les partis d'opposition se demandaient s'il valait la peine de participer au scrutin, si le résultat était connu d'avance. « Nous ne sommes pas naïfs au point de répondre : "Nous allons leur permettre de gagner les élections pour montrer que nous sommes démocrates." Nous ne sommes pas complexés au point de leur donner le fauteuil pour qu'ils le prennent afin que vous puissiez dire que ce régime est démocrate. » C'était pourtant, il me semblait, le seul critère valable : pas d'alternance, pas de démocratie. Mzali s'était contenté de comparer son pays à ses voisins. « Regardez à droite et à gauche de la Tunisie », a-t-il dit. À l'ouest se trouve l'Algérie, à l'est, la Libye. Il ne le disait pas pour me faire comprendre que la Tunisie était en bonne compagnie.

En octobre 1985, quelques mois après mon premier passage à Tunis, Bourguiba créa un ministère de la Sûreté nationale dont le premier titulaire serait le général Zine al-Abidinine ben Ali. Ses relations avec Mzali étaient mauvaises. L'année suivante, ce dernier fut accusé de corruption et dut se déguiser pour passer la frontière algérienne. (Il se rendit en France, où il vécut en exil avant de rentrer en Tunisie en 2002.) Ben Ali utilisa ce poste comme un tremplin politique. Il parvint au pouvoir en 1987, à la faveur d'un coup d'État dit « médical » après que Ben Ali eut laissé entendre que Bourguiba était sénile. Il se fit réélire avec 99,6 et 94,5 % des voix en 1999 et en 2004, respectivement. Il a par ailleurs fait modifier la Constitution pour qu'elle lui permette de briguer d'autres mandats et de rester au pouvoir jusqu'en 2014.

Bourguiba est mort le 6 avril 2000. Ce jour-là, j'étais en vacances sur l'île tunisienne de Djerba, une enclave touristique. Je m'attendais à une forte émotion. Je me trompais. Dans les médias, la mort de Bourguiba, le héros de la lutte anticoloniale, le « combattant suprême », le fondateur de la Tunisie moderne, l'homme qui avait imposé l'école publique, interdit la polygamie, légalisé le divorce et l'avortement, semblait presque escamotée. Comme ailleurs, semble-t-il, la Tunisie préfère des figures historiques mortes depuis très longtemps.

L'eau du désert

LIBYE

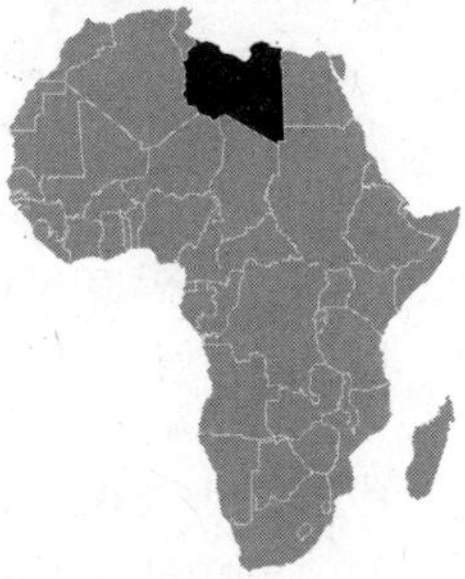

On dirait l'immensité de la mer. Sauf que c'est le désert, lisse et plat, moins paysage qu'horizon. Le soleil fait mine de se lever sur le Sahara, le ciel est gris et le fond de l'air, franchement froid.

Au volant de son 4 × 4, Jean Charbonneau quitte la route asphaltée. Les roues commencent à s'ensabler. Charbonneau, un employé de SNC-Lavalin International, géant québécois du génie-conseil, donne un coup d'accélérateur qui fait rugir le véhicule. « On ne peut pas toujours être gentil avec le moteur », s'excuse-t-il. Quelques chameaux nous jettent un regard inquiet. La capitale, Tripoli, est à plus de mille kilomètres ; la deuxième ville du pays, Benghazi, à trois heures de route.

Jean Charbonneau immobilise son véhicule devant une tranchée profonde. Au fond du fossé reposent des conduites en béton armé. La voilà donc, cette canalisation qui relie les lacs souterrains du Sahara à la Méditerranée, ce vaste chantier – le plus grandiose et le plus cher que le monde ait connu au XXe siècle –, cet aqueduc qui aurait fait la fierté de l'Empire romain. Les Libyens l'appellent la Grande Rivière artificielle. Une fois terminée, elle coulera sur trois mille cinq cents kilomètres. Ce n'est pas rien dans un pays qui ne possède aucun cours d'eau. Où il ne pleut presque jamais. Et où l'eau de mer s'infiltre dans la nappe phréatique des régions côtières, où vit la vaste majorité de la population (six millions d'habitants).

Oui, c'est sec. Sauf qu'il n'y a pas que du sable au Sahara. Il y a aussi les plus importantes réserves d'eaux souterraines du monde, des eaux fossiles qui peuvent avoir jusqu'à trente-huit mille ans. Ces nappes, qui se trouvent parfois à des kilomètres de profondeur, nous rappellent que le désert était verdoyant il y a trois mille ans à peine et qu'il y pleuvait en abondance. Grâce à cette Grande Rivière souterraine, l'eau du Sahara coule déjà vers Benghazi (depuis 1991) et Tripoli (depuis 1996). Qui veut l'arracher au sous-sol, toutefois, doit déployer des trésors de patience – et des trésors tout court. Car la « huitième merveille du monde », comme on l'appelle en Libye, a déjà coûté près de vingt milliards de dollars américains. Quand les travaux seront terminés, la note du plus important chantier de génie civil de la planète aura grimpé à vingt-cinq milliards (l'équivalent du coût de trois cents Boeing !) Mais les spécialistes libyens font valoir que le dessalement de l'eau de mer leur serait revenu encore bien plus cher...

C'est vendredi, jour de la prière. Au fond de la tranchée, seuls les ouvriers non musulmans sont au travail. Grâce à une grue sur chenilles, ils remplacent des conduites abîmées par la corrosion. Cette dernière est provoquée non pas par l'eau qui coule à l'intérieur du tuyau, comme on pourrait le penser, mais par les sels que renferment les sols, d'anciens sols marins. Malgré leur aspect tout à fait banal, ces conduites, la « pierre angulaire » de l'ouvrage, sont exceptionnelles. L'épaisseur de leur paroi (en béton armé précontraint) fait trente centimètres. Leur longueur est de sept mètres et demi, et leur diamètre, de quatre mètres. Résultat : chacun de ces « macaronis » pèse soixante-quinze tonnes ! Mais il faut y pénétrer pour en saisir la démesure : on pourrait même y rouler en voiture.

Composée de plus d'un demi-million de conduites, la Grande Rivière permet l'acheminement des fabuleuses réserves de l'or bleu libyen. Ses centaines de puits crachent cent vingt litres d'eau à la seconde. Au terme de sa construction, plus de cinq millions de mètres cubes d'eau couleront *chaque jour* dans son lit. C'est le rêve de tout hydrogéologue. Il faut dire que la principale nappe aquifère de Libye fait sept cent mille kilomètres carrés, deux fois la superficie de l'Allemagne. Les artisans de ce vaste chantier ont pour l'essentiel été recrutés à l'étranger, c'est-à-dire là où la main-d'œuvre qualifiée est bon marché. Loin des leurs et des femmes, ces hommes passeront quelques années en Libye avant de regagner leur pays un peu moins pauvres qu'avant. Regroupés par nationalité, ils vivent dans de grandes caravanes où il n'y a pas grand-chose à faire, hormis regarder la télévision de leur pays par satellite : la Thaïlande, la Chine, les Philippines, la Roumanie. Très peu d'ouvriers proviennent de l'Afrique subsaharienne.

>>>

La Libye entretient des rapports compliqués avec le reste de l'Afrique. D'un côté, ses dirigeants parlent de solidarité africaine et financent l'Union africaine, l'organisation internationale qui en fait la promotion depuis l'Éthiopie. De l'autre, les Libyens ne se montrent pas toujours à la hauteur de l'idéal panafricain…

À Tripoli, Mohammed, un jeune Togolais, en sait quelque chose. Il porte la combinaison orange des balayeurs de rue. Il m'a abordé après m'avoir entendu baragouiner quelques mots d'arabe et avoir reconnu mon accent français. Il me raconte qu'il est arrivé à Tripoli après avoir traversé le désert (via Dirkou, au Niger). Comme des dizaines d'autres personnes, il a fait le voyage dans, ou plutôt *sur*, un camion surchargé de marchandises. Il savait que le voyage était dangereux. « Les gens meurent de faim en route quand ils n'ont plus de quoi manger », dit-il. Lui a eu de la chance, quoique le transport – sans parler des frais réclamés par les passeurs – lui ait coûté une petite fortune.

C'est à son arrivée à Tripoli que les choses se sont gâtées. Mohammed s'est vite trouvé du travail en tant que balayeur, mais il n'a pas été payé depuis trois mois. Il commence même à se demander s'il le sera un jour. Au moins, les autorités municipales lui ont donné une pièce d'identité portant sa photo. Ce ne sont pas de vrais papiers légitimant son séjour en Libye, mais il se dit que c'est mieux que rien. Ses conditions de vie sont spartiates. Il partage une chambre avec neuf autres Africains de l'Ouest. Le benjamin n'a que dix ans. Le plus dur, dit-il, est de se faire traiter d'esclave – *abeid*, en arabe – par les passants.

En l'an 2000, le racisme anti-Noir a été d'une rare violence. Plus d'une centaine de personnes ont été tuées dans des émeutes qui ont embrasé une banlieue est de Tripoli avant de gagner la capitale. Des milliers de clandestins ouest-africains ont par la suite été déportés. Le président du Ghana, Jerry Rawlings, s'est même rendu personnellement à Tripoli pour ramener des centaines de compatriotes à bord d'un appareil de Ghana Airways. Mais les expulsions n'empêchent pas les Africains de continuer d'affluer en Libye.

Chaque matin, ils se rassemblent, par pays d'origine, le long d'une grande avenue de Tripoli. Ils y font le pied de grue dans l'espoir d'y trouver quelques jours, ou même quelques heures, de travail. Les Égyptiens, regroupés par corps de métiers, occupent pour ainsi dire les premières loges. Les journaliers ouest-africains patientent, quant à eux, un peu à l'écart.

Ma rencontre avec Mohammed fut la seule que je pus faire sans le « guide » que m'avait imposé le ministère libyen des Affaires étrangères, après avoir mis plus d'un an à me délivrer un visa. Cette personne, au demeurant aimable, me cueillait à l'hôtel le matin et me suivait dans tous mes déplacements. Il était pourtant très facile de circuler à Tripoli : je n'avais pas besoin d'accompagnateur ! Mais mon guide tenait à assister aux interviews. Comme il ne comprenait ni le français ni l'anglais, langues que j'ai utilisées pour communiquer avec les personnes rencontrées, sa capacité de nuisance était limitée. Il savait à qui j'avais parlé mais ne savait pas ce qu'on m'avait dit. Il aurait été impossible, toutefois, de faire une interview avec un sans-papiers en sa présence.

>>>

C'est à Sarir, en plein désert libyen, à cinq cent cinquante kilomètres au sud de Benghazi, sur un terrain de cinq kilomètres carrés, que SNC-Lavalin a fait tourner un chantier digne de l'ex-URSS : six usines (à béton, à glace, à oxygène et à acétylène), une centrale électrique de vingt mégawatts, un parc de cent dix « camions-bananes » destinés au transport du ciment, quinze grues sur rail, etc. Les deux mille employés de ce chantier ont fabriqué jusqu'à un kilomètre de conduites par jour. « De mémoire, c'est une commande de 12 969 conduites – et j'ai bonne mémoire », précise, non sans humour, l'ingénieur québécois Samir Habib. Il est étonnamment jovial pour un sexagénaire qui ne dort que cinq heures par nuit. Il est vrai qu'il carbure à la nicotine et au café libanais. « C'est un loisir, travailler, non ? » demande, toujours aussi espiègle, cet ancien de la Baie-James, le site du premier grand barrage hydroélectrique dans le « Grand-Nord » québécois. La principale différence entre les deux chantiers tiendrait finalement à peu de chose : « À la Baie-James, il faisait moins quarante, dit Samir Habib. Ici, il fait plus quarante. »

L'isolement est tout aussi grand qu'à la Baie-James, l'autosuffisance, tout aussi importante. Quand quelque chose vient à manquer, mieux vaut l'oublier. Mais il y a des tennis, une piscine et un terrain de golf. Sans parler d'un bar karaoké. L'alcool y est interdit, cependant, comme partout en Libye. Les étrangers sont d'ailleurs prévenus dès leur arrivée à l'aéroport international de

Tripoli, où un panneau cite le « Guide de la révolution », Mouammar Kadhafi : « Les boissons alcooliques et les drogues sont des armes de destruction massive. »

>>>

À Tripoli, les portraits de Kadhafi sont partout ou presque : dans les petits commerces, sur les façades des édifices publics, dans les halls d'hôtel. L'homme qui est parvenu au pouvoir à la faveur d'un coup d'État, en 1969, à l'âge de vingt-sept ans, était naguère représenté en jeune colonel, décontracté et souriant. On a plutôt tendance à le montrer aujourd'hui en boubou bleu, une tenue de l'Afrique de l'Ouest peu courante en Afrique du Nord. Sa tenue vestimentaire dit l'intérêt que Kadhafi porte à l'unité africaine, qu'il avait malmenée jadis…

Nos chemins – ou plutôt nos avions – s'étaient croisés au-dessus de Kigali, la capitale du Rwanda, en mai 1985. L'appareil à bord duquel je me trouvais avait été empêché d'atterrir parce que celui de Kadhafi s'apprêtait à le faire. L'espace aérien du Rwanda avait donc été fermé ! J'ignorais que cette pratique était monnaie courante lorsqu'un chef d'État africain se déplace sur le continent. J'avais donc été détourné sur Bujumbura, la capitale du Burundi, où j'avais dû poireauter quelques heures dans un aéroport où les lézards étaient libres d'aller et de venir. C'était la première fois que je mettais les pieds dans la région des Grands Lacs, et le détail m'avait frappé.

Une fois parvenu à Kigali, j'ai constaté que la foule s'était massée – avait été massée ? – le long de quelques grands axes pour acclamer le dirigeant libyen. Les femmes étaient aux premières loges. Dès qu'elles aperçurent le cortège officiel, elles commencèrent à danser, à chanter et à lancer des youyous, des cris de joie qui atteignirent leur apogée lorsque s'approcha la voiture de Kadhafi. Les hurlements redoublèrent d'ardeur lorsque tout le monde vit que le Guide de la révolution n'était pas, comme l'aurait exigé la prudence, sagement assis sur la banquette arrière de son véhicule : il avait passé le torse par la fenêtre de la portière et saluait la foule des deux bras avec enthousiasme.

L'heure n'était pas encore à l'unité africaine. Au contraire, le colonel avait appelé au renversement des régimes en place au Zaïre, en Afrique du Sud et en Égypte. Par ailleurs, peu de dirigeants africains ont eu d'aussi mauvaises relations avec l'Occident. L'ex-président américain Ronald Reagan a déjà traité Kadhafi de « chien enragé ». En 1985, les États-Unis ont accusé la Libye d'être impliquée dans les fusillades de Rome et de Vienne, où des Palestiniens utilisant des passeports libyens avaient tué vingt personnes. Quelques mois plus tard, après l'explosion d'une bombe dans une discothèque de Berlin fréquentée par des militaires américains, Washington a bombardé Tripoli et Benghazi, ce qui a coûté la vie à cent trente personnes, dont une fille de Kadhafi.

Les choses ne se sont guère améliorées sous Clinton. En 1991, les États-Unis et la Grande-Bretagne ont accusé deux Libyens d'avoir fait exploser un Boeing de la PanAm au-dessus de Lockerbie, en Écosse, trois ans auparavant. Malgré l'offre quasi immédiate de la Libye de livrer les deux suspects à un pays neutre pour qu'ils soient jugés, les États-Unis et les Nations unies ont adopté des sanctions contre Tripoli. Elles ont été levées définitivement après que le « numéro un » libyen eut remis les deux hommes aux Pays-Bas et versé une compensation financière aux victimes. Ce n'est que sous George W. Bush que les relations américano-libyennes ont été normalisées.

>>>

Ce qui épate l'ingénieur Samir Habib, c'est moins l'immensité du chantier de Sarir que la volonté des dirigeants libyens. Il faut saluer, pense-t-il, la vision des hommes politiques qui ont lancé ce projet au début des années 1980. Il est vrai que, à l'époque, l'eau était loin d'être le sujet de préoccupation qu'elle est aujourd'hui. Ses détracteurs, eux, déplorent le côté pharaonique d'une initiative qui risque de brouiller les relations avec les pays voisins, notamment l'Égypte et le Soudan, inquiets de voir les Libyens exploiter des nappes transfrontalières.

À ses débuts, le principal objectif du projet était de « faire verdir le désert », c'est-à-dire d'utiliser l'eau sur place, carrément dans le Sahara. On a vite compris, cependant, qu'il fallait cinq fois plus d'eau pour irriguer un hectare dans le désert que dans la zone côtière, et les ambitions ont été revues à la baisse. L'or bleu coule donc vers les terres agricoles, sur les rives de la Méditerranée.

Nul ne connaît avec précision l'importance des réserves, estimées à cent vingt mille kilomètres cubes. Les écologistes rappellent que les eaux fossiles sont non renouvelables, ce dont sont conscients les responsables libyens. « Nous comprenons que ce que nous utilisons est perdu à tout jamais, et nous l'acceptons », dit Omar Salem, hydrogéologue et président de l'Autorité générale des eaux. L'objectif du projet est d'abord agricole. « Pour le moment, dit-il, nous pouvons importer du blé de l'étranger, puisque nous avons du pétrole et du gaz. Mais le jour où nous n'en aurons plus, que ferons-nous ? Nous mourrons. » L'autosuffisance alimentaire, que Kadhafi a déjà assimilée à « la liberté, l'indépendance et la révolution », est le but recherché. Les deux tiers de l'eau provenant de la Grande Rivière sont consacrés à l'agriculture. Le reste est affecté à la consommation courante dans les deux principales villes du pays, Tripoli et Benghazi.

Le réservoir de Benghazi témoigne lui aussi de l'immensité de l'ouvrage. Cette « piscine » circulaire, qui peut contenir plus de quatre millions et demi de mètres cubes d'eau, fait un kilomètre de diamètre ! Dans la plaine environnante, au pied des montagnes Vertes, des centaines de citernes ont déjà été installées. Ce sont elles qui permettront aux cultivateurs, du moins en théorie, d'irriguer les six mille hectares qui doivent aider la Libye à réduire ses importations de blé et à freiner l'exode rural. On espère aussi que l'eau permettra aux éleveurs de chameaux, de moutons et de chèvres, jadis nomades, de se tourner vers l'agriculture. Taher Azzabi, un des directeurs du Centre de recherche agricole de Tripoli, croit que les bergers réussiront cette transformation sans difficultés majeures. « Ils font déjà pousser des plantes fourragères lorsqu'il y a assez de pluie, se réjouit-il. Ils ont beau vivre à la campagne, ils ont des antennes satellite et savent ce qui se passe dans le monde. On n'est quand même pas au Kazakhstan ! »

Mais lorsque j'y suis passé, en 2002, les cinq cents citernes au pied des montages Vertes étaient encore vides. Alors que l'eau de la Grande Rivière atteignait Benghazi depuis... 1991. L'ensemble du chantier, qui a souffert des sanctions de l'ONU et des États-Unis, accusait un retard important. À l'époque où elle était considérée par Washington comme un « État voyou », la Libye ne pouvait pas toujours acheter le matériel américain sur lequel elle comptait. Cela n'a toutefois pas empêché des Américains de jouer un rôle de tout premier plan dans cette aventure : Brown & Root, filiale de Halliburton, dont Dick Cheney était P.-D. G. avant de devenir vice-président des États-Unis, en a été ni plus ni moins le maître d'œuvre...

Cela n'a pas empêché, en 1996, le secrétaire américain à la Défense, William Perry, d'envisager l'utilisation de l'arme nucléaire contre la Libye, accusée de construire une usine d'armes chimiques à Tarhunah, au sud de Tripoli, usine qui n'était en fait qu'une station de pompage de la Grande Rivière. De même, un rapport des services secrets américains ayant fait l'objet d'une fuite décrivait ce pipeline comme un tunnel devant permettre à l'armée libyenne d'attaquer les pays voisins sans être détectée par satellite, ce qu'ont démenti les observateurs indépendants. Pour Kadhafi, la Grande Rivière reste « la meilleure réponse à l'Amérique et à toutes les forces du mal qui nous accusent de nous préoccuper de terrorisme ».

Abdulrazzag Abuain, un ingénieur mécanicien libyen, travaille sur ce chantier depuis les années 1980. Il en est maintenant l'un des principaux dirigeants. Il se dit fier d'avoir été associé à cette entreprise. Fier des conduites de quatre mètres de diamètre. Fier de l'immense terrain de Sarir où on les fabrique. Fier, surtout, d'avoir été témoin de la réaction des habitants de Tripoli lorsque la capitale a été reliée au réseau. Jusque-là, l'eau de certains quartiers était parfois si salée qu'on ne pouvait même pas l'utiliser pour laver quoi que ce soit. Du jour au lendemain, tout a changé. Hélas et tant mieux, car même si la consommation est tarifée, les Libyens sont moins prudents qu'avant. « Lorsque je vois des personnes laver leur voiture à grande eau à Tripoli, cela me fait mal, dit Abuain. Il n'y a pas si longtemps, les gens faisaient très attention. Ils savaient qu'il ne fallait pas gaspiller l'eau. À présent, ils s'en fichent un peu. Ils ne se rendent pas compte qu'elle a fait des milliers de kilomètres avant de couler dans leur robinet. » Il se console comme il le peut. « Dans notre religion [l'islam], si vous donnez de l'eau à celui qui a soif, vous gagnez des points. J'ai le sentiment d'avoir fait quelque chose de bien. Avec un peu de chance, je vais me faire pardonner mes péchés ! »

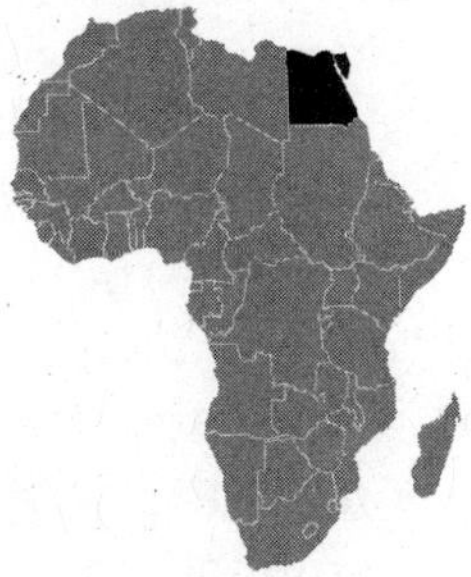

Savoir, pouvoir

ÉGYPTE

En plein cœur d'Alexandrie, entre le port et l'université, un millier d'ouvriers égyptiens travaillent jour et nuit sur un vaste chantier que dominent quatre grues. Le bâtiment, un cylindre de onze étages, s'élève. Entouré d'un bassin d'eau, il donnera l'impression d'en émerger et de s'incliner devant la Méditerranée. La forme circulaire de l'édifice, conçu par Snøhetta, un cabinet de jeunes architectes norvégiens, évoque le soleil levant. « Un phare de la connaissance émergeant dans un lever de soleil sans fin », dit plutôt le directeur général du projet, Mohsen Zahran.

Sur ce chantier se prépare en effet la renaissance de la légendaire *Bibliotheca Alexandrina*, la plus célèbre de l'Antiquité, « la "mère" de la bibliothèque moderne », dit le Français Gérald Grunberg, un des artisans de cette résurrection. Ses lumières rejailliront sur toute l'Afrique du Nord et le monde arabe comme à l'époque de César et Cléopâtre, mais avec les moyens d'aujourd'hui. Richement pourvue, ultramoderne, elle contiendra jusqu'à huit millions de livres, périodiques, manuscrits, microfiches et disques compacts. Son catalogue informatique, qu'on pourra consulter en arabe, en anglais et en français, sera l'un des plus évolués du monde. Son planétarium, ses musées (d'archéologie, de la calligraphie et des sciences), ainsi que son École internationale des sciences de l'information attireront étudiants, chercheurs et visiteurs du monde entier.

Alexandrie, située non loin de l'endroit où le Nil se jette dans la Méditerranée, fut l'un des premiers points de rencontre des Européens, des Africains et des Asiatiques. Occupée tour à tour par les Perses, les Arabes, les Ottomans, les Français et les Britanniques, elle a fait l'objet de toutes les convoitises au fil des siècles. Dotée d'un phare qui était l'une des Sept Merveilles du monde ancien, la ville fondée par Alexandre le Grand vit se construire, probablement au IIIe siècle avant Jésus-Christ, la bibliothèque qui allait assurer son rayonnement. C'est dans celle-ci que soixante-douze rabbins traduisirent de l'hébreu vers le grec les manuscrits qui seraient un jour connus sous le nom – du moins dans la chrétienté – d'Ancien Testament: la version des Septante. C'est là également qu'œuvrèrent des savants grecs comme Euclide, Claude Ptolémée et Denys de Thrace, respectivement pères de la géométrie, de la géographie et de la grammaire. Deuxième ville d'Égypte, elle compte aujourd'hui six millions d'habitants.

Architecte formé aux États-Unis, Mohsen Zahran a consacré quatorze années à ce projet. Dans son bureau repose, sous une cage de plexiglas, un exemplaire de la Bible de Gutenberg, cadeau d'une bibliothèque française. L'Alexandrina sera « une passerelle de compréhension et d'interaction entre Orient et Occident », lance-t-il avec emphase. Mais on est tenté de le croire lorsqu'il discourt sur sa « vocation universelle ». « Nous avons tous bénéficié du savoir qui y est né, et nous croyons que sa renaissance pourrait aider l'humanité, dit-il. Mais ne me demandez pas quand. Il ne faut pas s'attendre à ce que le bébé soit un génie à sa naissance ! »

Loin de son bureau, à l'entrée du chantier, on a posé une dalle de granit provenant d'Assouan, en Haute-Égypte. On y a gravé un hiéroglyphe égyptien, un idéogramme chinois, une lettre arabe et un *e* grec. Le message est limpide: la bibliothèque veut être un carrefour des langues et des civilisations, à l'instar de la ville qui l'a mise au monde. L'ancienne Alexandrina, qui ambitionnait de posséder tous les livres du monde, faisait même arraisonner les navires au large des côtes d'Alexandrie pour y saisir les manuscrits ! Magnanime, elle conservait les originaux et restituait des copies à leurs propriétaires. C'est ainsi qu'elle vint à en posséder de cinq cent mille à sept cent mille, principalement sur papyrus, qu'on rangeait dans des pigeonniers après les avoir enroulés, du moins les plus précieux, dans du lin ou du cuir.

Pendant six siècles environ, depuis sa fondation jusqu'à sa mystérieuse disparition, la bibliothèque fut logée dans un « musée », c'est-à-dire un temple des muses, dans le quartier royal aujourd'hui détruit où habita la plus célèbre des Cléopâtre, la septième et dernière. Son premier mari, Jules César, dont les soldats incendièrent une partie d'Alexandrie au cours de l'hiver 48-47 avant notre ère, est-il celui par qui le malheur arriva ? On l'a longtemps cru. Mais les historiens émettent aujourd'hui d'autres hypothèses. La bibliothèque aurait pu disparaître au IIIe siècle, alors que des combats opposaient Égyptiens et Romains, au IVe siècle, quand des chrétiens ont mis des monuments païens à sac, ou au VIIe siècle, époque où un général arabe fit brûler des manuscrits pour chauffer les bains publics.

On ne sait pas à quoi pouvait ressembler l'ancienne Alexandrina, et on ignore même son emplacement exact. Mais des fouilles archéologiques menées à partir de 1993 font penser que le lieu choisi pour la nouvelle bibliothèque – jusqu'à récemment un parc de stationnement – faisait bel et bien partie du quartier royal. On a retrouvé sur le chantier deux mosaïques : l'une représente un chien frémissant de peur, et l'autre, deux lutteurs. « Deux chefs-d'œuvre, dit l'archéologue Ahmed Abdel-Fattah, directeur général du Musée gréco-romain d'Alexandrie, l'un des plus importants d'Égypte. Comment expliquer la présence de deux œuvres d'une telle beauté presque au même endroit ? Tout porte à croire qu'il s'agissait d'un lieu exceptionnel et, selon toute vraisemblance, du quartier royal. »

L'idée de ressusciter l'Alexandrina remonte à 1974, lorsque Mostafa el-Abbadi, diplômé de l'université Cambridge, professeur d'histoire et auteur de *Vie et destin de l'ancienne bibliothèque d'Alexandrie*, imagina un projet fou : faire revivre le temple auquel il avait consacré tant d'années d'études. Aujourd'hui, le professeur El-Abbadi est plutôt satisfait du résultat. « Il était grand temps de suivre l'exemple du monde antique et de se doter enfin d'une bonne bibliothèque. » S'il ne s'emballe pas, c'est qu'il aurait préféré qu'elle soit réservée à la recherche. Elle accueillera les chercheurs, bien sûr, mais aussi un plus vaste public.

L'Alexandrina suscite l'enthousiasme. La France fournira des copies des archives de la Compagnie du canal de Suez ; l'Allemagne, le système d'acheminement des documents ; la Norvège, le mobilier ; l'Italie, le laboratoire de restauration des manuscrits ; le Japon, le matériel audiovisuel ; la Turquie, dix mille ouvrages ; l'Australie, des œuvres d'art ; l'Espagne, des copies d'importants manuscrits arabes. Mais c'est l'État égyptien qui paiera les deux tiers du coût total. Une souscription internationale, à laquelle des États arabes ont généreusement consenti, assurera le dernier tiers. Certains, en Égypte, trouvent que la note est salée (172 millions de dollars américains). Ce n'est pas le cas du romancier alexandrin Édouard al-Kharrat. « Ce type de projet est essentiel, ce n'est pas un luxe, souligne-t-il. Des gens disent : "À quoi servent donc les écrivains et poètes ? Nous voulons du pain !" Oui, bien sûr, mais l'homme ne vit pas que de pain. C'était vrai hier. C'est vrai encore aujourd'hui. »

Jusqu'à maintenant, trois cent mille livres ont été recueillis, et dans un pays où les islamistes veillent au grain, l'Alexandrina sera tôt ou tard aux prises avec la question de la liberté d'expression, d'autant plus que les

Frères musulmans, le principal mouvement d'opposition (interdit, mais toléré) exerce une influence croissante. L'Université américaine du Caire a dû retirer de ses rayons deux titres, *Le Pain nu*, du Marocain Mohamed Choukri, et *Mahomet*, du Français Maxime Rodinson, sur ordre du bureau de la censure. Et presque chaque année, la Foire du livre du Caire, la plus importante du monde, avec quatre millions de visiteurs, se voit saisir des ouvrages. L'Alexandrina y échappera-t-elle ? « J'essaie de faire de mon mieux pour que cette bibliothèque soit, comme l'ont voulu ses promoteurs, un haut lieu de pluralisme culturel, dit le bibliothécaire Gérald Grunberg. Jusqu'à présent, je n'ai pas eu à faire face au problème. Il y a ici une bien plus grande liberté d'expression que dans d'autres pays. »

L'Alexandrina pourrait-elle même servir de moteur à la démocratie – une autre initiative grecque ! – en Égypte et dans la région ? « Pour construire un État démocratique, dit l'archéologue Ahmed Abdel-Fattah, il faut les outils de la démocratie, et la connaissance est l'un de ces outils. » Là comme ailleurs.

Dernier arrêt avant l'Antarctique

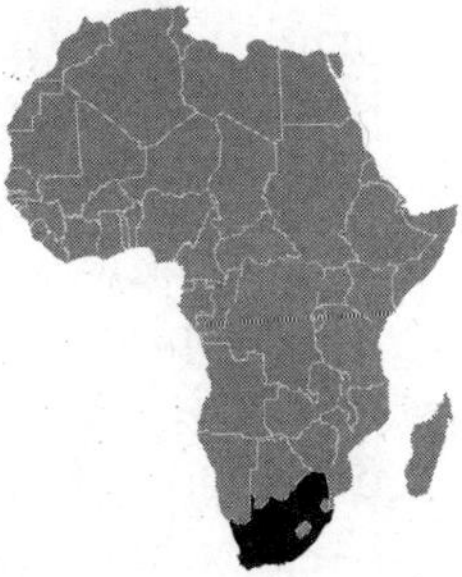

AFRIQUE DU SUD

Au cap de Bonne-Espérance, deux océans se jettent dans les bras l'un de l'autre. Pour se soustraire aux regards, les amants se sont donné rendez-vous dans un parc tout au bout du continent. Dans ce parc national aux sentiers balisés où les touristes sont priés de ne pas nourrir les babouins, il est facile d'oublier que cette pointe de terre, jadis le point de passage obligé de l'Europe vers l'Asie, a été âprement convoitée par les puissances européennes : la Grande-Bretagne, la Hollande et la France. Outre son importance stratégique, l'emplacement est spectaculaire. La montagne de la Table, qui découpe l'horizon, semble ployer le genou devant la mer.

C'est là qu'a jailli la ville du Cap, la deuxième d'Afrique du Sud, peut-être la plus saugrenue. Malgré ses bidonvilles, ses quartiers chics, où les nantis roulent en Ferrari et en Rolls Royce, rivalisent avec ceux de Monaco. En revanche, son ancien port, transformé en marina au XXe siècle, une zone piétonnière où les cafés, les bars et les restaurants pullulent, est nettement plus bohème. Dans ses rues, des musiciens munis d'une autorisation interprètent des airs de marimba ou de Mozart. Rien n'y trouble la quiétude des touristes, pas même la musique non autorisée.

Ce port, ses hangars, sa tour de l'horloge me transportent dans le Vieux-Montréal, où l'on trouve le même type de port, de hangars et d'horloge. Je l'explique à un Sud-Africain en soulignant que l'architecture victorienne est magnifique mais que je n'ignore pas, étant moi-même originaire d'une ancienne colonie britannique, que les Britanniques n'ont jamais construit de ports pour le bénéfice des populations locales. Mon interlocuteur, Kevin, répond : « Je le sais bien, moi qui suis noir. » Je ne comprends plus rien. Kevin est pourtant de la même couleur que moi… Au fil de la conversation, il m'explique que son père était irlandais, et sa mère, noire, et que l'apartheid l'avait donc rangé, malgré la pigmentation de sa peau, dans le camp des personnes « de couleur », une des quatre catégories (Blancs, Noirs, Asiatiques et *Coloured*) inventées par le régime raciste. Un métis, même blanc de peau, ne pouvait être blanc en droit. Estimant que tout cela n'était qu'une manœuvre du pouvoir blanc pour diviser la population, majoritairement noire, Kevin a choisi son camp : puisqu'il n'était pas blanc, il serait noir. Tant pis si sa peau racontait l'histoire d'un homme qui avait un jour enlacé une femme qui ne lui ressemblait pas. C'est en partie pour cela que Le Cap donne l'impression, du moins à un étranger, d'être une ville peuplée de Blancs. Si on se fie aux critères absurdes – pouvait-il en être autrement ? – de l'apartheid, sa population est majoritairement « de couleur ». Mais il faudrait être aveugle pour ne pas voir qu'elle est entourée de *townships*, des bidonvilles où des millions d'ouvriers et de chômeurs, eux très majoritairement noirs, sont encore relégués.

Le Cap accueille plus volontiers les touristes venus de loin que les immigrants venus des pays voisins. Dans les restaurants, on entend parfois parler français, et il ne s'agit pas toujours de clients européens. Un serveur, originaire de la République démocratique du Congo, m'explique qu'il vit en Afrique du Sud depuis douze ans. Il a demandé, mais n'a jamais obtenu, les documents qui lui permettraient d'être considéré comme un résident. Ses permis temporaires (à renouveler tous les trois mois) ne l'autorisent pas à exercer son vrai métier : ingénieur minier. Dans la rue, les hommes qui veillent sur les voitures sont souvent des compatriotes à lui : l'un d'eux dit qu'il était officier dans l'armée du maréchal Mobutu et qu'il a fui son pays après l'arrivée au pouvoir, à Kinshasa, du président Laurent-Désiré Kabila.

>>>

Au cœur des vignobles – on cultive la vigne depuis le XVIIe siècle –, Stellenbosch est une ville blanche. Ses bâtiments historiques, d'une blancheur aveuglante, sont magnifiques, bien que d'une beauté un peu troublante, puisqu'elle est le fruit de l'esclavage. On n'est plus, ici, dans l'Afrique qui exportait des esclaves, mais dans celle qui les importait : en s'installant au Cap, les colons européens n'ont pas asservi les populations locales, puisqu'ils devaient commercer avec elles. Ils ont plutôt fait venir des captifs de la côte est de l'Afrique et de l'océan Indien. Au Cap, un musée, le *Slave Lodge*, rappelle leur histoire. Il est étrangement modeste, comme si personne, dans la nouvelle Afrique du Sud, ne voulait réveiller des fantômes qui risqueraient d'attiser les braises de la désunion.

À Stellenbosch, la population est blanche, d'une blancheur qu'on dirait provinciale, quasi exotique, en comparaison d'une grande ville multiculturelle comme Le Cap. Les cappuccinos frappés qu'on y sert en terrasse disent la mondialisation et la douceur de vivre, mais les mentalités tardent à évoluer, et pas uniquement chez les Blancs.

Johannes, un comptable qui a fait ses études à l'université de Stellenbosch, me montre une photo récente, celle de son bal de fin d'année. Lui seul est « de couleur ». Tous les autres sont blancs. Il ne se considère pas comme un Noir. Au contraire, il valorise son identité en tant que personne « de couleur », à commencer par sa façon particulière de parler l'afrikaner, la langue des Sud-Africains d'origine hollandaise. Johannes a même peur de voir cette minorité submergée un jour dans la masse de la population noire. Son discours semble empreint de nostalgie. J'ai l'impression d'entendre parler un Blanc, sauf que les Blancs ne parlent plus comme ça, du moins en public. Je me demande si, à force de croiser le fer avec ses anciens camarades blancs, Johannes n'a pas fini par leur ressembler.

Il me rappelle Mohammed Valli Moosa (qui allait devenir ministre après l'arrivée au pouvoir de Nelson Mandela). À l'époque où il était un militant anti-apartheid, je l'ai interviewé à Montréal, en 1984. Je lui avais fait remarquer qu'un ancien premier ministre du Québec, Maurice Duplessis, portait le même nom qu'un ministre sud-africain des Finances, Barend Du Plessis. Évidemment, le lien entre les deux hommes tenait à leurs lointaines origines françaises. La réaction de Moosa m'avait désarçonné : « Oui, votre peuple a fait beaucoup de mal. » Mon peuple ? Il insinuait que je devais me sentir coupable, comme si mes ancêtres français m'avaient transmis, il y a quatre cents ans, une tare congénitale. N'étions-nous pas là aussi sur le terrain du racisme ?

>>>

Au large du Cap, Robben Island est l'île pénitentiaire où furent détenus Nelson Mandela (pendant dix-huit ans) et tant d'autres dirigeants de la lutte anti-apartheid. Fermée en 1996, cette prison n'est pas, expliquent des panneaux, « un monument à la douleur et à la souffrance, mais à la résistance face à l'adversité ». Il s'agit d'une citation d'Ahmed Kathrada, qui y fut détenu de 1964 à 1989. Certains anciens prisonniers politiques se sont recyclés en guides, des guides un peu particuliers puisqu'ils furent des acteurs de cette lutte. Leur courage impose l'admiration.

Joseph Gombi, mon guide, un ancien « terroriste », fut incarcéré en 1980, à l'âge de dix-huit ans. Il fut interrogé et battu pour avoir distribué des tracts du Congrès national africain (ANC), alors considéré comme une organisation illégale.

Après avoir demandé aux visiteurs d'éteindre leurs téléphones, il se lance dans les explications, les détails de la vie quotidienne. Il y avait deux menus : l'un pour les Noirs, l'autre pour les prisonniers « de couleur ». Les premiers mangeaient une bouillie de maïs, les autres avaient droit à du pain. Mais Gombi ajoute que, dans les faits, les prisonniers partageaient leur nourriture. Détail étonnant : alors que, dans toutes les dictatures, le pire ennemi du prisonnier politique est le prisonnier de droit commun, ce n'était pas le cas ici. Les militants n'avaient rien à craindre des assassins et des voleurs puisqu'ils avaient réussi, semble-t-il, à les convaincre qu'ils étaient eux aussi des victimes de l'apartheid.

Gombi est un guide irréprochable. Mais sa politesse – il dit constamment « mesdames et messieurs » – est un peu suspecte, comme s'il cherchait à mettre de la distance entre lui et nous. Le groupe est composé de visiteurs, dont aucun Noir (sauf l'amie qui m'accompagne). Il explique que la réconciliation avec les anciens gardiens a été difficile, mais qu'elle a néanmoins eu lieu. En 1994, Mandela, président élu, n'a-t-il pas tenu à inviter son ancien geôlier à sa cérémonie d'investiture ? Mais Gombi semble triste, voire abattu. Dans notre groupe, une touriste habillée à la mode indienne engage la conversation avec lui. Elle est sud-africaine, originaire de la ville de Durban. Son sourire bienveillant masque son impudence. « Mais vous êtes encore traumatisé ! s'exclame-t-elle avec un rien de triomphalisme. Il est évident que vous souffrez encore ! Mais c'est bien de faire le métier que vous faites, c'est votre thérapie ! » Elle ne lui donne pas le temps de répondre. Elle ne lui a d'ailleurs pas posé de question. Le guide lui sourit, plutôt chaleureusement, comme s'il n'était pas exclu que l'impertinente ait eu raison.

Je demande à Gombi quelle a été sa première impression lorsqu'il a rencontré Mandela, le premier prisonnier à l'avoir accueilli à Robben Island. Qu'a-t-il ressenti alors ? « Je n'ai pas les mots pour le décrire », dit-il. Je le relance. « C'est indescriptible », insiste-t-il, mais son regard se réveille enfin. On y lit soudain beaucoup de choses : la fougue et la dignité, la volonté de marcher la tête haute et de se battre. L'espace d'un instant, sous mes yeux, Gombi a eu dix-huit ans.

La cellule de Mandela, comme toutes les autres, est propre et bien entretenue, trop sûrement pour qu'on puisse imaginer la vie quotidienne dans un tel réduit. Dans son autobiographie, Mandela a rappelé comment il avait, malgré tout, continué à faire du sport, notamment de la boxe. On l'imagine en train de boxer contre son ombre, comme on dit en anglais. Mais cette prison est désormais si muséifée – trois cent mille personnes la visitent chaque année ! – qu'elle serait beaucoup moins intéressante sans des guides comme Gombi.

On a envie de traîner à Robben Island, de partir à la recherche des recoins où les prisonniers répétaient du Shakespeare, de retrouver la crique où ils se préparaient des fruits de mer dans un vieux baril, en catimini. Dans le vent qui souffle sur l'île, on voudrait humer le parfum de la résistance, cette faculté de dire non. Mais pas le temps. Il faut faire vite. Un catamaran multicolore attend les touristes pour les ramener sur la terre ferme.

>>>

Un ami envisage d'acheter un appartement au Cap. La ville et ses environs connaissent un extraordinaire boom immobilier : les prix sont les plus élevés du continent africain, comme le répètent les agents immobiliers. Le centre-ville est chaque jour transformé, rénové, restauré. Le samedi, le principal quotidien du Cap, *The Cape*

Argus, publie non pas un, mais *quatre* cahiers consacrés à l'immobilier ! Les petites annonces mettent l'accent sur la sécurité. Il y a quelques années encore, les agents immobiliers déploraient franchement et publiquement l'arrivée de Noirs dans tel ou tel quartier : leur présence, glissaient-ils, annonçait une baisse des prix. Mais ces remarques sont moins fréquentes, d'autant plus qu'une classe moyenne noire est en train d'émerger. On voit aussi apparaître quelques grandes fortunes noires. De Beers, le géant minier, a déjà cédé le quart de ses actions à Ponahalo Holdings, que contrôlent des investisseurs noirs.

Mon ami cherche une maison en périphérie du Cap. Elles coûtent moins cher qu'en ville. On lui fait visiter des appartements dans un village appelé Simon's Town. L'agente immobilière lui explique que les maisons des environs ne connaissent que deux problèmes : les pénuries d'eau et les babouins. Les touristes qui sillonnent cette côte ont si souvent donné à manger à ces gros singes qu'ils entrent désormais dans les maisons pour y trouver de la nourriture ! L'agente m'assure qu'ils ouvrent même parfois les réfrigérateurs pour se servir. Je ne sais pas si je dois la croire.

>>>

Mon amie Johanna, une journaliste sud-africaine, a longtemps habité en France avant de retourner au Cap, sa ville natale. Elle m'a donné rendez-vous à la plage, côté atlantique. Pas question de s'y baigner, toutefois. Il a beau faire trente degrés, l'eau est vraiment trop froide. Cela n'empêche pas les enfants d'y faire de brèves incursions. Pour Johanna, la vie avec sa fille de cinq ans, très active, très sportive, tient du merveilleux : sa gamine a été repérée par un entraîneur de tennis qui l'a prise sous son aile – à deux ans et demi ! Pour les adultes, la vie quotidienne est nettement moins amusante.

Johanna se demande pendant combien de temps encore l'Afrique du Sud devra lutter contre ses vieux démons. Un de ses confrères, un jeune homme « de couleur » encore remonté contre la minorité blanche, lui a déjà expliqué qu'il refuserait, s'il devait être transfusé, de recevoir du sang « blanc » (sauf celui de Johanna, a-t-il quand même précisé).

Elle a surtout eu du mal à s'habituer à la peur – ou à la paranoïa, se demande-t-elle – qui imprègne la vie quotidienne. Elle se fait surtout du souci pour sa fille. Une caissière de supermarché lui a déjà dit, comme si cela était tout à fait naturel : « Votre fille est jolie. Vous devriez la surveiller de près. Elle pourrait se faire enlever. » Johanna a constaté que des proches avaient un comportement qui, à l'époque où elle vivait en Europe, lui aurait semblé grotesque. Une consœur de Johannesbourg, chaque fois qu'elle sort avec ses jeunes enfants, leur écrit au marqueur son numéro de téléphone sur le bras. Elle sait surtout que la fille d'une amie, une fillette de huit ans que sa mère avait envoyée à l'épicerie, tout près de la maison, s'est fait braquer un pistolet sur la tempe : on l'a obligée à donner son argent. À peine quelques pièces. Depuis, Johanna fait comme tout le monde : elle surveille sa gamine de très près.

Impossible d'obtenir une assurance pour une maison sans système d'alarme, ce qui explique pourquoi les maisons sud-africaines, souvent entourées de fil barbelé, de fil rasoir ou de clôtures électrifiées, sont de vrais bunkers. Chez Johanna, toutes les pièces ont un *panic button*. Comme il suffit d'appuyer sur cette sonnette pour appeler des gardes armés, elle a dû expliquer son fonctionnement à sa fille. Sa gamine, qui a bien appris la leçon, a tout répété à son grand-père : « Je dois appuyer là-dessus si maman tombe et qu'elle n'arrive plus à se relever, ou si des méchants entrent dans la maison pour nous faire du mal, ou si des méchants entrent dans la maison pour nous voler. » C'est en l'entendant remâcher les consignes à son père que Johanna a craqué. « J'ai commencé à pleurer, dit-elle. Je me suis demandé dans quelle espèce de pays j'avais emmené ma fille. » Son père habite près de Simon's Town, qui passe pour être plus sûr, entre autres parce que les résidants se relaient pour participer à des rondes nocturnes. Comme son père a plus de soixante-dix ans, on lui demande de participer à des patrouilles de fin de soirée uniquement.

Pourtant, la plage, même côté atlantique, est magnifique. Un vendeur de glaces, un Noir – ou est-ce une personne « de couleur » ? –, se promène en répétant : « *Don't be nervous, I'm at your service.* » (« Ne vous inquiétez pas, je suis à votre service. ») Il a compris à qui il avait affaire.

>>>

Dans le taxi qui me ramène à l'aéroport du Cap, le chauffeur, Jay, m'explique que sa mère est aussi blanche que la voiture devant nous. « Blanche aux yeux bleus », précise-t-il. Son père était d'origine indienne. Jay est donc « de couleur ». Il a cinquante-deux ans et se souvient trop bien du drame qu'était sa vie de famille. Si ses parents s'étaient rencontrés après, et non avant l'adoption des premières lois sur l'apartheid, en 1948, ils n'auraient jamais été autorisés à se marier. Les architectes du racisme institutionnalisé avaient bien compris à quel point les métis étaient des grains de sable pouvant enrayer les rouages du système. Ils étaient la preuve vivante que la vie n'était pas un film en noir et blanc, que l'apartheid était contre nature.

C'est avec une amertume évidente que Jay raconte certains souvenirs d'enfance. Il ne sait plus s'il avait huit ou neuf ans. Il attendait l'autobus avec sa mère. Un premier bus arrive, mais il est réservé aux Blancs. Il dit à sa mère qu'il prendra le suivant. « Ne sois pas ridicule !

le gronde-t-elle. Allez, monte! » « À qui est ce garçon? » demande le chauffeur blanc sur le ton de la colère. « C'est mon fils », rugit sa mère. Les passagers les fixent. Le bus redémarre. « Si les regards pouvaient tuer, dit Jay, je serais mort ce jour-là. » Il n'est pas mort, mais la meurtrissure est encore vive. « Pour eux, nous étions des animaux, dit-il, des sous-humains. »

Même les relations sexuelles interraciales étaient interdites. Jay raconte que la police a arrêté une de ses cousines, une Blanche, en pleine nuit pour avoir fait l'amour à un homme noir. L'aigreur le guette, mais Jay s'y refuse. « La vie est trop belle, dit-il, trop pleine de plaisirs et de surprises. Être heureux, c'est la meilleure façon de vaincre son ennemi. Votre ennemi ne peut pas supporter de voir votre bonheur: la haine finit par l'étouffer. » Aujourd'hui, il parle de l'apartheid comme d'un cauchemar qu'on trouve absurde au réveil. « Comment pouvaient-ils penser qu'ils arriveraient à empêcher les gens d'aimer? Ils n'y peuvent rien. Vous ne pouvez pas m'empêcher de vous aimer. Je ne peux pas vous empêcher de m'aimer. »

>>>

Vu du ciel, Johannesburg ressemble à une banlieue américaine: ses rues sont propres et arborées, ses bungalows bien entretenus, ses piscines d'un turquoise fluorescent. Les habitants de la capitale économique sud-africaine vivent autour d'imposants centres commerciaux d'inspiration américaine. Mais dans certains quartiers, on dirait qu'il y a moins de Noirs en Afrique du Sud qu'aux… États-Unis!

Le plus grandiose de ces centres commerciaux est le Nelson Mandela Square. À l'entrée, une statue en bronze donne à Madiba, comme on appelle le héros de la lutte anti-apartheid, des airs de Mao. Pourtant, il s'agit bien de boutiques de luxe. Prière de noter que, dans cette Afrique-là, on ne négocie pas les prix.

Le quartier Sandton est d'une stérilité déroutante. Les pelouses sont aussi lisses que des tapis de minigolf, et les arbres, aussi tristes que des natures mortes. Le soleil donne à ce décor d'une perfection irréprochable un air virtuel. On se croirait dans un studio de cinéma en plein air avant l'arrivée des figurants. Certes, on croise des balayeurs qui n'ont rien à balayer et des témoins de Jéhovah qui n'ont personne à convertir. Mais il n'y a pas de piétons, et les trottoirs s'ennuient ferme.

L'ami qui m'héberge m'a demandé de promener son chien. C'est un afghan trop haut sur patte qui ne sait pas marcher autrement qu'en gambadant, un chien incapable de gober une mouche. Je tiens ce drôle de dogue en laisse. Les très rares piétons que je croise, des Noirs, changent de trottoir en voyant ce grand toutou, qui ne les fait pas sourire du tout. Au contraire, si je me fie à leur regard, il leur fait même très peur. Je ne peux m'empêcher de penser qu'ils se sont déjà fait mordre. Pourtant, ce chien, je le tiens bien en laisse. De toute évidence, on ne me fait pas confiance. Ailleurs en Afrique, on me regarde comme un étranger, on me donne le bénéfice du doute. Ici, on me regarde comme un Blanc.

>>>

Lorsqu'il fait beau, à Johannesburg, les promeneurs se donnent rendez-vous à la terrasse que le restaurant Moyo a aménagée sous les arbres du Zoo Lake Park. Lorsque j'y suis passé, tous les clients étaient blancs. Les seuls Noirs – outre le personnel – étaient mozambicains. Le soir même, je suis allé au Bassline, une salle de spectacle du centre-ville. Là, tous les clients étaient noirs. Ojo, un remarquable groupe de rythm and blues, s'y produisait. Le spectacle – puissantes voix féminines, musiciens confirmés, une bonne présence sur scène – était de bon niveau. Où étaient les Blancs ? Je ne pouvais m'empêcher de penser qu'ils avaient peur. Mais de quoi au juste ? D'entendre Ojo chanter que « le guerrier zoulou ne se rend jamais au régiment britannique » ? Malgré l'abolition de l'apartheid, en 1996, l'Afrique du Sud vit encore à l'heure de la ségrégation. Elle n'est plus officielle mais officieuse, moins politique que sociale : riches et pauvres sont rarement de la même couleur.

Safari

BOTSWANA

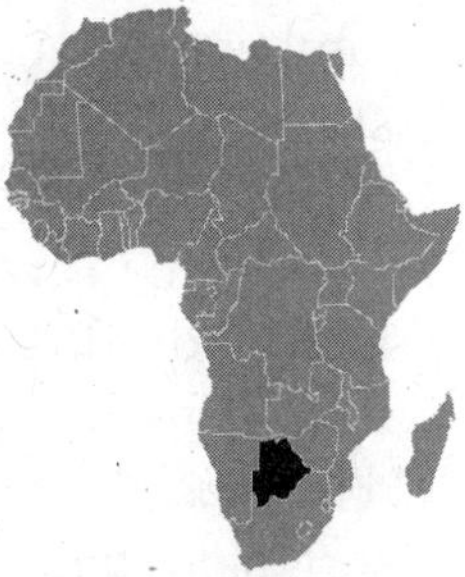

Je suis allé pour la première fois en Afrique du Sud en 1994. Je n'y étais pas allé pour couvrir le sanglant conflit qui opposait alors l'ANC aux militants de l'Inkatha, un mouvement zoulou que manipulaient les derniers défenseurs de l'apartheid, mais pour des raisons personnelles. Je venais retrouver une amie américaine qui venait de perdre son copain, le photographe sud-africain Kevin Carter. Quelques mois auparavant, il avait remporté le prix Pulitzer, le plus prestigieux du journalisme américain, pour une photo, d'abord publiée dans le *New York Times*, qui avait vite fait le tour du monde : un vautour donnait l'impression d'attendre la mort d'une fillette squelettique, au Soudan. Malgré les honneurs, malgré le courage dont il avait fait preuve en tant que photographe de guerre, Kevin était un homme fragile, et il venait de se suicider.

Mon amie Judith était bouleversée. Pour essayer de lui changer les idées, je lui ai proposé de partir loin des *townships* et de la violence. C'est pour elle que j'ai écrit le texte suivant, sur un voyage de camping au Botswana, qui ne ressemble pas aux autres de ce recueil : je savais qu'elle le lirait, et mon objectif était de l'amener à sourire.

>>>

Le fauve était-il passé par là ? Le vent qui commençait à souffler n'avait pas encore effacé ses empreintes. Sur la piste, des excréments à peine desséchés retenaient des lambeaux de peau d'antilope. Au lointain, des vautours survolaient la carcasse de sa dernière victime. Le doute n'était plus permis : nous étions sur la trace d'un lion.

Judith m'avait proposé une semaine de camping dans le nord du Botswana. Histoire de « faire le vide », disait-elle. Je ne m'attendais pas à... faire le plein ! Le plein d'images, d'aventures et de sensations fortes. Moi qui me serais contenté de couchers de soleil sur un lac, j'étais lancé à la chasse au lion. Sans fusil. Avec pour seule protection un écran solaire FPS 15...

Le terrain de camping était plutôt rassurant : toilettes, douches et eau chauffée à l'énergie solaire. J'ai commencé à m'inquiéter quand, en guise de bienvenue, on nous a donné des informations qui ressemblaient à des mises en garde. J'ai retenu deux choses : premièrement, qu'il ne fallait jamais laisser d'oranges à l'intérieur de la tente parce qu'elles attirent les éléphants, et deuxièmement, qu'il ne fallait jamais mettre de sous-vêtements féminins à sécher sur les cordes de la tente parce qu'ils attirent les babouins. (La preuve probante que l'homme descend du singe !)

Nous avons monté la tente à l'ombre des palmiers. Peu après, à la tombée de la nuit, je me suis glissé dans mon sac de couchage norvégien et me suis endormi en rêvassant aux rigueurs de l'hiver scandinave...

Des bruits de pas m'ont soudain réveillé. On rôdait tout près de la tente. Des pas lents et lourds. Plus lourds que lourds, pesants. Plus pesants que pesants, *heavy* ! Retenant mon souffle, j'ai essayé de jeter un coup d'œil à l'extérieur. Impossible de voir quoi que ce soit. C'est alors que j'entendis un bruit étrange : un vent dru et violent faisant siffler les palmiers. Pourtant, aucun vent ne soufflait sur le camping. La toile de la tente était parfaitement immobile.

Je réveillai Judith. « C'est un éléphant qui secoue un palmier pour en faire tomber les fruits, m'expliqua-t-elle. Le pire qui puisse arriver, c'est qu'il le déracine et qu'il nous tombe dessus. » Et elle se rendormit.

Ça, c'était bien elle ! Je nous avais imaginés en personnages de *Out of Africa*, charmante Meryl Streep et charmeur Robert Redford sous la tente. Mais la réalité dépassait la fiction. Correspondante de guerre américaine, Judith a « fait » tous les conflits armés d'Afrique australe : Angola, Mozambique, Namibie, Afrique du Sud. C'est la seule fille que je connaisse à avoir un gilet pare-balles dans sa garde-robe. Et elle était déterminée à voir ce qu'elle appelait un « chat ». Je dis plutôt, quant à moi, « roi de la jungle » : à tout saigneur tout honneur ! C'est pour cela que nous avions abouti au Botswana, dans l'Okavango, un delta où trois rivières viennent s'évanouir dans un des plus grands déserts au monde, le Kalahari.

Ici, l'eau et le sable ont fait match nul. Comme si les dieux qui « sont tombés sur la tête » (c'est au Botswana que le film a été tourné) avaient trop hésité entre la rivière et le désert. Cette alliance contre nature a accouché d'une faune et d'une flore d'une richesse biblique. Éden de douze mille kilomètres carrés, l'Okavango est un jardin des délices où de voluptueuses fleurs vermeilles tombent littéralement du ciel ! La raison en est fort simple : juchés dans les arbres « à saucissons », les babouins les laissent tomber après s'être délectés de leur nectar. Dans l'air flotte un parfum d'acacia. Sur l'eau – si pure qu'on peut la boire – flottent des gerbes de nénuphars. Le guide nous indique où nous baigner, entre les roseaux et les papyrus, loin des crocodiles. (On a beau être au paradis terrestre, je préfère garder mon maillot…)

Grand comme la France, le Botswana ne compte que 1,4 million d'habitants. Sa principale activité économique, les mines de diamant, fait rêver trafiquants et intrigantes. Autrefois surnommé « le Koweït de l'Afrique », le Botswana est parmi les plus importants producteurs de diamants au monde (avec la Russie, le Canada et l'Afrique du Sud). La vente de la gemme brute, qui rapporte en moyenne un milliard de dollars américains par an, sert à financer les écoles et les hôpitaux. Résultat : neuf enfants sur dix sont scolarisés. Un taux exceptionnel pour l'Afrique subsaharienne.

Nous étions arrivés de Johannesburg dans un tacot à hélices. « Un Cessna 206 », corrige Judith, qui ne voyage jamais sans un guide d'identification des avions et hélicoptères. J'ai pour ma part apporté un guide d'identification des oiseaux. Nous avons survolé un paysage lisse et veiné comme une plaque de marbre. Striée de bras d'eau morte et verte, la terre est dorée et chatoyante. De hautes herbes ondoient lascivement dans la lumière. Çà et là, entre un îlot de verdure et un lopin de poussière grise, quelques cases ont poussé.

Le lendemain matin, levés à l'aube, nous avons pris un petit petit déjeuner : tranches de pain nature (des « toasts tartares », ricane Judith) et café. Après, comme cela m'arrive parfois, je me suis brossé les dents. Flairant la menthe, Judith a froncé les sourcils. Les forces armées sud-africaines interdisent à leurs soldats d'utiliser du dentifrice, m'a-t-elle sermonné. « Les rebelles détectent cette odeur à des kilomètres à la ronde ! » J'ai aussitôt enfoui le tube dans mon sac de couchage de peur que les insurgés, de l'autre côté de la frontière angolaise, ne lancent une expédition punitive.

C'est en *makoro*, une pirogue traditionnelle, que nous quittons le terrain de camping. Plus stable qu'un canoë, cette embarcation est creusée à même le tronc de l'arbre à saucissons, dont le bois est très résistant. Tel un gondolier vénitien, le piroguier reste debout à l'arrière. Il mène sa barque avec une *ngashi*, une perche d'ébène qui lui permet de manœuvrer dans l'eau peu profonde. Il s'appelle Kutlwano Mohowe, K.T. pour les intimes. Il parle un anglais correct et me donne du *sir*. Membre du peuple des BaYeis, les maîtres des lieux depuis des siècles, il gagne sa vie en accompagnant des amateurs de safari.

K.T. nous emmène sur Chief's Island, une île de mille kilomètres carrés où son père et son grand-père ont chassé avant qu'elle ne devienne une réserve faunique dans les années 1960. Nous avons à peine le temps de débarquer que nous repérons déjà nos premiers animaux (et *vice versa*) : des impalas se nourrissent d'herbes humides à l'ombre d'un ébénier. Leurs défenses en forme de lyre sont si fantaisistes qu'on les dirait empruntées à un décor rococo ! Un peu plus loin, un petit troupeau de gazelles à longues oreilles nous épie. Nous les observons longuement avant qu'elles ne s'envolent dans un ballet soigneusement chorégraphié : plié, jeté, sortie… côté jardin.

Les girafes sont moins farouches. Nous réussissons à nous approcher d'une mère qui donne la tétée à un girafeau qui s'est réfugié sous elle. Mais soudain, la madone du règne animal s'enfuit. Nous n'avons pourtant pas bougé ! Nous interrogeons K.T. du regard. Sa réponse tombe comme un fer à repasser : « Un lion est dans les environs. »

Nous pressons le pas. Les chaussures autour du cou, les pieds noyés jusqu'aux chevilles, nous traversons des marécages. Nous marchons dans le sens contraire du vent pour éviter que le fauve ne repère notre odeur. (Je commence à regretter de m'être aspergé de Fahrenheit.) À la file indienne derrière K.T., nous empruntons le sentier sablonneux où le félin serait passé. Les empreintes sont faciles à identifier, les fumées, encore luisantes et odorantes. Le doute – l'espoir ? – n'est plus permis : le lion n'est plus très loin. J'écarquille les yeux ; Judith sourit de toutes ses dents.

Le soleil, haut dans le ciel, défonce la couche d'ozone. Sous ma casquette, je commence à trouver qu'il fait chaud. L'écran solaire hydratant me dégouline le long de la nuque. Judith me fait remarquer qu'il fait « seulement » trente degrés… Nous gravissons une termitière qui, tel un château fort, domine la savane. Cachés derrière une de ses tours, nous observons ce qui se trame dans les hautes herbes. K.T. perçoit des mouvements. Nous pouvons enfin l'apercevoir : le lion est là, tout près. « Non, dit Judith. Il n'est pas là. *Elle* est là ! » C'est une lionne, une chasseresse, plus dangereuse encore que le mâle !

La reine des animaux n'est pas seule. Nous finissons par distinguer cinq lions, mâles et femelles. D'un geste du doigt, K.T. nous montre pourquoi nous n'avons pas été dévorés, pardon, repérés. Les lions contemplent un autre déjeuner sur l'herbe : un troupeau de deux cents buffles, bufflonnes et buffletins ! Quel buffet ! Pour la première fois, notre guide se montre légèrement inquiet. « Le buffle – et non le lion – est l'animal le plus dangereux d'Afrique », explique-t-il. Myope comme une taupe, mais doté d'un odorat très développé, ce bovidé charge tout ce qui bouge.

K.T. nous invite à le suivre dans un silence parfait. Là, j'avoue que je suis resté perplexe. Si on faisait du bruit, on risquait de déclencher un *stampede*. Si on n'en faisait pas, on risquait de mettre le pied sur un serpent. Douloureux dilemme. Je suis prêt à faire demi-tour. Mais K.T. et Judith, eux, pressent le pas ! Ils ne vont quand même pas me planter là avec mon douloureux dilemme ! Je les rattrape au pas de course. Je finis par comprendre que nous filons en fait vers un arbre à la silhouette torturée qui porte le joli nom de « figuier étrangleur africain ». K.T. nous dit d'y grimper immédiatement. *Yes, sir !* Cela doit faire au moins vingt ans que je n'ai pas fait ça. Mais sentant déjà le souffle chaud de la bête sur mes mollets, je me sens pousser des crampons et je me hisse sans difficulté aucune. (La seconde preuve probante que l'homme descend du singe.) K.T. interrompt mon ascension. Pas besoin d'atteindre la cime puisque ce lointain cousin de la vache, m'explique-t-il, ne grimpe pas aux arbres. D'accord. Mais, de mon perchoir, j'observe un fabuleux spectacle : un troupeau de buffles s'enfuyant devant les lions dans un nuage de poussière.

De retour au terrain de camping, crevé mais ravi, je raconte cette histoire aux nouveaux venus qui s'apprêtent à faire le même circuit que nous. « Et vous n'avez pas oublié de secouer vos chaussures avant de les mettre, chaque matin ? » nous demandent-ils en rigolant. « Non, non », les rassure Judith. « Parce qu'il faut secouer ses chaussures le matin ? » hasardai-je. Judith me fusille du regard. N'avais-je pas écouté les explications qu'on nous avait données en arrivant au camping ? Euh, oui : les oranges, les éléphants, les dessous féminins, les babouins, etc. Avais-je oublié quelque chose ? « Tu parles ! répondit Judith. Les scorpions ! »

Ah, oui, les scorpions... Je sens tout à coup un picotement au bout du gros orteil. Avec un peu de chance, ce ne sera que mon pied d'athlète.

Ravitaillement

MADAGASCAR

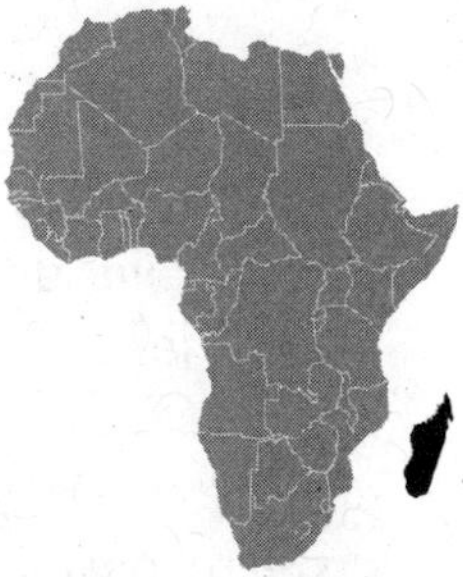

Où passer la nuit ? On nous dirige vers Manambato, quelques huttes en bordure du lac Rasaobe, qui est lui-même en bordure de l'océan Indien. La route est très mauvaise, même si des cantonniers tentent de boucher les plus gros trous avec des cailloux. Ce ne sont pas des employés de la voirie mais des paysans qui gagnent leur croûte en vertu d'un programme « travail contre nourriture » de Care, une ONG internationale. S'ils n'étaient pas là pour l'entretenir, la piste ne serait pratiquement pas carrossable, même en 4 × 4.

Les huttes, en bordure d'un vaste lac, sont destinées aux vacanciers de la capitale. Une employée se propose de faire ma lessive. Elle ne souhaite pas être payée. J'insiste. Elle me demande si je vais manger « chez Luigi ». Qui est Luigi ? Un Italien, explique-t-elle, qui tient un gîte rural et un restaurant dans un pavillon entouré de palmiers de toutes sortes. C'est tout à côté. Luigi, un homme à l'air affable, m'explique qu'il était cuisinier. Marseillais d'origine italienne, il fut jadis, dit-il, au service du président Omar Bongo du Gabon. Depuis qu'il est retraité, il est installé à Madagascar, où il a pris une jeune épouse. Dois-je croire à cette histoire ? Libreville est quand même à cinq mille kilomètres… Mais le repas qu'il me sert vient à bout de mon incrédulité. Les plats qu'il a concoctés avec des produits du coin, y compris un fromage de chèvre local, sont succulents et si bien présentés que je donne à Luigi le bénéfice du doute.

>>>

Dans le centre de Madagascar, les paysans triment dur pour ciseler des terrasses à flanc de colline. Malgré leur beauté, les terres des environs sont peu fertiles, et la majorité de la population vit sous le seuil de pauvreté. Des cultures vivrières, principalement le manioc et la pomme de terre, permettent en général de manger à sa faim, sauf pendant la période de « soudure », la période de disette qui précède la récolte. La situation politique s'est améliorée quelque peu après la victoire de Marc Ravalomanana. Ce riche homme d'affaires – il est le patron de la plus grande société agroalimentaire malgache – se proclama chef de l'État après les turbulentes élections présidentielles de 2001. Ses partisans accusèrent l'ex-président Didier Ratsiraka, l'« amiral rouge » parvenu au pouvoir pour la première fois en 1975, de fraude électorale. Et lorsque ce dernier exigea la tenue d'un deuxième tour pour départager les deux candidats, des centaines de milliers de sympathisants de Ravalomanana commencèrent à défiler quotidiennement dans les rues de la capitale.

La crise politique qui en résulta déboucha vite sur un double blocus, plongeant le pays dans une crise sans précédent. Retranchés dans leur fief de Tamatave, les fidèles de Ratsiraka qui contrôlaient le port cherchèrent à asphyxier la capitale. Et sur la seule route qui relie les deux villes, les partisans de Ravalomanana essayèrent « d'affamer » Tamatave en bloquant son ravitaillement, l'essentiel des denrées alimentaires produites localement provenant des hauts plateaux qui entourent la capitale.

La reconnaissance de Ravalomanana par les États-Unis, en 2002, mit un terme à la crise politique qui avait paralysé le pays pendant plus de six mois. Mais elle posa un véritable défi à l'Union africaine. Cette dernière reconnut la victoire du président Robert Mugabe au Zimbabwe, réélu à l'issue d'un scrutin dont les résultats furent dénoncés par l'opposition et de nombreux observateurs étrangers. Elle ne protesta pas non plus lorsque le président du Togo, Gnassingbé Eyadema, à la tête du pays depuis 1967, fut reporté au pouvoir, en 2002, après des élections boycottées par l'opposition. Mais elle décida d'exclure Madagascar de ses rangs parce que Ravalomanana était parvenu au pouvoir de façon anticonstitutionnelle…

Ulcérés par cette décision, les sympathisants de Ravalomanana estimèrent que les « dinosaures » de cette organisation (à l'époque, Gnassingbé Eyadema du Togo, Omar Bongo du Gabon et Mouammar Kadhafi de la Libye, notamment) se cachaient derrière des arguties juridiques. N'avaient-ils tout simplement pas peur de la démocratie ? Qu'arriverait-il si les Africains, suivant l'exemple malgache, commençaient à descendre dans la rue pour exiger le départ de leurs « hommes forts » ? De toute évidence, dans de nombreuses capitales, une telle perspective effrayait.

Les Malgaches retournèrent aux urnes, en décembre 2002, pour désigner leurs députés à l'Assemblée nationale, donnant la majorité au parti de Ravalomanana. L'époque de Ratsiraka, dont un partisan réussit à se faire élire sans être candidat – son nom n'apparaissait même pas sur le bulletin de vote ! –, n'était plus qu'un mauvais souvenir. Ce scrutin fut l'occasion pour l'Union africaine de donner son feu vert à la réadmission de Madagascar. Mais il ne permit pas aux Malgaches de recouvrer tous leurs droits…

>>>

Des droits auxquels on ne pense jamais, tellement ils semblent banals sur d'autres continents, sont tous les jours bafoués à Madagascar. Comme ailleurs en Afrique, beaucoup d'enfants (un jeune sur quatre) n'ont pas d'acte de naissance, ce qui revient à les priver du droit à un nom. À Betioky-Sud, une commune du sud de l'île, quatre-vingts pour cent des enfants n'ont pas d'acte d'état civil. Dans une commune des environs de Besalampy, petite ville du nord, aucune naissance n'a été enregistrée de 1989 à 1995 ! Un enfant doit pourtant avoir un certificat de naissance pour s'inscrire à l'école. Devenu adulte, il devra le fournir pour obtenir une carte d'électeur ou un passeport, ou pour prouver qu'il a droit à un héritage.

La loi malgache oblige pourtant les parents à enregistrer la naissance de leur enfant dans les douze jours suivant sa naissance. Mais de toute évidence, beaucoup de Malgaches redoutent la bureaucratie. Cette méfiance remonterait à l'époque coloniale, où l'absence d'enregistrement permettait d'échapper au fisc. De nos jours, on craint plutôt de tomber sur un fonctionnaire qui exigera un « pourboire » pour effectuer une démarche censée être gratuite.

Lorsque l'enregistrement n'est pas fait à temps, les parents doivent obtenir un « jugement supplétif », démarche encore plus coûteuse. Les tribunaux facilitent parfois cette procédure en se déplaçant dans des communes rurales pour délivrer des actes d'état civil. À l'occasion d'une audience (dite « foraine »), Édouard Mahafeno, juge au tribunal de première instance de Fianarantsoa, ville du centre du pays, se souvient d'avoir émis des certificats de naissance à une famille entière, du benjamin au père, lequel avait une cinquantaine d'années ! Ce n'est qu'à ce moment-là que certains parents donnent officiellement un nom à des enfants qu'on n'a appelés jusque-là que par leur seul *petaka* (surnom).

À l'hôpital, les naissances sont enregistrées systématiquement, mais la plupart des femmes accouchent à la maison. Les accoucheuses traditionnelles (ou « matrones ») jouent un rôle crucial. Elles émettent une attestation de naissance que les parents doivent soumettre dans les douze jours au chef de leur quartier et aux autorités municipales. Sauf que bon nombre d'accoucheuses le font uniquement après avoir été rémunérées pour leurs services. Et comme elles ne le sont pas toujours…

>>>

De vieilles demeures en bois très foncé donnent à Fianarantsoa, une ville des hauts plateaux, de faux airs d'opulence. Ses habitants sont pourtant pauvres. Je suis descendu dans le seul « hôtel », une maison aux volets de bois qui fait penser à un chalet suisse. Sauf qu'il n'y a pas d'eau. Le matin, on apporte aux rares clients des bassines d'eau chaude pour leur toilette. Il n'y a pas d'électricité non plus, pas de générateur. Au rez-de-chaussée, la salle à manger est éclairée à la bougie. Il n'y a pas grand-chose au menu, mais une pizza oignons et tomates, le plat du pauvre qu'elle fut jadis en Italie, sort du four à bois. Quel délice ! À la table voisine a pris place un groupe de jeunes Malgaches, une chorale. Ils ne disent pas le bénédicite mais le chantent. La beauté de leur chant, de leurs voix, de leurs harmonies est bouleversante.

La mort d'un ami

OUGANDA

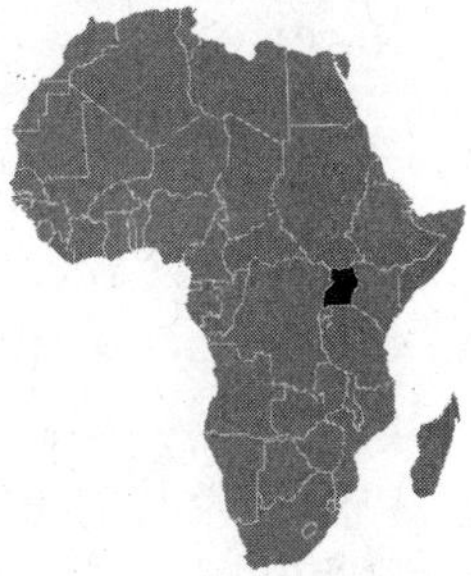

Lorsque j'ai appris que l'un des plus dangereux virus qui soit, le virus Ebola, avait frappé le nord de l'Ouganda, j'ai demandé au magazine *L'Actualité* de me renvoyer à Gulu. Je voulais raconter le combat que l'hôpital de Lacor, pris dans la tourmente, livrait au virus. Ce dernier provoque des fièvres hémorragiques foudroyantes : le malade perd du sang par tous les orifices, y compris les yeux.

Je voulais témoigner de la lutte d'un hôpital que je connaissais pour y avoir séjourné à quelques reprises lorsque j'écrivais la biographie de ses fondateurs, le Dr Lucille Teasdale et son mari, le Dr Corti. Mais la rédactrice en chef de *L'Actualité*, une amie, désapprouvait. Trop dangereux. Elle n'avait pas complètement tort. On sait que le virus Ebola se transmet facilement, particulièrement au personnel de santé, très exposé. Et c'est bien évidemment à lui que j'aurais eu affaire en priorité. J'allais devoir me contenter de suivre les ravages de l'épidémie via l'internet. (L'hôpital y avait accès grâce à une connexion radio.)

Je réussis à poser quelques questions par courriel au Dr Matthew Lukwiya, un ami qui était dans les faits le directeur médical de l'hôpital. Ses réponses étaient laconiques ; il était débordé. Il vantait toutefois l'esprit d'équipe qui régnait au sein du personnel : bien que quelques élèves infirmières eussent été emportées par le virus, presque tout le monde restait en poste. Si quelqu'un était bien placé pour galvaniser les troupes, c'était bien lui. Le Dr Matthew, comme tout le monde l'appelait, était un médecin dont l'intelligence et la sensibilité suscitaient non seulement l'admiration mais le dévouement.

C'est finalement grâce aux messages électroniques du frère Elio Croce, le missionnaire italien chargé de l'intendance, que je pus suivre ce qui se passait à Gulu. Tous les deux ou trois jours, le frère Elio s'installait devait son ordinateur pour rédiger son journal de bord. Il envoyait ces messages à la fondation milanaise qui finance l'hôpital, la *Fondazione Piero e Lucille Corti*. C'est grâce au frère Elio, donc, que j'appris que l'hôpital avait frôlé la mutinerie.

Le virus avait provoqué l'effroi dans toute la région. Des hameaux où avaient habité des malades furent incendiés. Trois soirs consécutifs, vers vingt heures, on put entendre des cris et des tambours dans les villages des environs : il fallait éloigner un mauvais esprit nommé *gemo* en langue acholie (prononcer « ghemo »), « celui qui traîne », le pire de tous, censé avoir apporté le virus. Le mal bousculait de très anciennes coutumes. Dans la tradition acholie, les proches d'une personne décédée nettoient le corps du défunt. Ils se lavent ensuite les mains ensemble dans une bassine d'eau, une façon de se rapprocher dans un moment douloureux, mais aussi, dans ce cas-là, une façon de propager le virus. D'un point de vue sanitaire, il fallait impérativement que cela cesse, malgré l'affront à la tradition, l'affront aux morts et à leurs proches. Seule une *burial team*, une équipe spécialement formée par l'hôpital, était désormais habilitée à inhumer les victimes, et cela avec un maximum de précautions.

Les médecins savaient bien peu de choses de ce fléau, qui apparaissait et disparaissait pour des raisons mystérieuses. Ces épidémies avaient coûté la vie à des centaines de personnes dans plusieurs pays africains, et les médias avaient les yeux rivés sur Gulu, où des experts de l'Organisation mondiale de la santé et des Centers for Disease Control d'Atlanta avaient été dépêchés. L'épidémie était encore en pleine progression. À sa fin, en 2001, on calcula que le virus avait fait plus de quatre cents victimes. La moitié des personnes atteintes du virus en mourraient.

L'épidémie chambarda le fonctionnement de l'hôpital. Les personnes qui s'y réfugiaient le soir – jusqu'à neuf mille personnes y passaient la nuit par crainte d'être enlevées par l'Armée de résistance du Seigneur – étaient désormais indésirables. Les risques de propagation de la maladie étaient trop grands. (Heureusement, les rebelles suspendirent leurs attaques et libérèrent des otages, de crainte qu'ils soient porteurs du virus.) Il fallait aussi évacuer les proches des patients, c'est-à-dire les femmes qui nourrissaient les malades en temps normal. Quiconque mettait les pieds à l'hôpital devait dorénavant porter une longue blouse verte, un masque, des gants, un bonnet et des chaussures spéciales. La buanderie, qui lavait plus de quatre cents kilos de linge par jour, tournait à plein régime. Cela ne posait pas trop de difficultés lorsqu'il faisait beau, mais lorsqu'il pleuvait…

Comme d'habitude, le frère Elio était sur la ligne de front. Vêtu d'une combinaison qui lui donnait un air d'astronaute – « déguisé en Martien », selon ses propres termes –, c'est lui qui allait chercher les malades en ambulance. Ses messages se firent de plus en plus alarmants. À l'hôpital, les employés tombaient malades les uns après les autres. Malgré les précautions, le virus progressait, et vite. « Ce matin, j'ai commencé à fabriquer une centaine de cercueils », précisa le frère Elio dans un message daté du 17 octobre 2000.

D'où venait donc ce virus ? Avait-il été rapporté par des rebelles qui faisaient des allers-retours entre l'Ouganda et le Soudan ? Par des militaires ougandais rapatriés de la République démocratique du Congo ? Dans l'espoir de le débusquer, les chercheurs étrangers qui soupçonnaient une origine animale tendirent des pièges aux animaux que ce micro-organisme aurait pu parasiter. On sait par exemple que la fièvre de Lassa, une fièvre hémorragique qui a déjà fait des milliers de victimes en Afrique de l'Ouest, se propage par les rats. Il n'était pas exclu que cet animal eût servi de vecteur au virus Ebola. Mais les chercheurs ne se limitèrent pas aux seuls rongeurs. Ils capturèrent toutes sortes d'animaux, y compris un cobra de près de deux mètres ! Ils installèrent même des pièges à chauves-souris, parce que nul n'ignorait que les habitants de Guru Hills, près de Pabbo, dans les environs de Gulu, les mangeaient. Des oiseaux étaient aussi visés. Il était bien connu que des volatiles servaient de vecteurs au virus du Nil occidental (du nom d'un district ougandais).

Terrorisées par l'ampleur de l'épidémie, des infirmières se réunirent en assemblée générale pour exprimer leur désarroi, relata le frère Elio. Craignant une révolte, Matthew s'y rendit pour leur remonter le moral. L'une d'elles suggéra de fermer purement et simplement l'hôpital. D'un naturel calme et flegmatique, Matthew haussa le ton. Cela n'était pas dans ses habitudes. Déjà, quelques jours auparavant, il s'était emporté contre une infirmière qui ne prenait pas les précautions qui s'imposaient. « Réfléchis avec ta tête, lui avait-il lancé, pas avec ton cœur ! » Il était au bord de l'épuisement. Devant le personnel réuni en assemblée, il rappela la mission de l'hôpital : « Si nous croyons vraiment que notre mission est de sauver des vies, alors nous devons continuer à faire notre travail. » Matthew avait l'impression que ses arguments ne portaient pas. Pour s'assurer d'être bien compris, il mit tout son poids dans la balance. « Si l'hôpital ferme, je quitterai Gulu et n'y mettrai plus jamais les pieds », dit-il d'un ton menaçant. C'étaient les paroles d'un homme désespéré, d'un médecin qui voulait à tout prix mobiliser son équipe, mais c'étaient des paroles en l'air. Car ce jour-là, dans une seconde réunion, il précisa qu'il continuerait à lutter contre le virus, quoi qu'il advienne, même seul s'il le fallait.

Quelques jours plus tard, Matthew tomba malade à son tour. Tout le monde pensa qu'il avait été infecté lorsqu'il était venu en aide à un infirmier malade, en pleine nuit, celui qui, pris de démence, s'était jeté en bas de son lit, projetant du sang sur le sol et sur les murs. Personne ne voulait envisager qu'un médecin aussi brillant et jeune que lui – Matthew avait quarante-trois ans –, un homme qui incarnait l'avenir de l'hôpital, mais peut-être aussi l'avenir de l'Ouganda, pût mourir ainsi. En apprenant que Matthew était souffrant, le vieux Dr Corti, un des fondateurs de l'hôpital, se précipita à son chevet. Comme le malade dormait, il ne le réveilla pas, mais l'observa un instant. Ce jeune médecin ougandais était non seulement un collègue et un ami, mais aussi un peu un fils, celui qui devait « hériter » de l'hôpital auquel lui et sa femme, le Dr Lucille Teasdale, avaient consacré leur vie. La mort de Matthew lui semblait inconcevable, insupportable.

Le 30 novembre 2000, à quinze heures, le Dr Corti prit connaissance des résultats des deux tests de dépistage effectués sur Matthew, l'un et l'autre positifs. Lorsque le frère Elio annonça la mauvaise nouvelle à ses plus proches collaborateurs, les uns après les autres éclatèrent en sanglots.

La femme de Matthew, Margaret, accourut de Kampala, où elle avait emmené leurs quatre enfants. Lorsqu'il la vit, son mari lui ordonna de ne pas s'approcher. Elle respecta la consigne et chercha à le consoler, elle qui s'était récemment convertie, comme lui, au pentecôtisme. « Sois fort, lui dit-elle, combats la maladie avec le sang de Jésus. » Matthew s'éteignit le 5 décembre 2000. Dans son testament, il demanda à être inhumé près de la tombe du Dr Lucille Teasdale, qui avait succombé quelques années auparavant du sida, qu'elle avait vraisemblablement contracté au bloc opératoire. Deux mois plus tard, le *New York Times*, qui avait envoyé un journaliste à Gulu, publia un long article, « La passion du Dr Matthew » (dont sont tirés les détails et la citation qui précèdent). Il s'agissait bien entendu de sa passion pour la médecine, mais aussi de son supplice, peut-être même de son sacrifice. Si Matthew avait été catholique, écrivit le frère Elio, il eût fallu demander sa béatification.

>>>

Dès notre première rencontre, en 1992, Matthew et moi avions sympathisé. Peut-être, un peu bêtement, parce que nous avions le même âge. Né en 1958, l'aîné de six enfants, Matthew était d'origine modeste. Sa famille ne manqua de rien jusqu'à la mort de son père, qui tenait un petit commerce. Matthew avait alors huit ans. Sa mère dut vendre le magasin et se rabattre sur la culture du millet, du sorgho et des fèves. Pour gagner un peu d'argent, Matthew sillonna le nord de l'Ouganda sur un vélo trop grand pour lui. Dans des hameaux si petits qu'on n'y trouvait pas d'épicerie, il vendait des produits de première nécessité comme du savon, du sucre et du sel. Il fit ses études à l'université Makerere, à Kampala, et devint interne à l'hôpital de Gulu. Sa vie, dès lors, fut étroitement associée à cet hôpital, toujours sur la brèche. L'établissement n'avait jamais suspendu ses activités, sauf une fois, brièvement, lorsque Matthew fut kidnappé (puis relâché) par des rebelles, en 1989.

Sa mort me plongea moins dans la tristesse que dans la colère. Une telle injustice me semblait aberrante. Cet hôpital avait pourtant déjà payé un si lourd tribut au sida, ayant emporté jusqu'à la cofondatrice. Pendant des décennies de guerre civile, il avait résisté aux assauts des rebelles. Au cœur de la tourmente provoquée par le virus Ebola, il avait lutté courageusement, héroïquement même. Les épreuves semblaient sans fin. Au final, onze infirmiers et aides-soignants de l'hôpital allaient mourir des suites de l'épidémie d'Ebola. Certes, les victimes n'avaient pas toujours pris les précautions qui s'imposaient, reconnaissait le frère Elio, qui n'arrivait cependant pas à leur jeter la pierre. « [Les infirmiers et infirmières] essaient d'être prudents et attentifs, mais il n'est pas impossible, dans le feu de l'action, qu'ils aient été distraits et qu'ils aient fait quelque chose qu'ils ne devaient pas faire. Cela risque d'arriver lorsqu'on est entourés de malades et qu'on est conscients qu'il s'agit de personnes humaines qui ressentent le besoin d'aide, de réconfort et d'amour. »

Matthew aurait lui aussi pu écrire ces lignes, parler de médecine et d'amour dans une même phrase. Il était intelligent et avait fait de brillantes études, bien sûr, mais je m'en souviendrai surtout comme d'un homme de cœur, d'une personne dont la sensibilité inspirait immédiatement confiance, aux forts comme aux faibles. Il n'était pas de ceux qui savent tout mais ne comprennent rien. Matthew avait compris beaucoup de choses, surtout que la lutte contre la maladie et le combat pour la dignité humaine sont indissociables.

Rap

NIGER

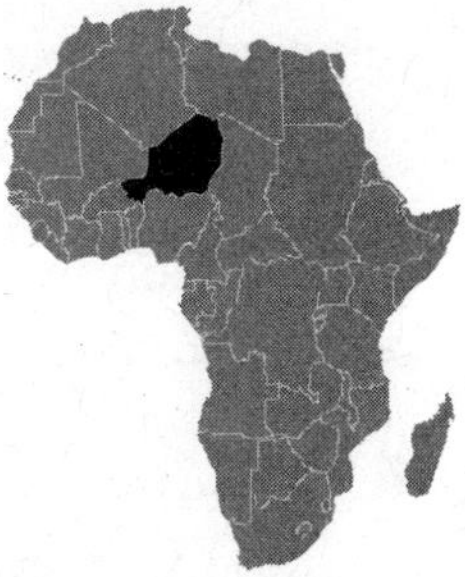

Ibrahim Chaibou sort rarement de scène avant minuit. Ce jeune rappeur est mieux connu sous son nom de scène, Ibou, un des meneurs du groupe D démocrate. Avec deux albums à son actif, Ibou est déjà célèbre au Niger, où il se produit souvent dans des Maisons de Jeunes et de la Culture. Il est l'auteur de textes engagés qui dénoncent la corruption et les inégalités. Très apprécié des jeunes, Ibou estime que c'est la fonction même du rap que de mettre des mots sur ce qui ne va pas. « Je dénonce des faits réels, dit-il. C'est la vérité. »

Comme beaucoup d'artistes nigériens, il chante en plusieurs langues. Toutefois, il s'exprime plus facilement en haoussa, sa langue maternelle. Mais il chante aussi en zarma, en peul et en français. Il pense que sa langue maternelle est particulièrement utile, tant pour le rythme qu'exige le rap que pour la richesse de ses jeux de mots et proverbes. Il utilise, comme les autres rappeurs nigériens, des instruments traditionnels comme le *goge* (violon traditionnel), le *kuntingi* (guitare munie d'une seule corde) et le *kalangu* (tambour d'aisselle), quelques-uns des instruments parmi la centaine qui font la richesse de la musique nigérienne. Mais il ne s'agit pas de folklore, et Ibou intègre à son art des sons modernes comme celui de la guitare électronique, du piano et de la guitare basse, dont il a appris à jouer au Centre de formation professionnelle et musicale de Niamey (par lequel sont passés tous les rappeurs).

Ses pairs lui reconnaissent beaucoup de talent. Ses textes respectent le rythme et la ponctuation, ce qui ne les empêche pas d'être poétiques, forts et évocateurs. « On entend le vers, et on voit la scène », résume Adamou Hassane, du groupe Dan Kowa. « Tout le monde l'apprécie, tout le monde le *kiffe* », dit Princesse Tifa (Fatima Ountcheti), une chanteuse qui fait une musique plus proche du reggae.

Beaucoup apprécient son engagement, emblématique du rap nigérien. « Le rap, c'est le message, résume Fayçal (Soumana Hamadou), du groupe MTS Matassa. Ce qu'on vit, c'est ce qu'on dit. » Car leurs textes s'inscrivent dans une veine critique, contrairement aux rappeurs des pays riches, qui exaltent souvent la consommation à outrance. « Eux, ils font du rap pour se distraire, résume Adamou Hassane. Nous, on n'en est pas encore là. Quand nous prenons un micro, c'est pour amener les gens à prendre conscience de ce qui ne va pas. Notre seul recours, c'est le rap. » Une musique qui, dit-il, sert peut-être aussi à réconforter. « Quand quelqu'un retient une de mes phrases, même une seule, et la fredonne, je me dis que j'ai soulagé sa misère un tout petit peu. »

À minuit, il y a encore des fans pour aller trouver Ibou et lui dire qu'ils ont apprécié son spectacle : « Trop fort, mec ! » Il apprécie. Mais il sait bien que le véritable exploit consisterait non pas à appeler au changement, mais à le réaliser.

ÉPILOGUE

Une célèbre station balnéaire a poussé aux îles Canaries, un archipel européen éparpillé au sud du tropique du Cancer. Des touristes y viennent du monde entier pour prendre du soleil et du bon temps. On les comprend. Ses montagnes, qui toisent l'océan avec un rien d'arrogance, valent à elles seules le déplacement.

Avant l'arrivée des Espagnols, en 1478, ces îles étaient habitées par environ quatre-vingt mille Guanches, un peuple berbérophone, un peuple originaire, donc, du continent africain, qui fut annihilé au siècle suivant. De nos jours, les Africains n'y sont toujours pas les bienvenus.

Depuis le début des années 2000, les îles Canaries se sont métamorphosées malgré elles en point de passage entre l'Afrique et l'Europe, entre le Nord et le Sud. Comme le checkpoint Charlie d'un mur qui sépara jadis l'Ouest et l'Est, la démocratie et la dictature, les îles Canaries sont une brèche où des aventuriers tentent leur chance. Comme c'était le cas à Berlin, des désespérés mettent leur vie en danger pour passer de l'autre côté. Depuis quelques années, des dizaines de milliers d'Africains se sont embarqués à bord d'esquifs dans l'espoir de franchir les mille kilomètres qui séparent ici leur continent de l'Europe.

Ces bateaux sont faits pour tout autre chose que la navigation en haute mer. Les passagers le savent mais choisissent de tenter leur chance tout de même. La presse espagnole a déjà raconté l'épopée d'un bateau de plaisance qui a dérivé pendant quatre mois avant d'atteindre les… Antilles ! Sur une cinquantaine de passagers sénégalais montés à bord au Cap-Vert, aucun n'a survécu. Lorsque l'embarcation a été repérée au large de la Barbade, elle ne transportait plus que onze cadavres momifiés par les embruns et le soleil.

D'autres sont plus chanceux. Sur l'île de Tenerife, une des îles Canaries, j'ai vu un bateau faire son entrée dans le port de Los Cristianos. Remorqué par une vedette du *Salvamento Marítimo* (le sauvetage en mer espagnol), il faisait pitié à voir : malgré ses couleurs vives – ses flancs avaient été repeints en jaune, blanc, rouge et vert – il était déjà vieux et son petit gouvernail était tout rouillé. Malgré ses deux moteurs, malgré ses vingt mètres, difficile d'imaginer qui pourrait bien vouloir se hasarder à bord. Ce bateau prenait l'eau et ses quatre-vingt-cinq passagers avaient dû écoper du début à la fin du voyage, qui avait duré plusieurs jours. Hagards et épuisés, ils ne montrèrent aucune émotion en foulant le sol espagnol. La plupart chaloupaient, soit parce qu'ils étaient restés en position assise pendant des journées entières, soit parce que, s'étant adaptés au roulis, ils avaient du mal à se réhabituer à la terre ferme. Ces jeunes hommes prenaient donc appui sur des volontaires de la Croix-Rouge espagnole, principalement des femmes, pour atteindre la tente où on leur donnerait des biscuits et de l'eau dans de grands gobelets en carton. Aux limites du périmètre de sécurité, des touristes immortalisaient la scène avec leurs caméscopes.

Les traversées peuvent être très longues. Jorge Boronat, capitaine du *Salvamar Tenerife*, a déjà secouru une barque qui avait passé douze jours en mer. Il a remorqué des centaines de bateaux en détresse. Il est venu à la rescousse de milliers de personnes. Mais il n'arrive toujours pas à comprendre ce qui pousse ces hommes et ces femmes à courir de tels risques. Il a même déjà porté secours à une mère qui avait fait le voyage avec un bébé âgé de dix jours. Pour qu'ils se lancent dans une telle aventure, leur situation doit être, dit-il, « très dramatique ».

Austin Wainwright, coordonnateur de la Croix-Rouge espagnole sur l'île de Tenerife, avoue qu'il lui est arrivé d'en avoir les larmes aux yeux. Un adolescent auquel il prêtait main-forte a un jour laissé tomber par mégarde quelques photos. En les ramassant pour lui, Wainwright a constaté qu'il s'agissait de clichés où l'on voyait le jeune homme entouré des membres de sa famille. « C'était un adolescent ordinaire issu d'une famille ordinaire qui avait des rêves d'avenir ordinaires : voyager, gagner sa vie, dit Wainwright. Mais il avait dû tenter quelque chose d'extraordinaire pour essayer de les réaliser. » Ces sans-papiers ne sont pourtant pas les personnes les plus misérables d'Afrique. Au contraire, elles doivent verser une importante somme aux passeurs (jusqu'à mille cinq cents euros) pour faire le voyage. Il arrive qu'un village se cotise pour envoyer un de ses jeunes en Europe : lorsqu'il aura trouvé du travail, il renverra de l'argent au village tout entier.

Les immigrants illégaux qui débarquent à Los Cristianos, une ville qui compte encore une rue General Franco, sont retenus pendant quarante jours dans des centres de détention militaires. Pendant cette période, les autorités tentent d'établir leur pays de provenance, la condition *sine qua non* d'un éventuel rapatriement. Mais les clandestins ne fournissent pas volontiers cette information. Comme ils savent qu'elle pourrait servir à les faire expulser, beaucoup d'entre eux détruisent leurs papiers et se taisent. Ils sont aussi sous la menace des passeurs. Ces derniers leur interdisent de révéler quoi que ce soit sur le voyage sous peine de représailles, contre eux ou contre leurs proches restés en Afrique. Si les autorités espagnoles ne réussissent pas à les expulser avant quarante jours, ils sont relâchés. Sans papiers, mais libres, ils tenteront de gagner leur vie en Espagne. Comme tant d'autres étrangers. (Contrairement à ce qu'on pourrait croire, cependant, la vaste majorité des clandestins installés en Espagne ne provient pas d'Afrique subsaharienne, mais, dans l'ordre, du Maroc, de l'Équateur, de la Colombie, de la Roumanie et de la Grande-Bretagne.)

La plupart des clandestins africains viennent du Sénégal. Dans le fond du bateau que j'ai vu, les passagers avaient abandonné les rares choses apportées pour la traversée. Dans l'eau qui s'infiltrait doucement, on pouvait apercevoir des vêtements éparpillés, des sandales, des bonbonnes de gaz, des boîtes de médicaments, une lampe de poche, un marteau, des ustensiles de cuisine qui, ici, avaient l'air de pièces à conviction. Surtout le sac de riz, sur lequel on pouvait lire le nom du distributeur… sénégalais.

Sous les bâches de la Croix-Rouge, les immigrants illégaux restent assis, ou plutôt prostrés. Les bénévoles s'adressent à eux en français, une langue que ces Africains semblent comprendre. L'une d'elles, la cinquantaine boute-en-train, tente de leur apprendre à dire *buenos dias*, une salutation dont les Africains devinent immédiatement le sens. Un chœur de voix masculines lui répond. *Buenas tardes*, poursuit la bonne dame. Ces rescapés, qui ne sont plus des écoliers depuis belle lurette, perçoivent peut-être le côté un peu cocasse de l'exercice. Certains détenus commencent à sourire. *Buenas noches*. Un policier accourt pour mettre un terme à la leçon d'espagnol. « Vous n'avez pas à leur parler ! » lance-t-il sur le ton de la colère. Grâce à cette femme, un peu de vie, un peu d'humanité, avait fait irruption sur un quai d'Europe. On l'avait fait taire.

>>>

Des Africains cherchent à fuir par tous les moyens, en escaladant les murs de Melilla et La Ceuta, villes espagnoles enclavées dans le territoire marocain ; en s'accrochant au train d'atterrissage des avions, arrivant quasi congelés à destination ; en embarquant comme passagers clandestins sur des bateaux vers des destinations inconnues. De jeunes Guinéens se sont déjà accrochés à l'ancre d'un cargo sans savoir qu'il s'apprêtait à traverser l'Atlantique. Je suis arrivé à joindre quelques-uns d'entre eux par téléphone... en Argentine ! Ils m'ont raconté comment ils avaient réussi à se hisser dans le compartiment où l'ancre est hissée lorsque le navire n'est pas à quai et comment des compagnons à eux, affaiblis par la faim et par la soif, étaient tombés à la mer pendant la traversée.

À l'époque soviétique, les dissidents de l'ex-Bloc de l'Est ne sont jamais arrivés à de tels extrêmes. Les conditions de vie en Afrique seraient-elles donc plus désespérées que dans l'ex-Bloc soviétique ? Ces Africains, bien évidemment, ne seront pas accueillis à bras ouverts par l'Occident. À l'époque de la guerre froide, les transfuges confortaient les Occidentaux dans leur rôle de défenseurs du monde libre. Ce n'est pas le cas des Africains. Pourtant, sont-ils plus libres que ne l'étaient les Yougoslaves ou les Hongrois de naguère ? Il est permis d'en douter. Les clandestins africains seraient des « immigrés économiques » et non des « réfugiés politiques », selon les États européens qui les expulsent. Pourtant, beaucoup d'Africains vivent dans des régimes totalitaires qui, contrairement aux vieilles dictatures du prolétariat, ne disent pas leur nom. Certains sont victimes de pogroms en raison de leur origine ethnique (au Darfour, notamment). D'autres aboutiront en prison en raison de leur orientation sexuelle (dans les pays, très nombreux, où l'homosexualité est interdite). Ces Africains-là seraient donc des « immigrés clandestins », pas des « dissidents ».

En Occident, il n'est pas rare d'entendre également qu'il s'agit de réfugiés économiques, et non pas « politiques », comme si l'état catastrophique de l'économie africaine – le sabotage économique par les puissants et les pilleurs, africains et étrangers – n'avait rien de politique. « On ne peut pas accueillir toute la misère du monde », répète-t-on à l'envi en France, tant à droite qu'à gauche, pour clore le débat. Comme si les clandestins étaient les plus misérables, alors qu'ils ne sont peut-être que les plus débrouillards. Pendant ce temps, on pourchasse les clandestins, mais pas les employeurs qui les recrutent. Il est vrai que la France peaufine, depuis plusieurs années, sa politique nataliste, plutôt que sa politique d'immigration. La première sera toujours plus rentable, lorsque les électeurs sont appelés aux urnes, que la seconde.

En Afrique, bien entendu, la question se pose autrement. Pour tenter de retenir la jeunesse de son pays, le président du Sénégal, Abdoulaye Wade, a lancé en 2006 une initiative portant le nom de REVA (Retour vers l'agriculture). Son but : amener les candidats à l'émigration, souvent fils de paysans, à mettre en valeur des terres agricoles inexploitées. « Il serait absurde aujourd'hui de vous demander de retourner pour vivre les mêmes conditions que vos parents paysans, a déclaré le président du Sénégal, selon *Le Soleil*, un quotidien de Dakar. Il ne s'agit pas de cela. Il s'agit simplement de passer à une étape supérieure, du paysan à l'agriculteur et vers le fermier. »

C'est en milieu rural, pourtant, qu'on vit le moins bien, tout particulièrement dans des pays du Sahel comme le Sénégal. Dans ce pays en proie à l'avancée du désert, on propose donc aux jeunes de se recycler dans l'agriculture. On sait pourtant que l'Afrique n'arrive pas à concurrencer, dans ce domaine, les États-Unis et l'Europe, notamment parce que les « fermiers » américains et européens touchent chaque année des milliards de dollars ou d'euros en subventions. Cette somme dépasse même l'ensemble de l'aide publique au développement que les pays du Nord versent aux pays du Sud.

Au Sénégal, ce programme REVA suffira-t-il à faire taire les sirènes européennes ? Je ne peux m'empêcher de faire le rapprochement avec le Québec du XIXe siècle. Alors que des centaines de milliers de Canadiens français s'installèrent massivement aux États-Unis, à partir des années 1850, pour y travailler dans l'industrie, le Québec tenta son propre « retour vers l'agriculture ». Les jeunes ménages étaient incités à « coloniser » des terres souvent impossibles à cultiver, parce que trop au nord, notamment en Abitibi, notre Sahel à nous. Cette aberration s'est pourtant poursuivie jusque dans les années 1930. Ce ne sont certainement pas les élites religieuses qui avaient accouché de cette chimère messianique qui en ont fait les frais.

>>>

De nos jours, beaucoup d'Africains font les frais de leurs élites, surtout dans les pays en guerre. Mais malgré les difficultés de toutes sortes, j'ai la conviction que le continent n'est pas condamné au malheur, mais qu'il fait preuve d'une grande capacité d'adaptation. Au départ, j'étais pourtant un peu sceptique. La première fois que j'ai entendu dire que l'Afrique pouvait avoir un réseau téléphonique cellulaire sans d'abord passer par l'amélioration de son réseau terrestre, j'ai cru à une supercherie. Comment cette nouvelle technologie qui coûtait hier encore si cher pouvait-elle être mise à la disposition des Africains, y compris dans les zones rurales ? Aujourd'hui, la couverture réseau dépasse déjà très largement les capitales, et les prix ont tellement baissé que beaucoup de gens qui n'auraient jamais pu se permettre d'avoir le téléphone possèdent désormais un portable. J'avais donc eu tort. De grands bonds en avant sont possibles, quoique la technologie, à elle seule, ne pourra régler tous les problèmes.

L'Afrique m'a obligé, en tant qu'étranger, à me poser des questions que des pays comme le mien, trop occupés à voir les relations entre les peuples se résumer à des balances commerciales, cherchent à éviter. Facile d'oublier ce continent. L'Afrique représente à peine un pour cent des échanges commerciaux mondiaux. L'Afrique devrait pourtant nous interpeller, tout simplement parce qu'elle met en évidence le gouffre qui se creuse entre riches et pauvres de la planète. Il est consternant d'écrire de telles banalités, mais à une époque où les pauvres sont de plus en plus souvent blâmés pour leur propre pauvreté, il n'est pas inutile de le rappeler. Je n'ignore pas la présence de classes moyennes africaines qui, au mieux, tournent le dos aux moins bien nantis, et au pire, les exploitent. Mais leur poids, démographique, économique ou politique, reste faible.

À sa façon, l'histoire soulève la même question: les pays développés ont-ils une dette face à l'Afrique en raison d'un passé colonial qui leur a permis de s'enrichir? Les Canadiens se contentent de claironner que leur pays n'a pas de «passé colonial». Ils devraient peut-être se demander pourquoi une de leurs grandes villes, Kitchener, en Ontario, porte le nom du vainqueur d'Ondurman, au Soudan, en 1898, une bataille qui a fait onze mille morts dans les rangs africains, alors que les Britanniques perdaient quarante-huit hommes. Le Canada, bien entendu, était alors partie intégrante de l'Empire britannique. Des militaires canadiens ont même combattu dans la «guerre des Boers», en Afrique du Sud. Mais le Canada, il est vrai, n'a pas colonisé l'Afrique, il a colonisé le Nord. L'Afrique, un continent pourtant mieux loti que l'Asie au moment des indépendances, n'a cessé de reculer. À tel point qu'il fait désormais figure de parent pauvre en comparaison des «dragons» asiatiques. Je ne compte pas parmi ceux qu'on surnomme, en France, les afro-pessimistes. Je pense que les Africains ont ce qu'il faut pour s'en sortir, à commencer par des ressources minières, bien qu'elles ne soient pas suffisantes en elles-mêmes. Mais je me demande si l'Espagne, encore elle, ne nous souffle pas un élément de réponse.

George Orwell, après avoir combattu du côté républicain pendant la guerre civile espagnole, estimait que son engagement avait été un peu futile. Que les milliers d'Espagnols et d'étrangers qui s'étaient enrôlés dans le camp de la république n'avaient finalement pas compté pour grand-chose. En dernière analyse, ce qui avait permis à Franco de vaincre était le soutien militaire que les pays fascistes, l'Allemagne et l'Italie, lui avaient apporté : au bout du compte, ce sont les raids aériens et les armes étrangères qui avaient fait pencher la balance en sa faveur.

La même chose serait-elle vraie de l'Afrique ? La solution passe-t-elle par l'étranger ? Il ne s'agirait pas pour les puissances étrangères, celles d'hier (Paris, Londres, Lisbonne) et celles d'aujourd'hui (Washington, Pékin), d'intervenir militairement. (Elles le font déjà en formant des militaires ou en vendant des armes, avec le résultat que l'on sait.) Il s'agirait d'intervenir autrement. On peut se dire que les pays riches doivent une fois pour toutes mettre l'épaule à la roue pour permettre au continent de passer à la vitesse supérieure, comme le soutient l'économiste américain Jeffrey Sachs, entre autres. Il n'est pas inutile de rappeler que les États-Unis ont accouché du plan Marshall pour reconstruire l'Europe après la Seconde Guerre mondiale (notamment pour la soustraire au péril communiste).

Mais à l'heure de la crise financière mondiale, la solution devra d'abord être africaine. L'Afrique finira bien, comme tous les autres continents, par trouver une façon de se développer elle-même. On entend parfois dire que l'aide étrangère profite surtout aux élites, favorise la corruption, décourage l'initiative et mine la confiance en eux des individus. Soit. Mais l'Afrique aura toujours besoin de partenaires à l'étranger, peut-être surtout des partenaires commerciaux. Autrement, à qui vendre ce qu'elle produit ? Si elle ne le fait pas déjà, c'est en grande partie parce que les pays riches ont des politiques protectionnistes qui bloquent les importations, notamment du coton et du sucre.

Les pays riches, en raison du vieillissement de leurs populations et de leurs besoins en main-d'œuvre, gagneraient à reconnaître qu'ils ont besoin des Africains.

Africains et non-Africains sont à bord d'un navire qui tangue dangereusement, tant le poids des uns et des autres est déséquilibré, mais ils doivent admettre qu'ils sont dans le même bateau.

Table des matières

Cet ouvrage a été composé en Mellior 11/13,75
et achevé d'imprimer en février 2009 sur les presses de
Marquis imprimeur, Québec, Canada.

Imprimé sur du papier 100 % postconsommation,
traité sans chlore, accrédité Éco-Logo et fait à partir de biogaz.

certifié | procédé sans chlore | 100 % post-consommation | archives permanentes | énergie biogaz